KB000589

사례로 배우는 **도요타식 기업개혁**

TOYOTA RYU KIGYO KAIKAKU by Nikkei Information Strategy.

Copyright (c) 2007 by Nikkei Information Strategy. All rights reserved.
Originally published in Japan by Nikkei Business Publications, Inc.
Korean translation rights arranged with Nikkei Business Publications, Inc.
and SAMYANG MEDIA through PLS Agency

이 책의 한국어판 저작권은 PLS를 통한
저작권자와의 독점 계약으로 (주)삼양미디어에 있습니다.
신저작권법에 의하여 한국어판의 저작권 보호를 받는 책이므로
무단 전제와 복제를 금합니다.

사례로 배우는

도요타식 기업개혁

닛케이 BP사 닛케이정보 스트리티지 편집부 지음 | 정광열 옮김

삼양미디어

"문제를 노출시켜라! 작업원 스스로 개선하고 극복하라!"

21세기에 들어서면서 기업 간의 경쟁이 점차 치열해지고 있다. 이제는 경쟁사보다 우수한 제품을 만들면 성장을 거듭하던 단순한 기업 환경에서 벗어나서 점차 불확실성의 경쟁체제로 돌입하고 있다. 이렇게 기업 환경이 격변하는 시기에 우리들의 눈을 끄는 일본 기업이 있다.

도요타의 튼실한 기업 경쟁력과 시장 점유율 그리고 뛰어난 제품 품질은 이미 널리 알려져 있다. 연간 10억 달러 이상의 순익과 300억 달러 이상의 현금 보유량 등은 도요타가 더 이상 일본 내의 기업이 아니라 세계 초우량 기업임을 보여 주고 있다. 하지만 도요타가 주목받는 것은 단지 매출액 등의 성과에만 국한 된 것이 아니다.

도요타식 기업개혁(TPS ; Toyota Production System)은 일본의 장기 침체 등의 악조건에서도 도요타라는 기업을 세계 정상의 반열에 올려 놓은 개혁 시스템이다. 생산부문은 물론 사무, 마케팅, 영업까지 아우르는 이 시스템은 21세기에 들어서부터는 일본에서 벗어나서 린ss 시스템으로 발전하여 GE 등의 세계 굴지의 기업에서도 적용되고 있다.

도요타식 기업개혁을 '사고하는 생산 시스템(TPS : Thinking Production System)'으로 부르기도 하는데, 이는 문제가 발생하면 즉시 노출시켜서 작업자들이 직접 고민하고 결론을 도출할 수 있도록 유도하는 방식이기 때문이다. 이런 과정은 통해 알게 된 것들은 계속 이어져서 더 나은 개선 방안을 낳는 데 거름이 되기도 한다. 이처럼 도요타식 기업개혁은 시스템이나 특정인 중심이 아니라 조직원 전원이 스스로 바뀌어야 어떤 개혁이든 가능해진다고 믿는 것으로 시작된다.

　한국은 불과 얼마 전까지 IMF 관리체제를 통해 기업개혁을 경험한 바가 있다. 그리고 유례를 찾기 어려울 만큼 빠르게 IMF 관리 체제를 벗어날 수 있었다. 하지만 이것이 우리나라 경제의 완전한 부활을, 그리고 새로운 도약을 의미하는 것은 아니다. 지금이 바로 새로운 기업 문화를 바탕으로 제2의 경제 도약이 가능한지 여부를 판가름해야 하는 시기이다. 나는 이런 시기에 도요타식 기업개혁을 한 권의 책으로나마 만날 수 있었던 것을 행운으로 여긴다. IMF 시절, 기업개혁에서 우리가 얻은 것이 있다면 이번에 도요타식 기업개혁에서는 어쩌면 더 많은 것을 얻을 수 있을 것이다. 이전의 교훈이 수많은 실업자의 양산과 국부의 유출을 통한 것이라면 이번에는 한 권의 책으로, 책 속에서 등장하는 무수한 기업개혁의 리더들과 경영자들의 고민과 대화 속에서 배울 수 있을 것이다.

　책에서도 누차 언급된 바와 같이 도요타식 기업개혁은 인간을 기반으로 한다. 그런 면에서는 '시스템'을 넘어선 경영철학이나 기업문화로 표현하는 것이 더 적합할 것이다. 우리는 한때 한국적인 기업 문화를 자랑하기도 했지만 외환위기를 통해 경제 시스템의 중요성과 기업의 경쟁력에 대한 귀중한 교훈을 얻을 수 있었다. 이제 진정한 한국적인 기업 문화, 생산 시스템을 갖추어야 할 때다. 도요타식 기업개혁의 사례에서 한국 경제의 해법을 찾을 수 있으리라 확신해 본다.

안복현 제일모직 고문

추천글 2

"도요타의 카이젠에서 GE의 린ss에 이르기까..."

내가 이 책을 읽은 감상을 간단하게 정리하자면 다음과 같이 말할 수 있다.

"도요타가 일본의 오랜 불황을 극복하고 전 세계의 주목을 받는 이유는 개혁을 실천하는 자세에 있다. 도요타가 세계에 가장 자랑스럽게 보여줄 것은 렉서스 자동차가 아니라 도요타만의 생산방식과 개혁정신이다."

도요타식 기업개혁은 '이론'을 바탕으로 한 것이 아닌, 생산현장에서 실무자들과 경영자가 머리를 맞대고 만들어 낸 '방식'이다. 그렇기에 지금 이 순간에도 지속적으로 발전되고 있고 어떤 생산현장에도 적용 가능하다. 내가 도요타식 기업개혁에 주목하는 이유는 도요타의 경영 실적이 뛰어난 것이 아니라 지속적인 발전성과 한국 기업 문화와의 연관성 때문이었다.

우리는 외환위기를 통해 기업경영의 경쟁력과 합리화라는 교훈을 얻을 수 있었다. 그리고 미국을 중심으로 한 서구사회의 기업경영 합리화를 단시간 내에 이식해야 하는 모험을 감수하지 않을 수 없었다. 물론 이런 기업경영의 개혁은 자의적인 것은 아닐지라도 충분히 좋은 성과를 보인 것이 사실이다. IMF 체제를 어떤 나라보다 빨리 졸업했으며, 기업 공개와 사외이사 제도 등의 경영 합리화를 성공적으로 이뤄냈다. 한국이 외환위기를 거쳐 미국식의 기업개혁에 힘쓰는 동안, 일본은 오랜 경제 침체의 시간을 지나서 새로운 기지개를 펴기 시작했다. 그리고 그 맨 앞에는 이 책에서 설명하는 '도요타식 기업개혁'으로 유명한 도요타자동차가 있다.

일본은 이미 예전에 한국과 같은 국가적인 경제난을 겪은 바가 있다.

장기적인 경제침체의 세월을 감안하면 일본이 더 혹독한 인고의 시간을 보낸 것인지도 모른다. 그리고 그 시기에 미국 기업의 눈부신 성장을 보면서 '일본식 경영기법'에 의문을 가진 기업도 있었다. 도요타는 그런 시기를 거치면서도 기업개혁에 대한 확신을 버리지 않은 거의 유일한 기업이다. 그리고 일본뿐만 아니라 세계 굴지의 기업에 자신들의 방식을 전파하고 검증받은 유일한 기업이다. 이제 일본 속의 도요타가 아니라 세계 최고의 기업 중 하나로 우뚝 서 있다. 나는 지금 한국 경제에 가장 절실한 것이 도요타와 같은 기업이라고 생각한다. 도요타와 같은 매출이나 이익을 창출하는 기업이 아니라 끊임없이 기업의 시스템을 분석하고 문제점을 드러내며 스스로에게 개혁의 잣대를 대는 것에 서슴지 않는, 그런 기업이 필요한 시기라고 생각한다.

이 책에서는 도요타식 기업개혁의 무비판적 도입을 경계하고, 사원들의 의식 변화가 기업개혁의 성패를 좌우함을 누차 강조하고 있다. 기업의 개혁 리더들과의 인터뷰를 통해 이론이 아닌 실무적으로 도요타 기업개혁의 장단점 또한 냉정히 분석하고 있다.

이제 한국은 IMF 이후 도입한 합리주의를 바탕으로 한 미국식 경영개혁의 문제점을 되돌아 봐야 할 시점이다. 21세기에 다시 도약하는 한국이 될 것인가의 기로에 서 있다.

이런 시기에 도요타의 기업개혁 도입 사례들을 눈앞에서 보듯이 설명한 이 책의 출간은 시사하는 바가 크다. 나는 이 책을 통해 제2의 도요타가 아닌, 가장 한국적이면서 가장 세계적인 기업개혁 방식이 탄생하기를 기대한다.

김수일 (사)한국경영인협회 상근 부회장

도요타 방식으로 '현장력'을 근본적으로 향상시키자!

1992년 창간이래, 경영개혁과 업무개선에 힘쓰는 기업들을 취재하고 있는 '닛케이정보 스트리티지'는 그동안의 취재 결과를 바탕으로 '도요타생산방식'에 대해 나름대로의 가설을 세우기에 이르렀다.

도요타자동차가 세계적으로 인정받고 있는 '도요타생산방식'의 사상과 노하우, 나아가 공장 현장에서 지속적으로 일어나는 개선활동들은 사무실이나 영업현장, 소매점 등의 다양한 다른 분야에도 적용 가능하다는 가설이었다.

우리는 이 가설을 검증하기 위한 취재를 시작했다. 2004년 당시만 해도 도요타생산방식을 추진하는 기업은 한정적이었지만, 취재를 하는 동안 우리의 가설은 점차 확신으로 바뀌기 시작했다. 우리는 도요타 개선기법에서 힌트를 얻어 추진하는 개혁을 '도요타를 배우다 = 도요타식 기업개혁'으로 정리하고, 3년에 걸쳐 다양한 사례를 취재해 왔다. 이 책은 그러한 사례들을 집대성한 것이다.

우리 취재진들의 확신은 정확하게 들어맞아서 2006년 이후부터는 도요타식 기업개혁을 도입하는 사례가 꾸준히 증가하여 '2S(정리·정돈)', '시각화' 등의 도요타식 기업개혁을 상징하는 말들은 더 이상 생산현장의 전유물이 아니게 되었다. 심지어 '효율경영'으로 유명한 이토 요카도 같은 대표적인 유통회사까지도 도요타의 지혜를 얻고자 밤낮으로 노력하고 있을 정도이다. 물론 동일 분야인 제조업체의 도요타식 기업개혁에 대한 관심은 말할 필요도 없을 것이다. 최근 호황을 누리고 있는 '캐논전자'나 '마쓰시타 전기산업', '다이킨 공업' 등은 물론 수많은 크고 작은 제조업

체들이 도요타식 기업개혁을 자사에 뿌리내리도록 하기 위한 노력을 아끼지 않고 있다.

이 책은 2004~2006년에 걸쳐 '닛케이정보 스트리티지' 에 게재됐던 도요타식 기업개혁 관련 기사를 모아 한 권으로 정리한 것이다. 부분적으로 가필하거나 수정했지만, 원칙적으로 잡지에 게재할 당시의 내용을 거의 그대로 기술하고 있다.

제1장에서는 도요타식 기업개혁에 정통한 4인의 핵심인물(경영자 및 학자)에게 요점을 물어 보았다.

제2장에서는 도요타식 기업개혁의 도입으로 성과를 올린 기업을 취재함으로써 그 실천 포인트를 간추려 보았다.

제3장에서는 도요타식 기업개혁에 착수한 15개 사의 개혁 현장을 소개한다. 그 중에서도 '이토 요카도' 등의 개선 현장을 밀착 취재하여, 보다 구체적인 개선활동을 추적하고 그 내용을 자세히 담았다.

제4장에서는 '도요타방식의 장점을 이용한 회사 개혁술' 을 주제로 '닛케이정보 스트리티지' 가 1년 동안 연재한 '스콜라 컨설턴트' 의 시바타 마사하루의 '10분 만에 배울 수 있는 업무혁신 강좌' 를 정리했다.

제5장에서는 도요타식 기업개혁과 관련된 대표적인 키워드와 정의를 정리해 두었다.

이러한 3년간의 노력이 기업개혁을 꿈꾸는 경영자와 개혁 리더들에게 하나의 지침서가 될 수 있기를 기원해 본다.

닛케이 BP사 닛케이정보 스트리티지 편집부

CONTENTS
사례로 배우는
도요타식 기업개혁

Chapter

1

인터뷰_4인의 핵심 인물이 말한다

Chapter

2

실천_기업개혁 성공비결을 말한다

3

키워드 _ 도요타식 기업개혁을 상징하는 핵심어

1

인터뷰 _ 4인의 핵심 인물이 말한다

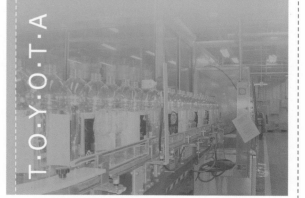

T·O·Y·O·T·A

히노자동차의 자가와 타다아키 회장

'자율형' 인간으로의 변화

일본기업이 활력을 되찾고 있는 요즘, 지속적인 자기변혁을 가능하게 만드는 '현장력'의 강화가 더욱 요구되고 있다. 기업은 어떻게 하면 현장력을 기를 수 있을까?

도요타자동차 출신인 자가와 타다아키(蛇川忠暉)는 2001년 히노자동차 사장으로 취임했다. 그는 낭비의 정도를 구체적으로 보여 주는 '시각화' 기법을 시작으로 도요타만의 방식을 히노자동차에 적극 적용하여 현장력을 빠르게 회복시킬 수 있었다. 그는 현장력을 강화하기 위해서는 먼저 '자율적인 개선'이 이뤄져야 한다고 설명했다. 히노자동차 회장에게 현장력을 강화하기 위한 경영자의 역할이 무엇인지를 물어보았다.

제조업에는 크게 네 가지 현장력이 있습니다. 가장 먼저 품질을 유지하고 향상시키는 힘을 말할 수 있습니다. 그 다음으로는 양을 확보하는 힘, 다시 말해 생산 지시에 따라 그 양만큼을 생산하는 힘을 의미합니다. 세 번째로는 끊임없는 비용절감의 힘을 들 수 있습니다. 조금이라도 더 저렴한 비용으로 생산하기 위한 방법을 모색하는 것입니다. 마지막으로 타이밍 즉, 납기를 준수하는 힘입니다. 그리고 지금까지 언급한 네 가지 힘이 현장을 변화시킵니다. 네 가지 힘이 균형을 이루고, 다른 경쟁회사보다 우수하다면 제조업계에서 살아남을 수 있는 경쟁력을 확보한 것입니다.

'시각화'를 통한 현장력 강화

도요타식으로 말하자면 끊임없이 현장을 '시각화' 해서 일의 진행과정이 어떻게 되는지, 누구든지 알아 볼 수 있게 하는 것이라고 표현할 수 있습니다. 오늘보다는 내일, 내일보다는 그 다음 날을 생각하는 것이 중요합니다. 이를 현장에서 자율을 바탕으로 실행하는 것을 '현장력'이라고 합니다. 부장이나 과장 같은 관리자에게 일일이 지시받으면서 일하는 것과는 차원이 다릅니다. 처음에는 대단한 일을 못하더라도 자율적인 판단에 의한 사소한 행동들이 매일 조금씩 축적되어 굳건한 시스템을 만들게 되는 것입니다. 시각화에 의해 품질 향상과 리드타임의 상황을 쉽게 알아볼 수 있도록 하여 자율적으로 관리하게 되는 것, 이것이 바로 현장력 강화입니다. 그리고 네 가지 현장력 중에서 가장 관건이 되는 것은 품질입니다. 제품의 품질은 물론이고 제품 생산을 위한 도구의 질 또한 대단히 중요합니다.

피라미드형 인재 만들기 시스템의 붕괴

일본기업의 뛰어난 국제경쟁력은 좋은 품질에서 비롯된 것입니다. 좋은 품질의 물건을 만들어 내는 것은 얼마나 좋은 도구를 사용했느냐가 관건이기도 합니다. 여기서 말하는 '좋은 도구' 란 최첨단 설비가 아니라, 자기 것으로 소화하고 있는가를 의미하는 것으로, 기계 자체의 성능을 말하는 것이 아닙니다.

현장의 질을 결정하는 것 또한 사람의 능력에 좌우되기 마련입니다. 예전에는 도제 제도 등을 통해 인재를 육성했습니다. 이른바 OJT(직장

내 훈련)이라는 시스템을 통해 새로운 인력이 체계적으로 양성되었는데 최근 들어 이런 시스템은 매우 불안정한 상태에 있습니다.

예전의 현장은 앞서 설명한 것처럼 피라미드 형태의 시스템을 유지하고 있었습니다. 우두머리와 부하가 있고, 우두머리의 지시에 따라 부하들은 모두 일사분란하게 움직였습니다. 관리부서와 달리 생산조직의 이런 시스템은 현장을 효율적으로 유지하는 데 매우 필수적인 요소였습니다. 그리고 그런 시스템은 현대에 이르러, 반장(班長)이나 직장(職長) 등의 직책을 통해 계층형 조직 구조로 활용되기도 합니다.

시대 변화에 발맞춘 구조개혁의 필요성

최근 현장을 자세히 살펴보면 근로자의 절반이 임시직 근로자인 것을 알 수 있습니다. 이는 고정 비용을 절감하기 위해 수요 변동에 맞춰서 유연하게 작업 인원을 확보하려고 힘써 온 결과입니다. 하지만 이런 현상은 조직의 피라미드 계층 구조 저변을 유동적으로 만드는 결과를 낳았습니다.

현장의 기본은 교육과 기능 전수입니다. 하지만 요즘에는 이전에 비해 아주 기초적인 것부터 가르쳐야만 합니다. 게다가 지금은 장기적으로 한 직장에서 기능을 익히려는 젊은이들을 찾아보기가 어려운 상황입니다. 이런 사회적인 변화는 지금까지의 피라미드 계층구조 저변을 어떻게 지탱해 나갈 것인가를, 그리고 개혁이 필요하다면 어떤 방향으로 해야 할 것인가를 고민하게 됩니다. 이것은 단순히 임시직 근로자가 일을 열심히 안 한다는 차원이 아닙니다. 분명히 열심히 일합니다. 하지만 반대로 임시직의 특성상 직장을 쉽게 그만두는 문제가 발생합니다.

일하기가 싫어서 그만둔다기보다는 또 다른 일을 하기 위해 쉽게 직장을 옮기는 것입니다. 그리고 이런 현상은 지금까지의 피라미드 계층구조를 바탕으로 탄탄히 유지되던 현장력을 약화시키는 결과를 낳고 있습니다. 자동차 업계에 점차 리콜이 늘어나는 이유도 일정 부분은 이러한 변화에서 기인하는 것입니다.

현장에서는 작업에 필요한 각종 교육과 기능 전수는 물론 작업원의 노동 의욕을 고취시키는 것 또한 중요합니다. 캐논전자(Canon)의 셀 생산방식 등이 좋은 예라고 할 수 있습니다. "내가 차를 만들고 말겠어!"라는 인간의 원초적인 욕구를 생산현장에서 효과적으로 발휘할 수 있도록 사원의 의욕을 고취시키는 생산방식이야말로 의미하는 것이 크다고 할 수 있습니다.

참고로 히노자동차에서는 턴테이블을 돌려서 여러 작업원이 함께 트럭을 조립하는 생산방식을 도입했습니다. 이 방식은 여섯 명이 한 팀으로 구성되는데 트럭 조립 과정을 통해 자연스럽게 팀워크가 만들어지는 것이 장점입니다. 지금까지의 "나는 내가 맡은 일만 잘 하면 돼!"라는 생각에서 벗어나 연대감이 생겨나는 것입니다. 생산성을 중시했던 예전에는 아무데서나 조립해도 되는 단순작업의 경우, 공정이 비어 있는 곳에서 아무렇게나 펼쳐놓고 작업하기도 했습니다. 하지만 이것은 자신이 상품의 한 부분을 담당하고 있다는 책임의식이 결여됩니다.

지금은 새로운 시스템에서 '현장 자율형'을 유지하고 있습니다. 젊은이들의 감각에만 의존하기보다는 시대 변화에 맞춰서 진화해 나가려는 노력이 필요합니다.

현장형 경영자가 되는 법

현장력을 강화하기 위해서는 아무래도 경영자가 현장을 자주 방문하고 체크해야 합니다. 그리고 현장에서는 오감(五感)을 모두 이용해야 합니다. 여러 가지를 보고 들으면서 "아! 그렇구나!"라고 온몸으로 느끼려는 자세가 필요합니다. 나는 현장에서 절대로 장갑을 끼지 않습니다. 제품을 직접 만져 보면서 느끼기 위해서입니다.

그러나 경영자가 현장을 자주 방문하다보면, 어느새 깔끔하게 정리된 상황을 보게 되는 경우가 있습니다. 우리 회사에서도 그런 적이 있었는데, 그렇게 되면 현장의 참모습을 볼 수가 없습니다. 미리 정리된 현장으로는 문제를 제대로 파악하기 어렵습니다. 있는 그대로의 현장을

▐▐▌ 도요타자동차 출신 자가와 타다아키 회장

방문하는 것이 경영자가 할 일입니다.

　이것이 바로 도요타에서 말하는 '현지현물(現地現物)'입니다. 나는 이를 '현지인'이라고 부르고 있습니다. 내가 공장에 가면 부장이 내 옆에 바로 따라붙습니다. 그러면 나는 그에게 따라오지 말라고 합니다. 현장 책임자와 직접 대화를 하기 위해서입니다. 경영자의 방문 소식은 현장에 빠르게 전파되기 마련이고, 부장이나 과장이 옆에 있으면 아무래도 현장 실무자들로부터 제대로 된 이야기를 듣기 어렵습니다.

　현장 책임자와 대화를 하다 보면, "사장님 이것 좀 보세요", "여기는 이런 게 필요해요" 등 여러 이야기를 들을 수 있습니다. 하지만 그런 현장의 소리를 들을 때마다 단순한 대답만으로는 아무것도 달라지지 않습니다. 저의 경우 대답 후에는 반드시 그 문제를 해결해 줍니다. 물론 쉬운 일은 아니지만 그렇게 하다 보면 현장에서도 자연스럽게 경영자가 이야기를 들어줬다고 신뢰하게 됩니다. 그렇게 되면 다음에도 자연스럽게 문제점 등을 말하는 분위기가 정착됩니다.

　자율형 현장을 만들고 싶다면 중간에 부장이나 과장이 개입하지 말아야 합니다. 현장 사람들은 매일 작업을 진행하면서 자연스럽게 개선해야 할 점들에 대해 생각하게 됩니다. 경영자는 단지 현장 사람들의 의견을 수렴할 뿐입니다. 중간간부가 개입해서 정리한 업무개선안을 중시하는 회사는 진정한 개선 추진이 불가능합니다. 개선할 부분을 가장 잘 알고 있고 절실한 것은 현장에서 일하는 사람들입니다. 그리고 그 사람들이 원하는 개선점을 정확히 찾아내서 개선하는 것이 우리 경영자들의 몫입니다. 물론 중간관리자들도 이러한 의견 수렴 노력은 필요합니다. "과연 그렇군. 이건 재미있을 거 같아. 한번 해보면 효과가 있을 것 같은데?"라고 말할 수 있는 현장의 리더 또한 자율형 현장의 필수 조건입니다. 단, 의견을 듣고 난 이후에 반드시 그 일에 대해 지원하는 것을 잊지 말아야 합니다. 말만 해 놓고 실행에 옮기지 않거나, 뒤처리를 제대로 하지 않고 방치하는 것은 오히려 의견 수렴을 안 하는 것보다 못한 결과를 낳을 수 있습니다.

나는 공장장으로 근무하던 시절부터 지금까지 현장을 방문하면 반드시 그들이 제안한 일들을 "벌써 다 했어?"라는 말과 함께 직접 확인을 했습니다. 그리고 잘 개선된 사항에 대해서는 칭찬을 아끼지 않았습니다. 이런 작은 부분에 대해서도 각별한 관심과 주의가 필요합니다.

현장력은 회사 시스템 구조개혁으로 완성

히노자동차의 경우는 현장이 원래 가지고 있던 장점을 스스로 깨달을 수 있도록 했습니다. 자율형 현장으로 바뀐 최근에는 회사의 시스템에 대한 문제점을 고심하고 있습니다. 사실 판매점이나 영업, 생산기술, 설계 부분의 의식은 크게 바뀌지 않았습니다. 그렇기 때문에 현장에서 아무리 노력해도 그 효과가 제대로 나타나지 않고 있습니다. 모처럼 강해진 현장력을 제대로 발휘하기 위해서는, 이번에는 업무구조가 아닌 회사구조를 개혁할 차례입니다.

자가와 타다아키 _ 1938년 홋카이도 출생 _ 1961년 홋카이도대학 공학부 기계공학과 졸업, 도요타자동차공업(현 도요타자동차) 입사 _ 1999년 도요타자동차공업(현 도요타자동차) 부경영자 _ 2001년 히노자동차 사장 겸 도요타자동차 고문 _ 2004년 히노자동차 회장

이와키 코이치 대표이사
'사람은 스스로 일한다'고 생각하는 도요타

이와키 생산시스템연구소(사이타마현 히가시마츠야마 埼玉縣東松山市)의 이와키 코이치(岩城 宏一) 대표이사는 도요타생산방식을 탄생시킨 도요타자동차의 오노 다이이치에게 직접 지도를 받은 인물이다. 최근까지 도요타그룹 경영자로서 도요타방식 보급에 전력했고 퇴직 후에는 NEC와 후지쯔 등의 기업을 지도해 왔다.

이와키 대표에게 던진 "공장 외에 다른 곳에서도 도요타생산방식을 활용할 수 있습니까?"라는 질문을 통해 도요타생산방식의 저변에 흐르는 경영철학에 대해 알아보았다.

　　상당히 유용할 것이라고 생각합니다. 도요타 생산방식은 도요타경영의 선두에 서서 경영철학을 구체화하기 위한 수단의 하나입니다. 그리고 '수단'이란 경영철학에 입각해서 만들어지는 것입니다. '경영철학'이란 기업을 경영해 나가는 데 있어 가장 근본이 됩니다. 그 중 한 가지는 시장을 어떻게 보는가 하는 것입니다. 어떤 기업이든 시장 속에서 경영활동이 이루어지므로 시장을 어떻게 볼 것인가는 매우 중요한 요소입니다.

　　도요타는 '무한하지 않고, 유한하다'는 시장관(市場觀)을 가지고 있습니다. 시장은 반드시 한계가 있다고 생각합니다. 따라서 유한한 시장에서 어떻게 경영할 것인가를 생각하는 것이 하나의 출발점입니다. 또 하나는 사람을 어떻게 볼 것인가 하는 것입니다. 도요타는 '사람은 스스로 일한다' 고 생각합니다. 성선설을 인정하지 않으면 조직은 성립하지 않는다고 생각합니다. 모두가 일을 한다는 전제에서 각자의 일은 연결되어 있습니다.

시장의 유한성

'시장은 유한한 것이며, 사람은 스스로 일한다' 는 이 두 가지 철학은 어떤 업종 · 기업에서든 다 들어맞는 말이라고 생각합니다. 시장과 경영을 담당하고 있는 사람들을 어떻게 인식하는가에 따라 경영 철학은 크게 달라집니다.

도요타와는 달리 시장을 무한하다고 보는 기업은 항상 매출을 늘린 후, 이익을 추구합니다. 그런 기업의 경영자는 아마도 매출이 늘어나지 않으면 이익도 적을 수밖에 없다고 말할 것입니다. 그리고 이익보다는 우선 매출 증대를 위해 노력할 것입니다. 그와 반대로 시장이 유한하다고 보는 도요타 같은 기업은 매출도 중요하지만, 불필요한 비용을 줄이기 위해 노력합니다. 물론 매출을 점차적으로 늘려서 경기를 향상시키는 노력 또한 반드시 필요합니다. 그러나 경기가 좋고 나쁜 것은 노력도 중요하지만 운에 의해서도 좌우됩니다. 경기의 호조 유무에 중점을 두면 경영은 불안정하게 됩니다.

오히려 낭비를 없애는 자구노력으로도 충분히 안정적인 경영을 할 수 있습니다. 시장을 어떤 시각으로 판단하든 간에 이런 점은 확실하게 자각해야 합니다. 또 한 가지는, 경영자의 문제입니다. 사원이 알아서 일을 한다고 생각하는지 아니면 내버려 두면 무엇을 해야 할지 모르니까 관리가 필요하다고 생각하는지는 이 부분에서는 큰 차이가 있습니다. 모든 일에 일일이 관여하면 오히려 역효과가 납니다. 심지어 내가 아니어도 누군가가 일을 할 것이라고 생각할 수도 있습니다. 그래서 상사는 부하에게 일을 시키려 들고, 그 부하직원은 그 밑에 또 다른 부하직원에게 일을 시키려고 합니다. 그러다 보면 결국 하청을 줄 수밖에 없습니다. 그런 회사는 대부분의 업무를 아웃소싱하는 경우가 많습니다. 반대로 자율적으로 업무를 하게 되면 외부에 위탁하지 않고 스스로 처리하기 위해 노력하게 됩니다. 이것이 바로 진정한 의미의 경영입니다.

방치하면 업무가 제대로 이루어지지 않는다고 판단하면 직원을 무조건 감시하는 쪽으로만 갑니다. 그러다 보면 본사의 권한이 커지고 모든 것을 본사에서 직접 관리하게 됩니다. 대부분의 사람은 일이 싫은 것이 아니라 누군가에 의해 지배받는 것을 싫어합니다. 자발적인 업무가 이루어지지 않는 조직은 활기차지 못하고 자칫 폐쇄적인 직장이 될 수 있습니다.

자율적으로 업무를 수행하면 책임감이 생겨 오히려 좋은 결과를 낳을 수 있습니다. 따라서 본사는 사원 모두 스스로의 관리를 통해 자유롭게 일할 수 있도록 필요한 만큼만 관리하면 됩니다. 자율적으로 일할 수 있는 방법을 스스로 깨닫도록 도와주는 것이, 또 이러한 능력을 갖춘 조직이 될 수 있도록 돕는 것이 본사의 역할입니다.

그리고 이것이 바로 도요타 경영철학의 원리이자 핵심입니다. 그 안에서 도요타생산방식이 탄생했습니다. 도요타생산방식은 자기 관리를 전제로 조직을 정비하고 있습니다. 분담한 업무를 각자 알아서 실천하는 것을 전제로 하는 가운데 모두가 손을 잡는 연결고리 형태로 전체적인 구조가 완성됩니다.

새로운 현장리더의 필요성

팀을 마라토너에 비유한다면 리더는 코치에 해당합니다. 코치는 선수를 격려하고 필요에 따라 조언과 지원을 합니다. 현장의 리더는 부하에게 업무를 지시할 뿐만 아니라 부하가 활발하게 일할 수 있도록 자신이 어떻게 해야 하는지, 필요한 것이 무엇인가를 고민해야 합니다. 단순히 업무를 지시하는 것이 리더의 역할이 아닙니다. 리더의 또 한 가지 역할은 팀원이 업무를 잘 파악할 수 있도록 하는 것입니다. 리더가 전체적인 작업 흐름에 대한 설명 없이 즉흥적이고 단편적인 지시를 하면 팀원은 자신이 하고 있는 일이 무엇인지 어떤 의미를 갖는지 예측할 수 없어 의욕을 잃을 것입니다. 리더는 중·장기적인 시야를 바탕으로 회사를 경영하고, 업무 경쟁력을 강화시킬 수 있는 확실한 대책을 수립하여 그것을 지속시킬 수 있어야 합니다. 그렇게 하면 팀원들은 자신이 어떤 일을 해야 하는지 그리고 어떤 의미가 있는지를 알고 의욕과 책임감을 가지고 업무를 수행하게 될 것입니다.

업무는 표준화를 통해 매뉴얼로 만들 수 있는 것과 변화가 필요한 것으로 나눌 수 있습니다. 표준화할 수 있는 부분은 가능한 표준화하고 반복해야 하는데 이것을 '표준화와 지속성'이라고 합니다. 그리고 한 사람 한 사람이 자신이 속한 부서에서 창의적으로 생각하고 개성을 발휘할 수 있도록 환경을 만드는 것이 필요합니다. 이것은 임원과 관리자, 생산현장에서 일하는 사원 모두에게 똑같이 적용됩니다. 하지만 업무를 이해하기 쉽게 하려는 노력을 게을리 하는 회사가 의외로 많습니다. 나는 다양한 회사의 경영자와 대화를 하면서 중기(中期) 경영계획이 쉽고 명확하게 확립되지 않은 경우를 많이 봤습니다.

이미 자유롭게 일하고 있는데 다시 정해야 할 것은 그리 많지는 않을 것입니다. 하지만 자신이 말한 그대로 다 지시하다 보면 너무 많은 계획을 세우게 되어, 결국은 무슨 일을 하면 좋은지 알 수 없는 상태가 됩니다. 결과적으로 그것은 일에 대한 중압감으로 이어집니다.

경영자와 현장 직원들 간의 의사전달

나는 경영자에게 두 가지 질문을 합니다. "경영자가 원하는 바가 모든 사원에게 전달되고 있습니까?"라는 질문과 "전달이 잘 안 될 경우 그것은 사원 탓이라고 생각하지는 않나요?"라는 질문입니다. 경영자 중에는, 열심히 말했는데 사원들이 조금도 알아주지 않는다며 불만을 나타내는 경우가 있습니다. 그러나 그것은 사원의 이해력이 좋고 나쁘고의 차원이 아니라 경영자의 의사가 제대로 전달되지 못한 것, 그 자체의 문제인 것입니다. 명확하게 전달하지도 않으면서 사원들이 이해하지 못한다고 판단하는 것은 하루빨리 고쳐야 할 점입니다. 또한 바라는 바를 잘 이해하고 있는가 하는 것도 문제입니다. 또한 계획이 중·장기적으로 지속적으로 실천하고 있는가 하는 것도 확인할 필요가 있습니다. 자주 바뀌어서는 안 됩니다. 최소한 2~3년은 지속할 수 있어야 합니다.

두 번째는 경영자가 원하는 것을 현장에서 제대로 실천하고 있는지를 직접 확인하는가에 대한 것입니다. 나는 현지현물로 확인해 보았는지 물어봅니다. 현장에 직접 가서 보지 않으면 현장정보는 전혀 알 수 없습니다. 직접 보는 것과 보고를 받는 것은 전혀 다릅니다. 보고만으로는 매사를 판단할 수 없는 법입니다. '보고(報告)'라는 것은 본인이 그곳에 가서 직접 봐야 한다는 메시지일 뿐이라는 것을 기억해야 합니다.

그러므로 현장에 가서 꼼꼼히 살펴보고 어떻게 해야 할 것인가를 스스로 결정해야 합니다. 또한 현장에 직접 가서 자신의 주장이 현장에서 제대로 적용되고 있는지를 일일이 확인해야 합니다. 현장에 직접 들어가서 모든 사람들을 자극하고 격려해야 합니다. 현장이 리더의 의견을 수용하지 않으면 어떤 경영자도 리더십을 발휘할 수 없습니다.

경영자의 리더십 발휘여부는 팀원들에게 달려 있습니다. 현장이 리더십을 수용하지 않으면 리더십은 결코 발휘될 수 없습니다.

이와키 코이치 _ 1936년 오이타현 출생 _ 1960년 도쿄이과대학 이학부 물리과 졸업 _ 1960년 덴소그룹 자동차부품제조회사 제코 입사 _ 1976년 도요타자동차 오노 다이이치 부사장의 '도요타생산방식 자주연구회' 구성원으로 활동. 오노 부사장에게 직접 도요타생산방식을 학습, 그룹 내 보급 활동에 종사 _ 1996년 나가노 제코 경영자 취임 _ 2000년 이와키 생산시스템연구소 대표이사 취임

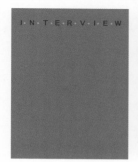

스콜라 컨설턴트 시바타 마사하루 대표

경영의 재발견

'도요타식 최강경영'으로 대표되는 도요타자동차 관련서적을 다수 집필하고 있는 스콜라컨설턴트(도쿄·시나가와)의 시바타 마사하루(柴田昌治) 대표에게 도요타가 강해질 수 있었던 비결을 물었다. 시바타 대표는 수많은 도요타의 특징 중에서도 특히 '경영과 상사에 대한 높은 신뢰' 그리고 '가치관의 공유'를 들어 설명했다. 그는 일본 기업의 경영자나 개혁을 주도하는 리더는 외국의 경영기업을 배우기 전에 우선 도요타식 경영의 장점을 재확인해야 한다고 주장한다.

내가 '도요타식 최강경영'이라는 책을 썼던 2001년 무렵 도요타자동차의 경영철학은 그다지 주목받지 못했습니다. 1990년 후반은 미국에서 시작된 인터넷 붐이 일본에 밀려오면서 미국이나 유럽식 경영방식이 주목받던 시기였습니다. 나는 그러한 세계적 풍조를 어떻게든 바꿔보고 싶었습니다. 일본 기업에 맞는, 일본만의 독특한 경영개혁 방식을 세상에 널리 확산시키고 싶었습니다. 그래서 '도요타식 최강경영'이라는 책을 썼던 것입니다. 당시만 하더라도 일본에는 그런 시각이 많지 않았습니다. 지금으로부터 불과 5~6년 전의 이야기입니다. 그 당시 일본에서는 도요타보다 소니가 훨씬 더 주목을 받고 있었고, 소니의 이데이

노부유키(出井伸之) 회장의 전성기였습니다. 하지만 나는 그때 뭔가 잘 못됐다고 생각했습니다. 실제로 소니는 옆자리에 앉은 사람과도 전자 메일로 의사소통을 할 정도로 사내 커뮤니케이션이 심하게 단절되어 있는 상황이었습니다. 소니는 원래 커뮤니케이션이 매우 자유롭고 활발한 회사였지만, 그런 장점을 이데이 회장 시절에 없애 버렸고 그로 인해 소니의 방황이 시작되었다고 생각합니다.

미국식 경영기법을 그대로 도입하는 것만으로 좋은 결과를 얻는 경우는 거의 없습니다. 나는 검증도 되지 않은 경영기법을 무작정 받아들이기보다는 일본식 경영의 긍정적인 면을 재검토하자고 주장해 왔습니다. 그래서 '일본식 경영개혁' 같은 논의가 시작되었고, 그 상징이 '도요타'였던 것입니다.

경영자에 대한 높은 신뢰감을 갖고 있는 도요타

일본식 경영의 대표격인 도요타의 좋은 점이란 무엇일까요? 도요타가 가진 기업 특징은 한두 가지가 아니지만 내가 가장 높이 평가하는 것은 '경영자와 상사에 대한 깊은 신뢰감'이었습니다. 이것은 창업자인 도요다가문(豊田家)을 시작으로 오늘날에 이르기까지 도요타의 경영자들이 사리사욕을 채우지 않고 앞장서서 실천하는 모습을 보인 것에서 기인한 것이라고 생각합니다. 이유가 무엇이든 간에, 도요타 사원들은 경영자와 상사에 대해 깊이 신뢰하고 있기 때문에 의견이 있으면 기탄 없이 얘기합니다. 그리고 이 점은 다른 기업과 결정적인 차이이기도 합니다. 대부분의 회사들은 사원이 현장에서 문제 제기를 하거나 앞장서서 어떤 일을 실행하면, 오히려 본인이 손해라는 심리가 작용합니다. 도요타의 사원은 경영자와 상사 그리고 동료와 부하직원을 신뢰하기 때문에 자신이 어떤 일을 하면 반드시 모두가 협력할 것이라고 믿습니다. 그렇기 때문에 본인도 당연히 협력하게 됩니다. 이처럼 서로 돕는 것을 당연하게 생각하는 환경이 도요타에는 정착되어 있습니다.

도요타에서는 사원들끼리 협력하고 현지현물과 같은 가치관을 공유하고 있습니다. 또한 사람은 '누구나 약한 존재'라는 인식도 공유하고 있습니다. 회사 안에서 모든 사람이 같은 가치관을 갖고 있기 때문에 경영의 '축'이 확고하게 정립되어 있습니다. 그런 공유의식이 행동을 촉진하고 연쇄적으로 영향을 미치게 되는 것입니다. 그 위에 도요타생산방식이라는 공통된 도구가 있기 때문에 모두 제 기능을 하는 것입니다. 물론 도구만 가지고 잘 될 수는 없습니다. 따라서 다른 회사에서 도요타 방식만 따라 한다고 무조건 좋은 결과가 나오지는 않습니다.

도요타의 장점은, '틀'이 아닌 '축'을 중심으로 일하는 것이라고 말할 수 있습니다. 물론 도요타에도 관료적인 상사가 있기 때문에 스스로 여러 가지 틀(규제)을 만들고 싶어합니다. 그러나 회사 전체를 보면 역시 틀이 아닌 축을 세워서 일하기 위해 노력하고 있습니다. 축이 제대로 확립되어 있기 때문에 사원은 자유롭게 일할 수 있는 것입니다. 그러나 도요타도 점점 주변 상황이 변하고 있습니다. 결코 좋은 측면만 있는 것은 아닙니다. 특히 최근 들어 업적이 호조를 보이고 있는데 이에 따라 업무가 늘어나고 현장이 무리하게 돌아가고 있는 것도 사실입니다. 도요타의 장점이었던 '문제를 발견한 사람이 반드시 문제 제기를 하고, 스스로 일을 추진하여 문제를 해결, 개선한다'는 시스템이 너무 바쁜 업무 때문에 제 기능을 하지 못하고 있기도 합니다. 업무 현장이 여유를 잃어버리기 시작한 것입니다. 예전에는 나서서 주위 사람들과 협력하거나 스스로 개선할 여유를 갖고 있었지만, 지금은 그런 여유를 찾기 어려운 상황이 되었습니다. 도요타도 이런 점을 보완해 나가지 않는다면 앞으로 상황이 나빠질 수도 있을 것입니다. 그런 의미에서 도요타도 다른 일본 기업과 비슷한 문제를 안고 있다고 할 수 있습니다. 도요타가 모든 면에서 특별하지는 않습니다. 도요타 역시 다른 기업과 마찬가지로 예전 방식에 안주하지 않고 끊임없이 변화해야 합니다. 일례로 도요타는 최근에 미국에서 성추행, 자동차 리콜 등의 문제가 계속 터져 나오고 있습니다. 지엽적인 문제일 수도 있겠지만 내부에서 무엇인가 문제가 생겨난 것을 의미하는 것인지도 모릅니다.

서로의 발목을 잡는 조직원에 대한 위기감

내 책을 읽고 공감한 독자들은 자신의 회사를 살펴보고 난 후, 회사의 구성원들이 서로 협조하고 있지 않거나 서로 간에 과도한 견제를 하는 등의 불필요한 부분에 에너지를 낭비하고 있는 것 같다고 말합니다. 그러면서도 능력 있는 사원이 그런 불필요한 일에 능력을 낭비하는 것을 어쩔 수 없는 일이라고 생각하기도 합니다. 이처럼 회사 조직의 개혁을 원하는 여러 사람들과 상담을 하다보면 직위에 따라 크게 세 분류로 구분할 수 있습니다. 첫 번째는 특별히 내세울 만한 권한이나 포지션은 없지만 회사를 위해서 이런 저런 고민을 하는 사람입니다. 10년 전까지만 하더라도 이런 사람들이 많았습니다. 물론 사내에서 중요한 포지션에 있는 사람도 있지만 대부분은 본인 혼자서 고민하는 경우가 많습니다. 직위별로 보면 일반 사원부터 관리자급 정도에 해당됩니다. 두 번째는 인사부문과 경영기획부문에 속한 사람입니다. 회사를 어떻게든 개혁하려 하지만, 경영자가 그만큼 적극적이지 않다고 생각하는 부류입니다. 이 사람들은 일정 수준 회사를 움직일 수 있는 권한을 가지고 있는 것이 특징입니다. 그들은 자신들의 권한을 이용하여 회사를 개혁하려고 노력 하기도 합니다. 예를 들어, 나의 강연회에 경영자를 참석하도록 합니다. 그리고 미리 비서와 상의해서 강연회가 끝난 후 경영자와 함께 식사하는 자리를 마련할 수 있도록 스케줄을 비워두기도 합니다.

그리고 세 번째는 자발적으로 경영자가 참석하는 경우입니다. 이런 경영자는 어떻게든 회사에 활기를 불어넣고, 사원이 활기차게 일할 수 있도록 만들고 싶다고 말합니다. 또한 사원의 능력을 더 향상시키고 싶어서 다양한 노력을 하지만 충분한 성과가 나타나지 않는 것을 고민합니다.

도요타처럼 사원이 자발적으로 서로 의논하고 문제 제기를 할 수 있는 환경은 그리 쉽게 만들어지는 것이 아닙니다. 많은 회사에서 그런 경험을 해본 적이 없기 때문입니다. 내 생각에는 조직이 그 정도 수준까지 바뀌기 위해서는 최소한 몇 개월 이상이 필요하다고 생각합니다. 그렇게 되기까지 수십 시간에 걸친 오프사이트 미팅(직장에서 자신의 직위에서 벗어나 솔직하고 숨김없는 분위기에서 진지한 의논을 하는 회의. 커뮤니케이션이 활발하고 의사소통이 잘 되는 직장을 만들기 위한 도구로 주목받고 있다)을 통해 의논해야 겨우 서로를 '신뢰' 할 수 있게 됩니다. 매일 얼굴을 보는 사원들 간에도 처음에는 누구나 상대를 경계하게 됩니다. 오프사이트 미팅 초기에는 제대로 말을 못하는 등의 약한 모습으로 인해 상대에게 약점을 잡힐까봐 걱정을 하기도 합니다. 그러나 의논을 거듭하는 사이에 경계심이 점점 사라지는 것을 느끼게 됩니다. 그때 처음으로 상대방을 동료로 느끼고 서로 협력하게 되면서 비로소 서로에 대한 신뢰감이 생기게 됩니다. 진정한 개혁은 여기서부터 출발합니다. 예를 들어 이런 경우가 있습니다. 직장을 변화시키려는 의논을 하다 보면, 습관화된 잔업을 줄이자는 의견이 나오는 경우가 있습니다. 하지만 솔직히 이야기하다 보면, 사원 대부분이 잔업수당까지 포함한 자신의 수입을 미리 계산해서 주택대출을 받았다는 것을 알게 되는 경우도 있습니다. 그러다 보면 오히려 곤란한 경우에 처하기도 합니다. 당연히 그런 제안에는 협력하고 싶지 않을 것입니다. 그러므로 잔업을 줄이는 것뿐만 아니라 잔업을 줄임으로써 회사 실적을 향상시켜, 보너스를 늘리자는 식으로 말하다 보면 경영에 대한 대화까지 확대가 됩니다. 그리고 실제로 실적을 늘리면 보너스도 늘어납니다. 이런 방법으로 하나씩 개선하다 보면 회사는 틀림없이 변하게 됩니다. 결과적으로 잔업은 줄고 작업효율이 기존의 두 배 이상 향상되기도 합니다.

시바타 마사하루 _ 1983년 _ 비즈니스 교육회사 설립, 기업 풍토와 체질의 변혁지원을 시작 _ '프로세스 디자인' 기법을 통해 문화, 풍토 등 사람들의 실질적인 면에서부터 기업변혁에 주력 _ 대학원 재학 중 독일어 어학원 경영을 계기로 NHK 어학프로그램 강사 활동
저서 _ 『왜 회사는 변하지 않는가』, 『도요타식 최강 경영』, 『회사를 변화시키는 '일본식' 최강 법칙』, 『40세부터 회사에서 무엇을 할 것이며, 어떻게 할 것인가』 등이 있음

유니 사사키 코지 사장
개혁의 시작은 규칙을 정하는 것

대형 종합 수퍼마켓 체인인 '유니'는 2005년 3월부터 도요타식 경영개선을 시작하고 있다. 도요다자동직기에 컨설팅을 의뢰하여 소매점에 지혜를 전수받고 있다. 최초로 개선대상이 된 나고야의 '에피타 도카이츠점'에서 그 효과가 확인된 이후, 사사키 코지(佐々木孝治) 사장은 12명으로 구성된 프로젝트팀을 2006년에 38명으로 세 배 이상 확장해서 진행하고 있다. 참고로 프로젝트팀은 4개의 팀으로 구성되어 각각 1개씩의 점포에 파견되어 있다. 현장 출신인 사사키 사장은 창고의 2S(정리·정돈)와 재고의 시각화, 상품 발주 시점의 재검토라는 규정과 현장 중심의 철저함을 지시하고, 2007년에는 모든 지점에서 도요타식 개선(카이젠)을 시작했다.

나는 입사 이후 계속 수퍼마켓의 식품 부문과 주거 부문, 그리고 점장을 거치는 등 거의 대부분을 현장에서 근무해 왔습니다. 때문에 현장에서 일어나는 여러 상황을 경험을 통해 배웠고, 경영자가 된 후에도 직접 현장을 위해 다양한 정책을 내놓고 있습니다. 하지만 그래도 해결되지 않는 문제는 있었습니다. 2005년 3월부터 시작한 도요타식 개선활동의 가장 큰 목적은 점포에서 일하는 사람들의 작업 시간을 효율적으로 관리하여 남은 시간을 접객이나 상품설명, 시식·추천판매 등에 활용할 수 있게 하는 것입니다. 나는 현장에서 근무하던 시절부터 늘 '재고가 많으니까 줄이자', '정리·정돈을 하자'라고 말해 왔습니다. 그러나 현실적으로는 이러한 것들을 좀처럼 실천할 수 없었습니다. 그렇게 하려면 지금까지 우리 회사가 갖고 있던 사고방식이나 업무방법, 업무구조를 바꿔야만 합니다. 하지만 현장에서 실천해야 되는 것들이 제대로 규정화되어 있지 않고, 각자 생각대로 일하기 때문에, 쉽게 정착되지 않는다는 것을 뼈저리게 느꼈습니다.

규칙을 정하고 지키는 것이 현장의 원칙

그런 상황에서 도요타그룹의 개선활동에 대한 이야기를 들을 수 있었습니다. 그리고 규칙을 정하고 그것이 제대로 지켜지는 현장은 좀처럼 무너지지 않는다는 것을 알게 되었고 그 이야기를 한번 믿어 보자고 생각했습니다. 도요다자동직기 간부와 이야기를 나눈 후 인상에 남았던 것은 그들의 일하는 방식이었습니다. 우리는 말로만 이런저런 얘기를 하지만 그것을 제대로 된 규칙으로 만들고 전달하는 일까지 하지는 않았습니다. 도요타의 개선은 그런 점들이 철저하게 지켜지고 있었습니다. 게다가 현장 사람들을 납득시키기 위해 스톱워치를 이용해서 지금까지 작업시간을 더 단축할 수 있는 방법을 제시하고, 1년 동안 이만큼 시간을 절약할 수 있다고 말합니다. 그런 발상은 지금까지 '유니'에는 없었던 것입니다. 이렇게 구체적으로 보여주면 상황은 달라지게 되어 있습니다. 물론, 도요타방식에 대한 여러 가지 컬쳐 쇼크(문화충격)를 받기도 하고, 때로는 왜 그렇게까지 해야 되는지 회의감에 젖는 사람도 있을 것입니다. 그러나 우선 들은 대로 실천해 보고 깨달은 후, 조금씩 '유니' 나름대로의 방법으로 바꿔 나가면서 여기까지 온 것 같습니다. 개선활동을 시작한 지 2년 가까이 지났지만, 현장에 가면 정해진 장소에 정해진 물건을 제대로 놓자는 2S(정리·정돈 ; 정리, 정돈 단어의 일본어 발음인 Seiri, Seidon의 머리글자를 따서 2S로 부름)가 철저하게 지켜지고 있기 때문에 점포는 늘 정돈된 모습입니다. 이것만으로도 이미 대단한 변화입니다. 이 정도라면 누가 보더라도 알 수 있습니다. 바로 '시각화'가 이루어진 것입니다. 재고량이 확실히 줄어든 것을 시각적으로 확인할 수 있기 때문에 상품 회전율이 개선된다든지 등의 여러 가지 개선 효과를 알 수 있게 되었습니다. 생선 매장을 봤을 때도 놀라웠습니다. 개점할 때 필요한 상품이 전부 개점시간에 정확히 맞춰 진열되어 있었습니다. 우리 회사에는 예전부터 '완전 개점'이라는 말이 있었습니다. 점포가 오전 10시에 개점하면 그 시각까지는 상품 진열을 마치고 손님을 맞기 위해 생긴 말이었습니다. 그러나 실제로 그것은 좀처럼 실현되지 못했습니다. 우리들은 지금까지 그날 아침에 하루 판매량을 한꺼번에 진열했습니다. 일례로 꽁치의 1일 판매량을 아침에 단 한 번에 모아서 포장했습니다. 하지만 오후에 판매할 상품은 오후에 만드는 게 신선도가 좋을 것입니다. 그래서 오전 판매에는 몇 팩이 필요한지 과거 데이터를 통해 예측해서 준비했습니다. 그런 개개의 상품에 대한 작업 지시서가 생선매장 창고 게시판에 붙어 있었습니다. 점원은 그것을 보면서 오전 중에 '저것은 2팩 이것은 3팩'을 만들기 위해 움직이게 되어 결과적으로 상품을 거의 오전 10시 개점 때까지 갖출 수 있게 되었습니다. 우리들은 지금까지 완전개점은 좀처럼 쉽지 않다고 반쯤은 포기하고 현장의 암묵적인 승인 하에 한 시간 지연된, 오전 11시 정도까지 진열을 마치도록 해왔습니다. 그러나 일하는 방식을 바꾸니까 10시에 거의 모든 상품을 진열할 수 있게 된 것입니다. 이것은 대단한 변화입니다. 하루 동안에 최종 포장한 수량은 같더라도, 과거의 판매 데이터에 근거해서 오전 중에 포장할 양을 정하고 누구든 알아 볼 수 있도록 게시판에 적어 놓음으로써 완전 개점이 가능하게 만든 것입니다. 물론 그렇게 되기까지는 게시판을 만드는 것뿐 아니라, 점원들이 작업순서나 절차를 재검토하여 표준화를 하는 등 점원 교육을 추진해 다기능화(다능공화)하는 노력도 필수적입니다. 개선활동을 통한 여러 가지 복합적인 효과로 신선제품 매장이 다시 태어나게 된 것입니다.

경영자의 결단에 의한 개선팀 대폭 강화

처음 실시한 점포에서 그 효과를 절실히 체감한 후, 2006년 3월부터는 지금까지 12명이었던 개선 프로젝트팀을 38명으로 강화했습니다. 이것은 최고경영자로서 판단한 것입니다. 다른 사람에게 의견만 구하면 절대 시작할 수 없습니다. 때문에 나는 '회사에 도요타방식을 도입하겠다'고 결심했고, 즉시 인력 증원을 결정했습니다. 나는 30년 넘게 수퍼마켓에서 일을 했음에도 불구하고 정리 · 정돈 하나 정착시키지 못한 것에 대해 반성했습니다. 다른 간부들도 모두 비슷한 생각을 했을 것입니다. 점포를 하나 만들 때 드는 만큼의 인력이 필요하더라도, 일단 한 번 해보자고 생각했던 것입니다. 나는 도요다자동직기에서 배운 것을 우선 실천해 보고 그것을 발전시켜서 최종적으로는 '유니'식을 만들자고 사원들에게 말했습니다. 우리들이 만든 규칙이라면 모두 자발적으로 실행할 것이라고 믿었습니다. 그리고 모두가 한마음으로 같은 규칙을 바탕으로 행동한다면 2S(정리 · 정돈)같은 것은 단숨에 완성될 수 있습니다. 사용한 물건을 제자리에 놓는 정도의 일이라면 그날 배치 받은 아르바이트생이라도 이해하고 실천할 수 있습니다.

우리 회사에서는 2년 동안 2S나 시각화 등의 단어를 사내 공통어로 사용하게 되었습니다. 게다가 모두가 그 단어의 의미와 목적을 이해한 상태에서 사용하는 것 같았습니다. 2005년과 2006년에 걸쳐 그런 풍토가 확산됨에 따라 생긴 변화는 대단히 큰 것이었습니다. 나도 간부회의에서 아주 당연하다는 듯이 "그 점포는 아직 2S가 시작되지도 않았잖아"라는 표현을 하기도 했습니다. 그 전까지는 반년에 한 번 정도는 내가 현장에 '폭탄'을 떨어뜨리고, 이거 해라 저거 해라는 식의 말을 해 왔지만 그것들은 결국 정착되지 않았습니다. 여러 번 말했지만 그것을 아무도 알아주지 않았습니다. 지금은 도요타방식을 전 점포에 전개하기 위해 모범점포에서 규칙을 정하고 있습니다. 그리고 때때로 매장을 살펴보러 갑니다. 프로젝트팀에는 개선담당 임원까지 있으므로, 모든 사원들은 '회사는 진심으로 개선을 원한다'는 것을 이해하고 있습니다. 역시 말로만 하는 것은 소용이 없습니다.

사사키 코지 _ 1946년 나가노현 출생 _ 1969년 3월 호세이대학 졸업, 니시가와야 체인(현 유니) 입사 _ 1992년 9월 유니 주관본부장 _ 1994년 5월 유니 이사 _ 1997년 5월 유니 대표이사 _ 2005년 5월 일본 체인점 협회 회장

2

실천_ 기업개혁 성공
비결을 말한다

T·O·Y·O·T·A

도요타방식의 여섯 가지 실천사례 ①

성장기업의 성공비결은 도요타식 개혁

기업 경쟁력의 원천인 '현장력'이란 무엇인가? 업무개선에 착수한 기업을 계속 취재해 왔던 닛케이정보 스트리티지는 이 물음에 한 가지 대답을 얻을 수 있었다. 현장력이란 '명령에 의해서가 아니라 현장 사원이 자발적으로 판단하고 스스로의 힘으로 과제를 개선하려는 강한 의지를 갖는 것'이라고 정의할 수 있다. 다시 말해 그런 환경을 마련하는 것이 경영자의 역할이며 현재 가장 요구되는 '경영의 힘'이라고 할 수 있다. 강한 기업의 경영자일수록 자주 현장으로 발길을 옮기고, 눈으로 직접 현장을 바라보며, 그곳에서 일하는 사람들과 이야기하고 격려하며, 자극하고, 일하기 좋은 환경을 마련하기 위해 노력한다. 이러한 경영은 개선활동을 기업전략의 주요 핵심으로 끌어올린 도요타자동차의 경영, 바로 그 자체라고 할 수 있다.

급성장하는 기업과 도요타의 공통점

스스로 생각하고 개선할 수 있는 힘

매주 월요일 아침 8시, 라쿠텐의 미키타니 히로시(三木谷 造史) 사장은 천여 명의 사원이 한자리에 모인 사내 '조회' 자리에서 회사의 방침에 대해 호소한다. 미키타니 사장은 1997년 창업 이래 매주 조회를 계속해 왔다. 중요한 조회에 지각을 하는 사람은 참가자격이 없다.

라쿠텐의 성장비결은 현장력

조회의 목적은 빠르게 변화하는 인터넷 업계에서 라쿠텐이 추진해야 할 방향을 미키타니 사장이 직접 현장 사원들에게 전달하는 데에 있다. 예를 들어 2005년 9월 12일 조회에서 그는 라쿠텐의 미국 진출을 사원들에게 직접 설명했다. 동시에 각자의 목표를 발표하고 전 사원들이 이를 서로 공유하도록 했다. 회사가 추진하는 방향과 현장에 주어진 목표로 일주일을 시작하면서 모든 사원들이 확인할 수 있다면, 이후에는 각 현장의 사원들이 스스로 판단하여 자신의 업무를 추진해 나갈 수 있는 것이다. 이렇게 함으로써 경영의 속도를 올리는 것이 라쿠텐의 경영방식이다.

라쿠텐에게 있어 현장력이란 경영의 속도를 올리기 위해 현장에서 스스로 판단하고 개선할 수 있는 힘이라고 할 수 있다. 특히 전자상거래 사업의 경우, 현장의 담당자와 쇼핑몰(라쿠텐 시장) 판매자가 즉시 빠른 판단을 내려 인터넷 쇼핑몰을 개선하지 않으면 속도를 낼 수 없다. 현장에서 내리는 판단은 필수불가결한 것이다. 단지 현장 사원들이 각각 다른 방향으로 행동하지 않도록 일주일에 한 번씩 조회를 통해 회사의 전체적인 방향과 일관성을 유지시키는 것이 필요할 뿐이다.

2005년 이후 라쿠텐에는 프로야구팀 창단과 165억 엔을 쏟아 부은 미국기업 인수 등, 화려한 뉴스가 이어졌다. 이제 미키타니 사장의 지명도는 경제계는 물론이거니와 일반인에게까지 미쳐서 '라쿠텐 = 미키타니 사장'이라는 이미지가 굳혀졌을 정도다. 그리고 미키타니 사장의 카리스마나 행동력, 우수한 사원을 외부에서 끌어 올 수 있을 정도의 인격 또한 높이 평가되고 있다. 그러나 그것은 라쿠텐의 한쪽 면에 지나지 않는다. 화려한 스포트라이트 뒤에서 그는 회사를 위해 성실하고 꾸준한 노력으로 활동을 지속해 왔다. 조회가 그 전형적인 예이다. IT(정보기술)의 브레인들이 모이는 화제의 록본기힐즈 이전도 단순히 보여주기 위한 것이 아니라 넓은 사무실에 사원들을 한 데 모아서 현장간의 교류를 활성화하려는 목적이 있었다. 현장에서 일하는 사원들은 자신의 생각을 다른 부서의 사람들에게 언제든지 제시할 수 있게 되었다. 미키타니 사장도 현장을 순회하는 것이 습관처럼 되어 있을 정도다.

미키타니 사장은 라쿠텐의 성공 콘셉트를 '항상 개선하고, 항상 전진하라'로 설명하고 있다. 그럼 개선은 누가할까? 항상 현장에서 일하는 사원 개개인이 개선주체자가 되는 것이다. 현장이 스스로의 힘으로 업무개선을 지속해 나가는 것이야말로 라쿠텐이 경쟁자를 물리치고 전진할 수 있는 밑거름인 것이다.

지속적으로 현장개선에 주력하는 라쿠텐 경영방식에는 도요타자동차의 기업이념과 유사한 경영철학이 내재되어 있다. 도요타자동차는 현

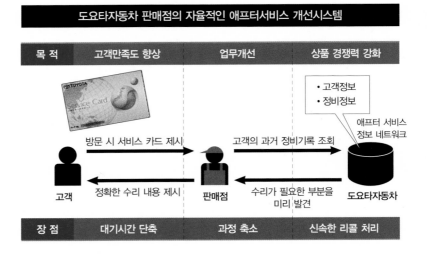

도요타자동차 판매점의 자율적인 애프터서비스 개선시스템

목 적	고객만족도 향상	업무개선	상품 경쟁력 강화

• 고객정보
• 정비정보

애프터 서비스 정보 네트워크

방문 시 서비스 카드 제시 → 고객의 과거 정비기록 조회 →

고객 ← 정확한 수리 내용 제시 ← 판매점 ← 수리가 필요한 부분을 미리 발견 ← 도요타자동차

장 점	대기시간 단축	과정 축소	신속한 리콜 처리

장이 스스로 개선의욕을 향상시킬 수 있도록 환경정비에 아낌없이 투자한다. 현재 가장 투자를 많이 하는 곳이 자동차판매점이다. 방치되었던 판매점의 애프터서비스 체제를 근본적으로 바꾸기 위해서 판매점이 적극적으로 고민하여, 보다 효과적인 환경을 마련하려 노력하고 있다.

개선할 수 있는 곳에 투자하는 도요타자동차

도요타는 2005년 6월부터 고객이 이용하는 도요타자동차마다 무료로 '도요타 서비스 카드' 발급을 시작했다. 카드에는 고객성명, 주소, 전화번호와 자동차 등록번호는 물론 판매점에서 이루어진 서비스 이용기록과 점검 및 보수에 대한 정보가 기록되어 있다. 이 고객정비 정보는 전국의 약 5천 개에 달하는 판매점에서 실시간으로 확인할 수 있도록 네트워크 시스템을 통해 제공된다. 운전중인 고객이나 이사를 한 고객이 다른 판매점에 처음 들르더라도 쉽게 정확하고 합리적인 애프터서

▎▎▎판매점 업무개선을 추진하는 히노자동차 국내기획부 개선지원 담당 미쓰다 집행이사

▎▎▎노트북을 보면서 그 자리에서 법인 고객의 요구에 적합한 차종을 제시하는 영업담당자

비스를 받을 수 있는 체제를 전국적인 규모로 제공하고 있다. 최소한 10분이 소요되었던 고객의 리드타임이 이 시스템 구축 이후에는 단축할 수 있게 되었으며 불필요한 부품 교환도 사라졌다. 고객은 기다리는 시간을 줄이면서 적절한 요금으로 서비스를 받을 수 있게 되었다. 한편 판매점은 작업 부담이 줄어들어 이 시간을 개선작업에 할애할 수 있게 되었다. 이것이 도요타자동차의 업무개선 효과다.

"우리 회사의 업무개선에 리콜은 없다. 이것으로 할 일을 다 했다고 방심하는 경우는 없다." 도요타자동차 고객서비스 본부의 미야케 겐주(三宅 元樹) 서비스 영업기획부장은 이렇게 단언한다. 이런 외침은 오래된 공장관리자 뿐만 아니라 모든 직원들에게도 자연스럽게 배어 있는데 도요타자동차의 강점이 바로 여기에 있는 것이다. 미야케 부장은 판매한 모든 자동차에 서비스 카드를 무료로 발급하는 것은 일본에서 최초로 시도된 사업이며 이에 대한 고객의 반응도 매우 뜨겁다고 말했다. 실제로 개인정보 유출의 위험성이 있음에도 고객은 카드발급에 적극적이었다.

도요타 출신 경영인을 통한 히노자동차의 개혁

도요타자동차의 판매점 개혁성과는 그룹 전체로 파급되고 있다. 트럭과 대형 버스를 전문 생산하는 히노자동차는, 앞에서도 언급했듯이 도요타자동차 출신인 자가와 회장이 '현장의 자율성' 강화를 선도하고 있다. 예를 들어, 차량 1대당 정비 건수를 줄이기 위해 판매 현장을 촬영해서 개선점을 찾고, 독자적으로 기구를 개발한다. 또한 업무를 편하게 할 수 있게 해 줌으로써 현장을 개선할 여유를 만들어 주는 것이다. 도

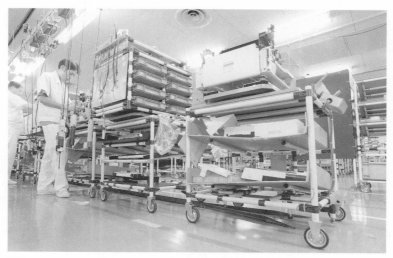

■▌▎ 도요타생산방식을 독자적으로 발전시킨 리코 유니테크의 제조현장

요타식 기업개혁이란 바로 이런 것이다.

신차판매나 차량수배 같은 판매점의 기간(基幹)업무를 개선하기 위해 2004년에는 사내에 '개선지원부'를 만들었다. 이에 대해 국내기획부 개선지원부 담당인 미쓰다 집행이사는 "개선의 출발점인 법인주문 방식을 바꾸지 않고는 현장력을 강화할 수 없다"고 했다.

개선지원부에서는 우선 판매 조직을 수정했다. 지금까지 신차판매나 부품판매 같이 기능별로 나뉘어 있었던 것을 개선하여 고객단위로 변경했다. 창구를 일원화하여 정보누락 건수를 없앨 수 있도록 개선한 것이다. 이는 고객을 올바르게 이해하지 못하면 개선의 실마리를 찾을 수 없기 때문에 개선한 사례다.

나아가 히노자동차는 2005년 10월, 판매점을 대상으로 영업지원 시스템 'HITOSS II'를 가동했다. 영업담당자에게 노트북을 나눠주고, 차량등록 번호 등의 고객 정보를 현장에서 조회할 수 있도록 했다. 손님이 있는 자리에서 신차의 견적을 내거나 부품 발주를 손쉽게 할 수 있도록 개선한 것이다.

트럭은 차체와 적재함으로 구성되어 있지만 부품 조합에 따라 천 가지 이상 다른 자동차 모델이 나온다. 지금까지는 그 법인에 맞는 최적의 차량을 제안하는 것도 영업담당자별로 역량 차이가 있었다. 그러나 'HITOSS II'를 통해 영업담당자에게 역량을 키울 수 있는 자료를 제공함으로써 현장력을 향상시켰다.

도요타식 자율성 추구를 도입한 리코

도요타그룹의 개선활동이 영업 현장에 확산되기 시작한 무렵부터 캐논전자나 리코(Ricoh) 등의 많은 제조업 회사들도 개선의 기본인 생산현장의 자율성 향상에 몰두하고 있었다.

예를 들어 리코의 경우 생산 자회사인 리코 유니테크는 1997년부터 개선활동을 전개하고 있었다. 그리고 도요타생산방식을 독자적으로 진화시켜 최근에 고안한 것이 '고쵸란(胡蝶蘭) 라인'이라고 불리는 생산방식이다. 이것은 컨베이어벨트 주변에 5~6개의 셀을 배치하여 제품을 조립하는 것으로, 위에서 바라본 모습이 마치 나비처럼 보인다는 해서 붙은 이름이다. 참고로 여기서 말하는 '셀'이란 소수의 인원으로 구성된 작업팀을 말한다.

'고쵸란 라인'은 생산성이 향상되는 데다 자신의 업무성과가 확연히 드러나서 각자가 개선의 힌트를 발견해 내기가 쉬운 장점이 있어 리코 유니테크는 이 방식을 통해 고수익 기업으로 변신하는데 성공할 수 있었다. 2004년도에는 1995년에 비해 상하이 공장 설립으로 매출이 절반으로 감소했지만, 영업이익률도 세 배 이상 늘어나는 성과를 이뤄내기도 했다.

닛산은 동기생산방식으로 개선 추진

도요타의 생산방식을 배우려는 많은 기업중에서 경쟁 업체인 닛산자동차는 독자적인 '닛산 프로덕션 웨이(닛산 생산방식)'를 도입했다. 공장 생산에서 판매점으로 차를 납품하기까지의 과정을 포함한 이 '토털 동기생산' 시스템은 2005년에 이르러서야 완성되었다.

이는 고객의 주문에 맞춰 기계를 가동하는 형태로, 공장에서는 차를 만들고 판매점에서는 납품을 하는 방식이다. 그러나 생산방법이나 제품납기가 각각 다른 제품을 고객의 주문에 맞춰서 제작하면서부터 생산 리드타임을 단축시키는 문제와 품질 향상, 재고 등의 여러 해결할 문제들이 제기되기 시작했다. 이후 닛산은 하루에 한번씩 판매점의 주문을 모아서 제작순서와 시간을 정하는 방식을 도입했다. 이는 기존의 방법이 예측 수요를 토대로 열흘간 생산계획을 세워서 차를 조립했기 때문에 개선점을 찾기가 힘들다는 단점을 극복한 것이다.

그리고 신속하고 낭비 없는 유연한 생산을 가능하기 위해서 'NIMS (Nissan Intergrade Manufacturing System)'라고 부르는 세 가지 시스템을 구축했다. 첫 번째는 하나의 라인에서 다른 제품을 만드는 혼류생산방식이었다. 그리고 두 번째는 유닛을 완성시키기까지 필요한 일련의 공정을 한 라인으로 통합했다. 세 번째는 조립작업을 효율화하는 구조이다. 작업원 주변의 '스트라이크 존'이라고 부르는 범위 내에 부품이나 공

구를 배치하여 효율의 향상을 꾀함과 동시에 여유 있게 작업을 진행할
수 있도록 했다. 이런 시스템을 토대로 삼고 각 공장이 개별과제를 해결
해 나가는 것이다. 예를 들어 엔진을 제조하는 요코하마 공장은 '크랭
크 샤우트' 품질 향상이 큰 과제였었다. 크랭크 샤우트는 조금이라도
균형이 무너지면 엔진의 성능이 저하되는 중요한 부품으로, 미크론이
라는 미세 단위를 적용해 엄격한 기준으로 검사를 하지만 기준에 미치
지 못하는 경우가 많았다.

크랭크 샤우트는 재료에 압력을 가한 뒤 가공하고 정형(整形)하는 과
정을 통해 완성된다. 이때 고온의 재료를 성형하는 단조(鍛造 : 금속을 두
들기거나 눌러서 필요한 형체로 만드는 일 : 옮긴이 주) 공정에서는 아무래도 완
성된 물품의 품질이 일정하게 유지되기 어렵다. 품질이 고르지 못한데
도 불구하고 제품을 똑같은 방식으로 가공하기 때문에, 정형 후 품질의

❶ 작업하는 사람의 부담을 줄이는
'스트라이크 존'
❷ 시뮬레이션 기술을 활용한 가공
후 수정작업
❸ 고온의 소재 성형을 고려한 IC태
그(Tag) 금형 성형 횟수 관리 방식

불균형 현상이 나타나는 것이다.

균형이 맞지 않으면 수정작업을 반드시 해야 되기 때문에 리드타임에 영향을 미친다. 그런 상황에서 재고를 많이 쌓아두는 것은 의미가 없다. 그래서 프레스 작업 후 그 과정에 맞는 데이터를 만들고, 어디를 기준점으로 삼아 가공하면 더 균형 있게 정형할 수 있는지를 시뮬레이션 소프트웨어로 만들면서 작업과정을 개선했다. 그리고 이러한 개선과정을 거듭하면서 엔진 생산 리드타임도 대폭 단축할 수 있었다. 실린더 헤드의 예를 보자면, 1998년도에 10.4일이던 것이 2004년도에는 4.4일로 단축되었다. 닛산은 현장력 향상을 통해 도요타에 뒤지지 않는 경쟁력을 어느 정도 되찾은 것이다.

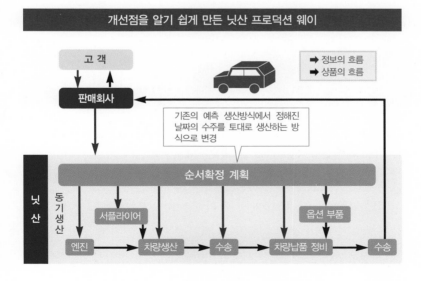

개선점을 알기 쉽게 만든 닛산 프로덕션 웨이

도요타방식의 여섯 가지 실천사례 ②

도요타식을 통한 회사 체질개선

도요타그룹의 개선방식을 도입하여 회사의 체질을 근본적으로 변화시키려는 기업이 늘어나고 있다. 단지 제조업 분야에 그치지 않고, 유통, 서비스, 금융 등 모든 업종으로 이러한 움직임은 점차 확산되고 있다. 이번에 취재한 여섯 개의 회사는 경영상의 커다란 과제를 안고 있으며, 도요타의 개선 기법을 본보기로 삼아 과제 극복에 힘쓰고 있다. 여기서 분명히 알아두어야 할 것은 도요타식 기업개선에 지름길은 없다는 것이다. 꾸준한 개선활동을 통해 스스로 생각하는 인재를 육성함으로써, 낭비가 많은 제조 라인이나 점포가 효율성을 회복하는 것을 목표로 삼아야 할 것이다. 그런 인식과 노력만이 당신의 회사도 도요타식 기업개선을 통해 수익성 높은 기업으로 거듭날 수 있을 것이다.

이토햄
10억 엔 비용절감의 기적

"도요타생산방식을 본보기로 삼은 NPS(신 생산방식)와 만나지 못했다면, 우리 회사는 치명적인 타격을 받았을 것이 분명합니다." 이토햄의 NPS인 'IHPS(이토햄 생산방식)'를 톱 다운(위에서 명확한 경영목표나 경영전략을 결정하면 하위에 대해 강력한 리더십을 발휘하는 방식)으로 지휘해 온 이토(伊藤正視) 사장은 2001년 가을부터 시작된 격동의 2년 반을 이렇게 회상한다.

모든 발단은 2001년 9월로 거슬러 올라간다. 일본에서 처음으로 광우병이 발견되면서 이토햄의 식육사업은 큰 타격을 받았다. "제일 바쁜 연말 대목이 물 건너갔다"라는 이토 사장의 말처럼 2002년 3월기의 연속 당기 순손익은 7억 엔으로 급감했다. 창업 이래 가장 큰 위기에 직면한 것이다. 그때 이토햄에 한줄기 빛이 보였다. 이전부터 거래가 있었던 기분식품(紀文食品)과 스카이락에서 NPS를 자동차 이외의 업계로 확산시키고 있던 컨설팅 회사인 엠아이퍼(MIP)를 소개받은 것이다. 그리고 이 만남은 1년 만에 흑자전환을 할 수 있는 큰 원동력이 되었다. 이토 사장은 2002년 3월에 시작한 IHPS가 2003년 3월기에는 1억 5000만 엔, 2004년 3월기에는 10억 엔이라는 비용을 절감하는 데 공헌했다고 강조한다. 이토햄에게 NPS는 정말 신의 구원과도 같은 것이었다.

하지만 2003년 12월 미국에서도 광우병이 발견되면서 새로운 위기가 시작되었다. 일본과 다른 나라에서 쇠고기를 시작으로 돼지고기 가격까지 급등하면서 이토햄은 이전보다 더 생산비용절감에 힘쓰지 않을 수 없었다. 그런 필요성에 의해 등장한 것이 이토햄 생산방식인 IHPS이다.

IHPS 도입에 의해 공장의 불량률은 반으로 줄어들고, 생산성도 향상됨에 따라 인건비 상승을 억제할 수 있게 되었다. 이때 이토 사장은 상품의 품질향상과 작업원의 작업효율을 양립시키는 도요타생산방식의 위력을 몸소 체험했다고 회고한다. 공장 내에서는 2S도 이루어져 공간을 효과적으로 활용할 수 있게 되었다.

사실 이토햄은 이전에도 품질관리(QC)활동을 계속해 왔으나, 고객 입장에서 생산과정을 재검토하는 관점이 결여되어 있었다. 시장 또한 일정하다는 것을 전제로 하고 있어 고객의 변화에 대응하기도 어려웠다. 그 점에서 새로운 생산시스템은 고객이 원하는 것을, 원하는 시기에, 원하는 양만큼 만드는 것을 가능하게 하여 고객의 변화에 쉽게 대응하고, 문제점을 찾아내는 데도 한결 쉬워졌다. 이런 새로운 생산시스템을 이토 사장은 MIP에서 철저하게 배울 수 있었다. 다 알다시피 도요타가 강해질 수 있었던 비결은 필요한 것을 필요한 때에 필요한 만큼 제공하는 '저스트 인 타임(JUST IN TIME)'의 실천 결과다. 저스트 인 타임을 저해하는 불필요한 낭비는 철저하게 배제했다. 누구나 이 사고방식을 알면서도 실천하는 기업이 적지만 도요타는 현장의 문제점을 항상 알아 볼 수 있도록 실천했다. 이것이 바로 도요타의 '시각화' 기법이다. 문제점이 눈에 보이면 어디서부터 개혁을 시작해야 하는지 바로 알 수 있다.

도요타 제조 방식이 응집된 NPS를 배우려는 기업을 MIP는 한 업종에서 한 개 기업만 수용했다. 회원이 된 기업과는 서로의 속마음까지 다 보여준 상태에서 개선작업을 추진하기 때문에 동일 업종의 여러 회사가 있으면 신뢰 관계가 형성되기 어렵기 때문이다. 게다가 MIP의 야마

▌▌▌ 물건 하치장이 정해져서, 말끔히 정리된 도쿄 공장의 출하공정. 이전에는 상품이 여기저기 쌓여 있어 벽이 보이지 않을 정도였다. 작업원도 넘쳐났다.

시타 사장은 "최고경영자가 개혁에 소극적이면 컨설팅을 거절한다. 심지어 NPS는 사장이 의욕적이지 않으면 성공할 수 없다"라고 단언하기까지 한다. 이토 사장은 야마시타 사장과 수없이 많은 회의를 통해서 자신들의 의욕을 설명했다. 그렇게 함으로써 가까스로 입회허가를 받아낼 수 있었다.

공장에서 나는 소리까지 달라지는 IHPS 효과

이토 사장은 MIP 지도원과 함께 전국의 공장을 직접 돌아보며 업무개혁을 진두지휘했다. 그런 과정 속에서 최근 2년 동안에 걸쳐 공장 안에서 나는 '소리'가 달라진 것을 깨닫게 되었다고 한다. 낭비가 사라지고 불필요한 작업인원도 줄어들어 말끔히 정리된 공장에서는 웅성거리는 사람소리 등의 산만한 소음들이 사라졌다. 마침내 이토 사장은 공장에서 나오는 소리 변화를 통해서 개혁성과를 감지할 수 있었던 것이다.

IHPS는 이와모토 업무개혁본부 추진실장이 이끌었다. 이와모토 실장은 MIP의 지도원이 처음으로 공장에 온 그날의 일을 잊을 수가 없다고 털어 놓았다. 그만큼 강한 충격을 받았다. 이와모토 실장은 당시 공장의 모습을 '개미가 음식물에 떼 지어 모여 있는 것 같은 상태'라고 표현했다. 공장 안은 불필요한 작업인원으로 넘쳐났고, 여기저기에 산처럼 쌓인 상품과 화물 사이를 헤집고 다니면서 사람들은 일하고 있었다. 이와모토 실장은 그 당시만 하더라도 사람이 너무 많은 것에 대해 전혀 이상하게 생각하지 않았다고 회상한다.

담당업무는 명확하게 설정한다

　그것을 본 MIP 지도원이 공장관리자에게, 저 사람들은 어떤 일을 하고 있는지 물었고 관리자는 제대로 대답하지 못했다. 현장을 관리하고 있는 사람조차 누가 어떤 일을 하고 있는지 제대로 파악하지 못하고 있었기 때문이다. 이는 한 사람 한 사람의 업무가 명확하게 정해져 있지 않은 탓이다. 그래서 MIP 지도원은 작업원 한 명 한 명에게 담당업무를 직접 물어보면서 일부 작업원에게 작업을 중단하고 뒤로 물러서라고 지시하기 시작했다. 작업원이 반으로 줄었음에도 작업은 정상적으로 계속 진행되는 것을 볼 수 있었다. MIP 지도원은 이와모토 실장에게 작업을 할 때, 빠진 사람 수만큼이 낭비되고 있다고 지적했다.

　이런 결과를 본 독자 중에는 NPS에 뭔가 특별한 노하우가 있지 않을까라고 생각하는 사람이 있을지 모른다. 그러나 그것은 큰 오해다. 이토햄의 개선내용도 모두 알고나면 별거 아니라고 생각할 것이다. 당연한 것을 당연하게 실천하지 못하는 것이 문제였다고 이와모토 실장은 당시를 회고했다. 이토햄의 개선작업 중 가장 먼저 시작한 것은 작업원 각자의 업무를 정하는 일이었다. 지금까지 이토햄에서는 상품 한 개를 몇 초 동안 만든다든지, 그러기 위해서 누가 어떤 일을 한다는 식의 명확한 지표가 없었다. 무조건 많이 만들어서, 만든 만큼 팔면 그만이라는 식의 사고방식이 만연해 있었다. 이는 영업보다 제조현장의 입김이 센 기업에서 흔히 볼 수 있는 광경이기도 하다. 이와모토 실장은 이에 대해 1초 단위로 생산관리를 해 본 경험도 없었을 뿐만 아니라 불량품이 나오더라도 무조건 물건을 많이 만드는 것이 바람직하다는 사고가 오랫동안 지배해 왔다고 말했다.

작업원 각각의 담당업무 정하기

IHPS에서는 그 당시 이토햄에 만연한 이런 생각들을 완전히 부정한다. 작업원 각자의 '표준작업'을 정하여 "당신이 할 작업은 이것입니다. 이것 외에 다른 일은 해도 소용이 없습니다"라고 하면서 확실하게 업무를 정해 주었다. 이는 항상 일정한 스피드로 정해진 개수를 생산하기 위한 것이었다. 그리고 불필요한 작업은 지시하지 않았다. 정확한 계획을 통해 과잉생산을 사전에 막았기 때문에 상품재고는 하루 분으로 줄일 수 있었다. 공장이나 영업소에 재고가 쌓이지 않으면 신선도가 높은 상품을 적시에 출하할 수 있었다.

일정한 속도를 유지하면서 상품을 계속 만들어 내기 위해서는 작업원이 같은 속도로 무리하지 않게 움직여야 한다. 이때 방해를 받거나 손이 쉬는 경우가 생기면 안 된다. 이를 위해서는 작업원이 생산설비에 동작을 맞추는 것이 아니라, 작업원이 일하기 쉽도록 생산라인과 현장을 바꿔야만 한다. 작업원이 항상 같은 속도로 상품을 만들게 되면, 몇 개를 만드는 데 몇 명의 인원이 필요하다는 계산이 가능해진다. 지금까지 이토햄은 작업인원을 주먹구구식으로 배치했기 때문에 항상 과다한 인원이 작업에 투입되었다. 게다가 조금만 작업이 바빠지면 감각에 의해 인력을 보충해 인건비를 낭비하는 경우가 많았다.

표준작업을 정하자 작업인원이 너무 많았다는 것을 확인할 수 있었다. 그리고 현재보다 더 적은 인원으로도 매일 필요한 분량을 충분히 생산할 수 있다는 것을 알게 되었다. 예를 들어, 소시지 제조 공정은 네 명이 한 조를 이뤄 작업하던 것을 세 명

이와모토 업무개혁
본부 IHPS추진실장

으로 줄여도 충분히 가능했다. 심지어 20명이 투입되었던 공정을 다섯 명까지 줄여 조정한 사례도 있다. 여기까지 들으면 지금까지는 작업원들이 일을 게을리 한 것이 아닐까? 또는 작업개선 이후에 1인당 작업량이 대폭 늘어나지 않았을까 의심할 수도 있을 것이다. 하지만 실은 작업이 편해졌다고 한다. 그리고 그런 효과가 없다면 IHPS는 단기간에 정착되기는커녕, 처음 상태로 되돌아갈 것이다. 이토 사장과 이와모토 실장이 자신의 회사 직원들이 성실하다고 자신 있게 말할 만큼, 작업원들은 지금까지도 성실하게 '일' 하고 있다. 다만, 일이라고 생각했던 작업의 상당부분이 실제로는 하지 않아도 되는 '낭비' 였던 것뿐이었다. 2002년 봄부터 시작된 불필요한 작업을 줄이려는 노력은 회사의 실적을 빠르게 회복하는데 큰 공헌을 했다. 일례로 업계 최대 규모인 일본햄이 2002년 8월에 부정한 사건을 일으켜서 이토햄이 예상치 못한 특수를 누릴 때도, 경비의 5% 인상만으로도 공장 생산량을 20% 향상시킬 수 있었다. 작업원의 휴일 출근수당 같은 경비가 5% 밖에 늘어나지 않은 상태에서 증산(增産)에 대처할 수 있게 된 것이다. 만약 이토햄이 IHPS를 시작하지 않았다면, 많은 작업원 투입과 비용을 들여야만 가능했을 것이라고 이와모토 시장은 말했다.

불필요한 동작을 없앤다

매일 두 번씩 공장을 방문하는 MIP 지도원은 '물건을 단순히 운반하는 일' 이나 '일일이 물건을 찾는 행동' 같은 전혀 부가가치가 없는 작업을 철저하게 배제하도록 지시했다. 그리고 이런 의미 없는 물건의 이동을 줄이기 위해 컨베이어의 길이를 짧게 만들거나 물건 하치장소를 정확히 지정하는 등 도요타식 기업개혁의 기본인 2S를 철저히 적용하고 있다. 이런 노력들은 모두 작업원이 비능률적인 작업을 하지 않도록 하기 위한 것이다. 그런 노력을 통해 작업원들은 최소한의 동선으로 일할 수 있게 되었다. 지금까지는 물건 하나까지도 협소한 장소에 제멋대로 놓여 있어, 필요한 물건 하나를 찾는데도 시간이 많이 걸렸지만 이런 낭비를 줄이면서 작업하기가 매우 편해졌다.

눈에 띄게 변한 물류부문의 출하공정 현장은 상품 하치장소를 정하여 작업이 순조롭게 흘러갈 수 있게 되었다. 창고나 냉장고 안까지도 세부적인 위치를 정해서 정해진 상품만 내려 놓도록 함으로써 집배 담당은 불필요한 이동 없이도 상품을 찾아서 운반할 수 있게 되었다. 또한 작업원이 사용하는 테이블도 불필요하게 큰 것은 철거하고 1인용의 작은 것을 준비했다. 모든 공정에 불필요한 재고를 쌓아 두는 것을 원천적으로 방지하여 각자가 맡은 일을 파악하기 쉽도록 했다.

❶ 작업 진척상황이나 물건 하치장소를 한눈에 알 수 있어, 작업원이 쉽게 일을 마칠 수 있다. 출하공정 작업의 업무진척 관리게시판
❷ '시각화'의 도구인 상품에 붙일 스티커를 보관하는 선반

상품과 정보흐름을 도식화해 분석한다

2년째에 돌입한 IHPS는 새롭게 공장의 문제점을 열거하여 그림과 표로 정리하는 작업을 계속하고 있다. 이는 문제점을 한눈에 파악할 수 있도록 하기 위한 것이다. 이와모토 실장은 이에 대해 공장의 물건과 정보의 흐름을 표로 정리함으로써 재고와 정보가 정체되는 상황을 없게 했다고 설명했다.

이토햄은 '보이는가(시각화), 말할 수 있는가(언어화), 고칠 수 있는가(개선화)'라는 표어를 내걸고, 문제점을 도식화하여 현황 파악을 위한 노력을 계속 했다. 불량품을 최소화한다는 과제가 정해지면, 벽에 그 과제를 붙여 놓고 항상 볼 수 있도록 했다. 이것이 바로 '시각화'라는 것이다. 시각화는 현장에서의 정보공개가 분명하게 이루어진다. 항상 문제점을 모든 사람들에게 노출하고 전 근로자가 그것을 의식하도록 만든다. 문제점을 숨기려고 하거나 보고도 못 본 척하는 것을 경계하기 위해서다. 그러나 문제점이 보이는 것만으로는 부족하다. 그 상황에서 대책을 말할 수 있는가, 그리고 고칠 수 있는가에 의해 승부가 결정 나는 것이다. 그것이 '시각화'의 진정한 의미다.

준비 교체 시간을 3분의 1로 단축 '닛카 위스키'

██ 아와타니 카시와 공장장

2003년 8월에 MIP회원이 된 닛카 위스키(도쿄 미나토)는 공장의 제조라인 준비 교체 시간을 단축하는 작업부터 시작했다. 지금까지는 제조할 상품이 바뀔 때마다 담당자가 각자의 방식으로 라인을 교체해 왔기 때문에 작업 순서나 방법이 제각각이었다. MIP 지도를 받기 시작하면서 작업을 표준화하여, 라인의 미세 조정 등도 베테랑 작업원이 아닌 작업원도 신속하게 처리할 수 있도록 만들었다. 2004년 안에 준비 교체 시간을 종래의 3분의 1까지 단축시키는 것이 목표였다.

카시와 공장의 9개 라인에서는 400종류가 넘는 술을 병에 주입하는 작업을 담당하고 있는데 이들은 제조품목을 매일 교체하기 위해 담당자 두 명이 잔업을 통해 다음날 제조할 상품에 맞게 라인을 교체한 후, 퇴근하는 것이 관례였다. 그리고 제조라인을 교체하는 데에는 2~3시간이 필요했다. 게다가 캔에 주입하는 공정으로 교체하려면 6시간이 추가로 필요했다. 이에 대해 2003년 당시 아와타니(荒谷幸夫) 카시와 공장장은 "1일 작업 시간의 40% 정도를 라인 교체에 할애해야 했다"고 회고했다.

라인을 교체하는 데 시간이 많이 걸리기 때문에 하나의 라인에서 하루에 한 품목 이상은 만들기 어려웠다. 또 어떤 날은 가동하지 않는 라인도 있기 때문에 실제로는 9개의 라인에서 하루에 고작 여섯 품목 정도

를 만들 수 있었다. 이것을 준비 교체 시간 단축을 통해 네 배인 24품목까지 늘리고, 필요한 것을 필요한 시간에 필요한 양만큼 만드는 소량 생산방식으로 변경했다. 이에 따라 재고와 제조 리드타임을 각각 반으로 줄일 수 있을 것으로 보

■▌ 제조 상품이 바뀔 때마다 라인을 교체하는 데 많은 시간이 걸렸다.

고 있다.

　한 개 라인에서 하루에 한 품목밖에 만들지 못하면, 다음번에 같은 상품을 만드는 것은 며칠 후에나 가능해진다. 그 사이에 해당 상품이 부족할 것을 우려해 공장은 어떻게든 많은 양을 만들어 내려고 할 것이다. 이런 상황을 두고 아와타니 공장장은 그것이 재고가 늘어나는 원인이었다고 했다. 대량생산을 하려는 생각밖에 못했기 때문에 지금까지 준비 교체 시간을 단축시키려는 생각은 하지 못했다고 회고했다.

작업원에게 필요한 '과제를 찾아내려는 마음'

2001년 12월, 백화점 등에 부식매장 'RF1(알에프원)'을 운영하던 록필드는 이와다(岩田弘三) 사장의 오랜 바람을 이뤄 도요타자동차에서 야지마(矢島勝)를 동사의 집행임원 개선추진실장으로 영입하게 됐다. 야지마 집행임원의 임무 중 하나는 이미 계획을 추진 중이던 가와자키시(市)의 신설 공장 '다마가와 SPS팩토리'를 본 궤도에 올려 놓는 일이었다. 이와다 사장은 이 다마가와 공장에 도요타방식을 적용하기를 원했다. 이에 야지마 집행임원은 다마가와 공장의 개선작업을 맡는 대신 이와다 사장에게 조건을 하나 제시했다. '공장에서 컨베이어 사용을 하지 않겠다'는 것이었다.

컨베이어 사용 중지 선언

2003년 11월에 가동을 시작한 다마가와 공장은 시즈오카와 고베의 공장에서 운반되어 오는 야채 등의 부식재료를 상품으로 완성하거나 팩으로 포장하는 작업의 거점이 되는 곳이다. 다마가와 공장은 이 회사 매출의 60% 이상을 차지하는 수도권 점포 60개 지점에 상품을 공급하는 전략적 생산기지로 삼았다. 24시간 가동되는 다마가와 공장은 밤과 낮에 각각 다른 상품을 만든다. 여러

이것이 도요타식

- 책임자가 현장에서 개선 주도
- 작업원의 업무와 역할의 명확화
- 사람과 물건의 불필요한 이동 배제
- 상품 하치장소 결정
- 문제점에 대한 시각화

▉▉ 도요타자동차에서 초빙된 야지마 집행임원 개선추진 실장

상품을 동시에 만드는 경우도 있으며, 만드는 수량은 계절이나 요일에 따라 변한다. 또한 2개월에 한번은 상품이 교체된다.

야지마 집행임원은 생산체제를 유연하게 변화시키기 위해서는 간단하게 레이아웃을 변경할 수 있는 구조가 필수적이라고 했다. 변경이 어려운 컨베이어는 사용하지 말고 타이머가 부착된 작은 책상을 자유롭게 짜맞춰서 작업대를 만들어야 한다는 새로운 아이디어를 선보였다. 저스트 인 타임을 다마가와 공장에서 실현시키려면 이 방법이 가장 좋다고 생각했기 때문이다. 실제로 다마가와 공장에서는 컨베이어를 전혀 볼수 없다. 하지만 아무리 그렇다고 해도 바닥에 고정된 책상 하나가 없다는 것은 놀라운 일이다. 레이아웃 변경이 힘든 '뿌리가 박힌 설비'는 필요 없다는 것이 야지마 집행임원의 결론이었다. 공장 벽에는 밤과 낮의 레이아웃 지도가 붙어 있어 순간적으로 책상을 이동하여 생산체제를 교체하도록 했다. 야지마 집행임원은 이에 대해 "도요타처럼 한 개 라인에서 여러 종류의 차량을 생산하면 컨베이어가 있어도 된다. 그러나 다마가와 공장에는 그런 대규모 설비가 필요 없다"고 이런 변화의 이유를 설명했다.

심지어 지금까지 시즈오카 공장 등에서 사용하던 4인용의 대형 작업대도 모두 치우고 대신에 1인용의 작은 파이프 책상을 여러 개 준비했다. 책상에는 작업원 한 명이 일할 수 있는 공간밖에 없다. 생산량이 많을 때는 책상을 연결해서 큰 테이블로 만들고, 생산량이 적을 때는 작은 책상을 그대로 사용한다. 이것은 이토햄이 출하 공정에 작은 작업대를 채택한 것과 같다. 불필요한 공간이 있으면 움직이는 범위가 넓어져서 작업효율이 떨어질 뿐만 아니라 작업대 위에 재고나 짐을 올려놓기 쉬워진다. 그리고 재고를 줄이거나 정리·정돈이 제대로 이뤄지기도 어렵다. 야지마 집행임원은 다마가와 공장에 있는 파이프 책상이나 선반, 쓰레기통 등을 모두 시판되고 있는 기구들을 조합해서 현장에서 사용하기 쉽게 고치도록 했다. 대형 설비를 도입했다면 이렇게 할 수 없었을 것이다.

"간단한 것도 상관없으니 본인들이 쓸 도구는 스스로 만들어라." 야지마 집행임원은 이 점을 강조한다. "스스로 도구를 만들면 개선작업에 재미를 느끼게 되고 상품에도 더 애착이 생긴다. 더욱 좋은 상품을 만들고 싶은 욕구는 이런 데서부터 비롯되는 것이다. 주어진 설비에 달라붙어서 일하는 것만으로는 보다 좋은 상품을 만들려는 마음이 생기기 어렵다."

야지마 집행임원은 작업원에게 힌트를 주고 무조건 도구를 만들어보도록 조언했다. 물론 실패하는 경우도 있지만 그래도 상관없다. 항상 작업원 본인들이 스스로 개선 아이디어를 내는 것이 중요하다. '무엇보다 중요한 것은 개선을 하려는 의지'라고 야지마 집행임원은 강조한다.

새로운 시스템과 물류 쇄신을 통한 신선도 향상

야지마 집행임원의 개혁은 다마가와 공장 내부에 그치지 않았다. 다마가와 공장을 기점으로 수도권 물류체제를 수정하고 있다. 지금까지 록필드는 시즈오카와 고베의 공장에서 여러 중계지점을 경유하여 멀리 떨어진 수도권 점포까지 재료와 상품을 운반해 왔다. 향후에는 그 사이에 다마가와 공장이 들어가서 상품 조립이나 팩 포장 작업을 책임지게

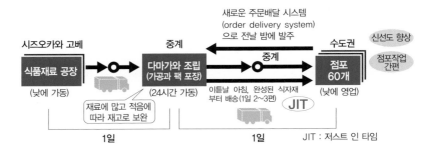

도요타방식을 적용한 다마가와 공장에서 점포까지의 물류과정 개선사례

새로운 주문배달 시스템
(order delivery system)
으로 전날 밤에 발주

시즈오카와 고베
식품재료 공장
(낮에 가동)

중계

다마가와 조립
(가공과 팩 포장)
(24시간 가동)

중계

수도권
점포
60개
(낮에 영업)

신선도 향상

점포작업
간편

재료에 많고 적음에
따라 재고로 보완

이튿날 아침, 완성된 식자재
부터 배송(1일 2~3편)

JIT

1일

1일

JIT : 저스트 인 타임

된다. 24시간 가동되는 다마가와 공장을 잘 활용하면 공장과 점포를 연결하는 이 회사의 공급체인을 근본적으로 바꿀 수 있다.

도요타에서 물류분야를 담당했던 야지마 집행임원은 다마가와 공장의 전후 지점에서 공급체인점을 두 개로 나눴다. 또한 점포에서 발주를 한 이튿날 아침에는 다마가와 공장으로부터 필요한 부식을 받을 수 있는 시스템을 만들어 냈다. 다마가와 공장가동에 맞춰서 새로운 '주문배달 시스템(order delivery system)'도 가동했다. 지금까지는 점포가 본부에 발주를 한 후 부식재가 도착하기까지 이틀이 걸렸다. 낮에만 가동하는 시즈오카와 고베의 공장에서 재료를 운반하여 중간에 작업을 하고 수도권 점포에 도착시키는 데 이틀이 걸렸기 때문이다. 하지만 이런 방법으로는 전날의 판매상황을 도저히 발주에 반영할 수가 없다. 지금은 퇴임한 요코야마 전무는 "싱싱한 재료만 다루는 록필드 측에는 상해서 버리게 되는 위험이 따라다닌다. 발주 정확도가 낮아 제품을 팔다 남게 되면 폐기해 버리는 수밖에 없다. 그렇기 때문에 정말 필요한 양만큼만 발주할 수 있는 시스템이 무엇보다 중요하다. 이제부터는 공급체인 개혁으로 폐기해서 버리는 데 드는 비용의 총 액수를 현재보다 20% 절감할 수 있을 것으로 본다"고 말했다.

지금까지는 주문이 들어 온 상품이 전량 완성되는 것을 기다렸다가 점포에 일괄적으로 배송해 왔다. 그 사이에 신선도는 떨어지고 점포는 받는 물건에 대해 큰 부담을 느껴 왔다. 하지만 이제는 다마가와 공장에 최소한의 재료를 보관하고 새로운 시스템으로 재고를 세심하게 관리하고 있다. 발주할 시점이 되면 다마가와 공장에서 작업하여 출하한다. 이렇게 하려면 다음날 아침의 출하분은 전날 밤부터 이른 아침에 동안에 만들어야 한다. 그리고 트럭 1대분의 작업이 끝나면 상품의 배송을 시작한다. 이렇게 해서 바로 완성된 싱싱한 부식재를 점포에 배달할 수 있는 것이다. 두 번째, 세 번째 트럭에도 다양한 상품이 필요한 양만큼 담겨 있다. 특정 상품만 점포에 먼저 도착하거나, 늦게 도착하거나 하지 않는다. 이것 또한 저스트 인 타임 그 자체라고 할 수 있다. 하지만 이제는 어떤 트럭이든 점포에서 필요로 하는 상품을 웬만큼 싣고 있기 때문에 야지마 집행임원은 이것을 '킨타로 아메(金太郎飴: 어느 부위를 잘라도 단면에 킨타로의 같은 얼굴 모양이 나타나도록 만든 가락엿.) 배송'이라고 부른다. 어느 트럭을 열어도 내용물은 같은 모양을 하고 있다. 즉 트럭별로 차이가 거의 없이 필요한 상품이 적절하게 적재되어 있다는 의미이다.

다른 회사 정보의 입수와 기회 포착

도요타자동차그룹의 계열사인 '아이오이 손해보험'은 1999년 12월 부터 자동차 보험을 판매하는 전국 도요타계 딜러(자동차 판매점)를 대상으로 보험판매 업무개선을 계속하고 있다. 이를 주도하고 있는 도요타 자동차 출신의 아다치(安達正雄) 전무는 보험판매에도 도요타생산방식을 활용할 수 있다고 생각했다. 아이오이 손해보험에게 있어 도요타자동차 판매점은 가장 중요한 수익원 중의 하나다. 그들의 매출이 신장되지 않으면 아이오이 손해보험도 성장할 수 없다. 현재 도요타자동차 판매점의 고객 20% 이상이 우리 점포의 보험에도 가입하고 있지만, 이 비율을 50%까지 향상시키는 것이 목표라고 아다치 전무는 말했다. '도쿄해상 일동화재보험'이나 '손해보험 재팬' 같은 대형업체들과의 경쟁에서 중견업체인 아이오이 손해보험이 살아남기 위해서는 '도요타의 노하우'를 전면에 내세우는 것이 특단의 대책이라고 판단한 것이다.

2003년 3월을 기준으로 업무개선작업을 추진한 판매점의 아이오이 손해보험의 평균 판매는 전년대비 12%가 증가한 호조를 보였다. 업무개선을 하지 않은 판매점 평균이 6% 증가에 그친 것을 생각하면 그 효과는 분명히 체감할 수 있는 것이었다. 도요타생산방식을 토대로 한 보험판매 업무개선에도 저스트 인 타임이 적용된 것이다. 아이오이 손해보험은 저스트 인 타임에 대해 '자동차를 사러 온 고객이 원하는 시기에 보험을 제안해야 하는 것'으로 해석했다. 자동차를 사러 오는 고객이 거리낌 없이 보험을 제안하고 이 시기에 맞춰 아이오이 손해보험의

이것이 도요타식

• 판매점 현장에 밀착
• 고객이 바라는 타이밍에 제안
• 빈틈없는 영업전략
• 상담 진척상황의 시각화

담당자 판매점과 하나가 되어 찾아낸다. 이는 현장을 자세히 들여다보고, 현지 현물로 개선점을 찾는 것은 도요타의 기본정신과도 부합되는 것이기도 하다. 이처럼 도요타의 생산방식의 개혁은 영업의 현장에서도 충분히 적용 가능하다.

고객의 기억에 남는 영업을 해야 한다

아이오이 손해보험은 이미 전국에 있는 60개 이상의 판매점에 업무개선을 지원했다. 자동차 판매점에 상주하는 총 26명의 판매점 영업추진부 개발지원그룹 구성원은 도요타자동차의 국내 마케팅부 개발개선지원실에서 6~8개월의 연수를 받은 딜러들이 대부분을 차지한다. 그들은 담당할 판매점 부근의 아파트를 월세로 빌려 공동으로 생활하면서 4개월 동안 현장에 매달린다.

그들이 가장 먼저 실시하는 것이 점포에서 고객 설문조사를 하는 일이다. 나가시마(판매점영업추진부 개발지원그룹) 담당부장은 점포의 현재 상황을 자신들의 눈으로 직접 확인한다. 다른 점포의 이야기를 해도 들어주지 않는다고 말했다. 2003년 10월부터 개선작업을 추진하고 있는 도요타 카롤러 시즈오카 미시마점(三島

▌▌▌ 미시마점의 상담 풍경. 노트북으로 보험료를 신속하게 산출하여 순조로운 상담을 진행하는 모습

店)의 경우, 과거 1년간 이 점포에서 자동차를 구입한 고객과 보험계약을 지속한 고객 총 407명에게 설문조사를 실시했고 약 절반인 208명으로부터 응답을 얻었다. 설문조사 결과는 영업담당자는 놀랄 수밖에 없었다.

■ ■ 개선활동을 지휘하는 도요타 카롤러 시즈오카의 유가미 전무 겸 부사장

'상담 중에 보험 안내를 받았는가?' 라는 질문에 대해 20%의 고객이 '안내를 받지 못했다' 또는 '고객 쪽에서 질문했다' 고 답변했다. 영업담당자 입장에서는 보험에 대한 이야기를 하지 않았을 리 없다' 라고 생각한다. 그러나 고객은 '안내를 받지 않았다' 고 대답했다. 이 차이점은 어디서 오는 것일까?

도요타 카롤러 시즈오카의 유가미(湯上一博) 부사장은 이에 대해 "우리들이 했던 보험 설명이 고객의 기억에 남아 있지 않았다는 증거다. 고객에게 충분히 도움될 만한 설명을 하지 못했다" 며 반성했다. 아이오이 손해보험의 나가시마 담당부장에 따르면 설문조사 결과는 어떤 판매점에서든 거의 동일하다고 했다. 그럼에도 굳이 설문조사를 실시하여 자기 점포에 대한 인식차이를 맨 처음 알려주려고 하는 의미가 있다.

또 한 가지 설문조사의 중요한 질문은, '고객은 언제 보험에 대한 생각을 하는가?' 이다. 미시마 점의 경우에는 '자동차 구입을 생각했을 때' 가 40%를, 그리고 '상담을 시작했을 때' 가 20%로 그 뒤를 이었다. 즉, 60%나 되는 고객이 자동차를 사려고 결정한 초기 단계부터 보험에 대한 검토를 희망했음을 알 수 있다. 그리고 이 시점이 고객이 바라는 적절한 시기이다.

그에 반해, 영업담당자의 인식은 고객이 바라는 시기에 비해 훨씬 뒤로 밀려 있다. 영업담당자에게 있어 보험은 '자동차 구입에 덤으로 따

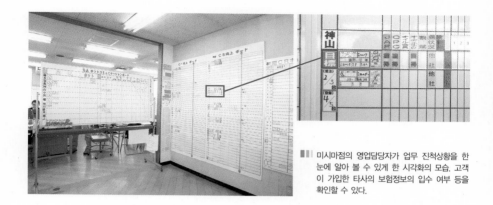

미시마점의 영업담당자가 업무 진척상황을 한 눈에 알아 볼 수 있게 한 시각화의 모습. 고객이 가입한 타사의 보험정보의 입수 여부 등을 확인할 수 있다.

라오는 것'이라는 인식이 뿌리 깊게 박혀 있다. 자동차 가격에 보험료가 포함되어 있으면 가격이 비싼 것처럼 보일 수 있어 영업담당자에게는 부담스러울 수 있다. 그렇기 때문에 상담할 때는 보험 이야기를 계속 뒤로 미루기 마련이다. 심지어는 자동차 계약이 결정되고 난 후에야 겨우 보험 이야기를 시작하는 영업담당자도 상당수 있다.

영업담당자 중에서는 '고객도 보험 이야기 같은 건 듣고 싶지 않을 것이다'라고 판단하는 경우도 있다. 이것은 영업담당자에 따라 보험 제안에 문제가 생기는 원인이 되는 경우가 많다. 그러나 자동차를 구입할 경우 자동차 보험가입은 의무다. 고객의 표정에는 드러나지 않더라도 보험에 대한 이야기를 상담 초기단계에서 제대로 듣고자 하는 게 일반적이다. 개선의 시작은 이러한 고객과의 인식 차이를 극복해 나가는 것으로 시작한다. 고객이 처음 판매점을 방문한 시기와 상담이 시작되는 최초 단계 사이에 보험에 대한 언급도 이루어질 수 있도록 조언한다.

고객이 바라는 시기에 이야기를 하게 되면 반응도 좋고 기억에 남기도 쉽다. 또한 편하게 보험이야기를 나눌 수 있다. 가장 효과적이고 영업담당자의 부담도 줄어드는 적절한 시기임에 틀림없다. 이처럼 도요타식의 '저스트 인 타임'은 영업담당자의 업무에도 좋은 효과를 발휘하도록 한다. 아이오이 손해보험은 이를 개선하기 위해 상담 가이드북이나 노트북을 이용한 보험료 산출 프로그램을 준비했다.

타사 정보 수집의 중요성

아이오이 손해보험은 보험 제안이 얼마만큼 이뤄졌는지를 독자적인 지표로 평가하는데 그것을 '보험터치율'이라 부른다. 아이오이 손해보험은 개선된 판매점의 평균 보험 터치율을 2003년 3월까지 종래에 25.9%에서 62.7%까지 높일 수 있었다.

보험터치율은 자동차 판매 시에 얼마만큼 보험을 제안할 수 있었는

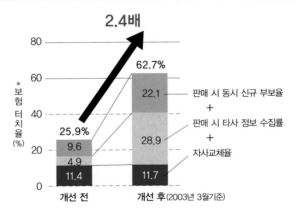

도요타식 개선 후 보험터치율의 상승 효과

2.4배

* 보험 터치율 (%)

개선 전	개선 후(2003년 3월기준)

개선 전: 25.9% (9.6 / 4.9 / 11.4)
개선 후: 62.7% (22.1 / 28.9 / 11.7)

판매 시 동시 신규 부보율
+
판매 시 타사 정보 수집률
+
자사교체율

*보험터치율은 아이오이 손해보험의 독자지표로, 딜러가 판매한 자동차 대수에서 차지하는 자동차 판매 시 보험 성사 건수(고객으로부터의 타사 보험 정보 수집 건수와 자사보험의 차량교체 건수를 포함)

지를 나타내는 지표가 된다. 여기서 매우 흥미로운 것은, 자동차 구입자 중 신규로 보험계약을 한 비율인 '판매 시 동시 신규 부보율' 과 함께 보험 계약은 못했어도 고객이 이미 가입하고 있는 다른 회사의 보험 정보를 수집할 수 있었는지를 나타내는 '판매 시 타사정보 수집률' 까지 포함해서 산출된다는 점이다. 이미 아이오이 손해보험에 가입되어 자동차 등록 교체에 불과한 '자사 교체율' 까지 합산해서 보험터치율이 산출된다.

고객의 대부분은 이미 자동차를 보유하고 있고, 교체 구매한 경우가 가장 많다. 통상적으로는 이미 보험에도 가입되어 있어 이 시점에서 신규 계약은 발생하지 않는다. 보험판매를 늘리기 위해서는 현재 가입하고 있는 보험이 만기 시기가 되었을 때 교체하는 것이 가장 좋은 방법이다. 1년마다 계약을 갱신하는 자동차 보험의 경우, 만기 직전에 다시 보험에 대한 설명을 하는 것이 가장 효과적인 영업방법이다. 이에 대해 아다치 전무는 "고객이 원하는 시기를 아는 것이 고객의 보험정보 열쇠다. 고객의 상황을 모른 채 하는 영업은 섣부른 행동일 뿐이다"라고 말한다.

상담 도중에, 고객에게 직접 현재 가입하고 있는 보험내용을 보여 달라고 하면서 자연스럽게 타사의 정보를 입수하는 것도 가능하다. 다만 고객에 따라 그런 대화가 잘 이루어지지 않는 경우도 있으므로 유의해야 한다. 그럴 때는 '차량 교체 연락 서비스' 에 대한 이야기로 타사정보를 이끌어 내는 것도 좋다. 이 서비스는 구입한 자동차에 에어백이나 도난방지 장치 등을 부착한 경우 보험료가 할인된다고 말하며 이 또한 보험회사에 신청하는 것이다. 새롭게 적용되는 보험 할인을 고객을 대신해서 판매점이 보험회사에 연락함으로써 고객이 보험료를 많이 내지 않아도 되기 때문에 고객에게 인기가 높다. 영업담당자는 이렇게 고객에게 반응이 좋은 서비스에 대한 질문을 통해서 자연스럽게 타사의 보험 정보를 입수할 수 있다. 타사의 정보를 제대로 입수할 수 있는지 여부는 판매점 벽에 붙여 놓은 관리 게시판에서 확인한다. 이것 또한 '시각화'의 한 방법이다.

도요타와 리크루트의 공동 OJT 솔루션

컴퓨터 기구를 수납하는 래크와 배선판을 제조하는 가와무라 전기산업(아이치현 세도시)과 전기부품을 다루는 스즈덴 상사, 그리고 나고야를 기반으로 하는 주쿄 은행, 업종이 다른 이 3개 사에는 의외의 공통점이 있다. 도요타자동차와 리쿠르트 그룹은 2002년 4월에 공동으로 설립한 오제이티 솔루션(OJT)이 제공하는 인재 만들기 서비스를 이용하고 있다. OJTS는 2002년부터 2년 동안에 40개 이상의 기업에 서비스를 제공한 실적을 가지고 있다.

OJTS는 가와무라 전기뿐 아니라 스즈덴 상사와 같은 유통업자, 주쿄 은행 같은 금융업자에게도 '트레이너'라고 불리는 도요타그룹 출신의 지도원을 파견한다. 트레이너는 직장 진단을 통해 문제점을 찾아내고 이후 반년 동안 현장에 밀착하여 업무개선을 지원한다.

가와무라 전기산업

가와무라 전기산업의 가와무라(河村幸俊) 사장은 본사에 인접한 아카즈키 제1공장에 예고도 없이 들러 디지털 카메라로 공장 내부를 촬영하고 돌아가곤 한다. 그에게 하루가 다르게 변하는 공장의 모습은 너무나 즐거운 것이다. 배전판을 제조하는 아카즈키 공장에 OJTS의 트레이너가 온 것은 2003년 4월의 일이다. 그리고 같은 해 11월까지 일주일에 3일을 트레이너가 현장에 직접 방문해서 지속적으로 개선을 위한 힌트를 주었다.

수많은 공장의 중에서 아카즈키 제1공장이 개선대상에 선발된 데에는 이유가 있다. 가와무라 사장은 어느 날, 생산부문담당인 고바야시 상무에게 다음과 같은 귓속말을 했다. "이번만은 내 맘대로 하게 해주었으면 하네. 공장이 변하는 모습을 보고 싶어."

사실 개선작업에 앞장서기 1년 전인 2002년 여름, 가와무라 전기에 충격적인 일이 일어났다. 연간 4억 5000만 엔의 적자를 내던 이바라기현의 쓰쿠바 공장이 OJTS의 지도가 시작된 지 4개월 만에 흑자를 달성한 것이다. 생산 래크 1개당 제조원가가 20%나 낮아진 덕분이었다.

공장 레이아웃의 대폭적인 수정과 함께 근로자의 동선 낭비를 줄이며 부품재고의 보관 장소를 알기 쉽게 만든 결과, 1개월 만에 래크 생산 개수가 155개로, 사상최대 생산량을 기록했고

공장개혁을 추진하는 생산
부문담당 고바야시 상무

이는 흑자로 이어졌다. 이런 결과에 따라 고바야시 상무는 원래 삿포로 공장에 OJTS를 파견하려 했다. 하지만 가와무라 사장의 결단에 따라 서둘러 아카즈키 제1공장이 다음 개혁을 실시할 현장으로 선발된 것이었다. 사실 가와무라 전기는 지금까지 여러 컨설턴트를 채용하여 공장 개혁에 힘써 왔다. 그러나 개혁은 쉽게 정착되지 않았다. 고바야시 상무에 의하면 이전까지의 컨설턴트들은 내사하면서 "저에게 상무권한을 주십시오. 근로자들은 제가 말한 대로 움직여야 합니다"라고 했다. 작업원들은 자신의 생각을 개혁하기보다는 다른 사람의 생각을 그대로 열심히 따라하는 것이었다. 고바야시 상무는 다른 사람이 생각한 것을 그대로 따라하는 것뿐만으로는 개혁 정착이 안 된다는 것을 그동안의 다른 컨설턴트와의 경험을 통해서 몸소 체험했다.

물건 만들기는 인재 만들기의 실천

OJTS의 방식은 이전까지의 컨설턴트와는 달랐다. "도요타에서는 이렇게 하는데 당신은 어떻게 하겠습니까?"라는 질문으로 개혁 작업을 시작했다. 트레이너는 간판(생산지시서) 사용법이나 작업원의 작업 모습을 촬영하고, 낭비를 발견하는 비디오 분석방법과 2S의 의미 등을 매우 상세하게 설명했다. 그리고 그런 것들을 가와무라 전기의 현장에 대입시킬 경우, 어떻게 하는 것이 좋은지 현장 작업원 각자가 스스로 생각하게 만들었다. 이런 개선과정에는 약 반년 정도의 시간이 필요했지만 이것이 개선의 지름길이라고 트레이너는 설명했다. 쓰쿠바 공장 역시 이런 과정을 통해서 작업개선에 성공할 수 있었다. 아카즈키 제1공장의 경우에는 15명의 프로젝트 구성원이 중심이 되어 레이아웃 수정이나 간판

제도의 도입 등을 추진했다. 미즈노 아마츠키 제1공장 공장장(현 집행임원)은 "개선은 한 번 시작되면 멈추지 않는다"는 말로 자신감을 표현했다. 미즈노 공장장이 특히 만족하는 것은

이것이 도요타식

- 현장리더의 육성
- 작업원에게 스스로 개선내용을 생각하도록 유도
- 정보 흐름의 정리·정돈

프로젝트 리더인 야마자키(山崎美知男) 계장의 놀라운 성장이었다. 지금까지 소극적이었던 야마자키 계장은 트레이너에게 자극을 받아 계속해서 개선을 위한 아이디어를 냈다. 프로젝트 구성원은 우선 공장의 2S 작업을 추진했다. 부품을 넣는 케이스나 휴지통 크기를 정하는 데만 반나절을 보내기도 했다. 이는 지금까지 없었던 일이었다.

쓸데없는 물건을 제거하면 공장 내에 큰 통로를 확보할 수 있다. 통로가 생기면 움직이기가 쉬워지고 구석구석의 작업 상황을 쉽게 살펴볼 수가 있게 된다. 그리고 물건은 손수레로 옮기기로 했다. 공장 안을 돌아다니던 지게차는 사용을 금지했다. 리프트는 무거운 물건을 옮기기 때문에 재고를 쌓아두는 원인이 되므로 리프트를 없애고 작업장의 안정성을 향

❶ 배전판을 만드는 아카즈키 제공장. 부품 공급지시에 간판을 채택했다. 오른쪽 선반 케이스에 들어 있는 카드가 공급지시서가 되는 간판

❷ 재고가 늘어나는 원인인 공장 내 지게차 사용을 금지했다. 개선 전에는 사진의 넓은 통로가 짐에 파묻혀 보이지 않았다.

상시켰다.

정보의 흐름도 2S를 실행했다. 큰 부품의 모듈을 만드는 이전 공정에서는 신속하게 설계정보를 보내서 생산을 추진하고, 마지막 조립공정에서 각 모듈이 필요로 하는 시점에 맞춰서 상품이 전달되도록 했다. 복수의 부문에서 정체되기 쉬웠던 설계정보를 전 공정에 4시간이나 빨리 전달할 수 있었다. 이처럼 도요타자동차의 생산라인에서 차체가 이동하면 그 시점에 맞춰서 엔진이나 타이어 같은 부품을 준비하는 방식을 가와무라 전기에 적합한 방식으로 정리했다. 간판은 부품 공급지시에 이용한다. 부품을 사용하면 그 간판을 분리해서 부품 보충지시를 내리는 상자에 넣는다. 그리고 이 간판을 부품담당자가 회수하면 케이스에 부품이 보충된다.

이런 일련의 개선작업은 실적 향상을 가져왔다. 아카즈키 제1공장의 생산성은 동일한 인원을 기준으로 5~6% 향상되어 2003년 10월에는 역대 최고의 생산량을 기록했다. 그리고 작업과정의 개선 이전에 비해 재고도 38%나 감소했다.

물류센터의 출하오류를 절반으로 하는 시각화
스즈덴 상사

| 종합상사 |

스즈덴 상사에서는 오랜 세월동안 상품의 출하오류로 고민해 왔다. 작은 전자부품은 구별하기가 힘들고 표시하는데도 까다롭다. 이런 부품을 올바로 픽업해서 주문한 수량을 고객기업에게 배달하는 과정에서

일어나는 출하오류 건수를 좀처럼 줄이지 못하고 있었다. 위기감이 더해진 스즈키(鈴木敏雄) 사장은 OJTS에게 스즈덴의 물류센터를 '공장'으로 보고, 상품을 만든다는 관점에서 업무개선 추진을 의뢰했다.

전자부품의 출하오류 건수를 줄이기 위해서는 어떤 방법이 좋을까? 대단치 않은 기술이라고 생각할 수도 있지만, OJTS의 트레이너는 7000점에 달하는 부품이 보관된 선반을 정리하는 평범한 개선책부터 시작했다. 그리고 작업원이 픽업작업을 할 때 고민하지 않도록 판단기준을 마

이것이 도요타식

- 선반번호를 보기 쉽게 하여 고민하지 않고 재고를 픽업할 수 있게 했다.
- 물건 적재장소 뿐 아니라, 물건의 흐름도 2S를 실행한다.

▎▌▎ 상품을 모든 공정에서 한 개씩 이동시키는 '1개 흘림'으로 변경한 생산라인. 공정을 일직선으로 만들어 불필요한 움직임을 줄인다.

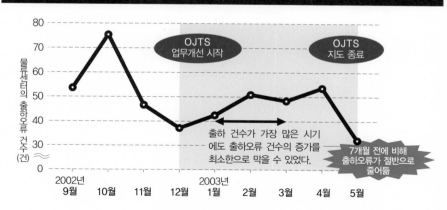

물류센터 개선 후 출하오류 건수의 변화

OJTS 업무개선 시작

OJTS 지도 종료

출하 건수가 가장 많은 시기에도 출하오류 건수의 증가를 최소한으로 막을 수 있었다.

7개월 전에 비해 출하오류가 절반으로 줄어듦

물류센터의 출하오류 건수 (건)

80
70
60
50
40
30
0

2002년
9월 10월 11월 12월
2003년
1월 2월 3월 4월 5월

■■■ 물류담당인 히라노 이사
상임집행위원

련했다. 선반에 배열된 부품의 출하상황을 일일이 확인하고, 반년 이상 출하되지 않은 부품은 다른 곳에 보관하기로 했다. 조사결과 반년 이상이 300점, 1년 이상 출하되지 않은 부품도 240점이나 됐다. 히라노(平野利晴) 이사 겸 상임집행위원은 이런 부품들은 평상시에 선반에서 치워도 지장이 없다는 지적을 받았다. 그리고 선반의 부품 개수가 적으면 픽업작업을 할 때 실수도 줄어들게 된다. 총 540개의 부품을 선반에서 치우고, 남은 부품에 다시 한 개 상품당 한 개 선반을 할당했다. 이는 부품을 찾을 때마다 고민을 하지 않도록 하기 위한 아이디어로, 일종의 시각화의 일환이다. 또한 픽업을 개인의 기술에 의존하지 않는 간단한 방법으로 바꿨다. 이전까지의 선반번호는 최대 11자리인 데다가 선반번호와 상품번호 두 종류의 번호가 위아래에 이중으로 적혀 있어 알아보기가 상당히 힘들었다. 그것을 개선하여 선반번호 하나만 사용하기로 하고 자릿수를 6개로 줄인 후, 규칙적으로 배열된 알파벳과 숫자를 조합하여 표시했다. 표시는 짧게 만드는 편이 훨씬 인식하기 쉽다는 점을 고려했다.

선반번호는 6자리로 충분했고 픽업만 한다면 상품번호는 필요하지 않았다. 개선성과는 곧바로 나타났다. 출하 건수가 가장 많은 4분기(2003년 1~3월)에도 출하오류 건수는 이전과는 달리 급증하지 않았다. 예년 같으면 출하 건수가 증가하면 그에 맞춰 출하오류 건수도 증가했는데 그것을 최소한으로 억제하게 된 것이다.

상품 '1개 흘림'으로 작업과정의 개혁

출하오류를 없애기 위해 거래 업체로부터 상품이 도착하면 동시에 분류해서 출하하는 공정도 재검토하여 라인에 도착한 상품이 한 개씩 돌아가게 하는 '1개 흘림' 방식으로 개선했다. 1개 흘림방식이란, 업체에서 간추려 보내 온 여러 개의 상품과 전표를 한 개씩 낱개로 만들어서 검품하고 다음 분류공정으로 흘려보내는 방법이다.

동시에 여러 개의 물건을 다루면 실수하기 쉽다. 그래서 상품을 한 개씩 다루게 하여 상품을 확인하는 실수나 전표를 잘못 붙이는 일을 줄였다. 이때 1개 흘림은 4인 1조가 되어 실시한다. 우선 검품담당자는 업체에서 간추려서 보낸 여러 상품과 상품수량만 입력한 납품 전표 묶음을 한 개씩 조회해 가면서 검사한다. 그리고 상품과 전표를 한 세트로 묶어 노란상자에 넣은 후, 입력담당자에게 전달한다. 입력담당자는 상자를 받아서 컴퓨터에 상품을 등록하고 주문한 대로 상품이 도착했는지 확인한다. 이 과정에서 '현품표'도 인쇄한다. 이때 현품표는 상품이 도착하는 곳을 나타내는 분류 지시서다. 세 번째 담당자는 현품표를 상

▌▌▌ 번호 실수가 빈번하게 발생했던 이전의 복잡한 선반 번호

▌▌▌ 선반 번호를 간단하고 만들어, 상품 픽업과정에서 실수를 최소화한다.

품 하나하나에 각각 붙이고 마지막으로 분류담당자에게 넘긴다. 그리고 현품표에 적힌 내용을 확인해서 배송처 단위로 구분된 선반에 상품을 올려놓는다. 지금까지 자주 문제가 발생했던 공정은 위 과정 중에서 현품표를 붙이는 세 번째 공정이었다. 업체에서 도착한 상품이 정리된 후, 공정으로 돌아오면 전자부품은 구별이 어렵기 때문에 현품표를 잘못 붙이는 경우가 있었다.

비디오 촬영을 통한 낭비 찾기
주쿄 은행

| 금융업 |

2003년 7월 22일, 주쿄 은행의 스에야스(末安壓二) 지점장을 포함한 전 임원과 부장급을 포함한 약 40명이 회의실 한자리에 모였다. 같은 해 6월에 OJTS에 의뢰해서 실시한 점포진단결과를 듣기 위한 자리였다. OJTS에서는 두 명의 임원과 일곱 명의 트레이너가 참석하여 슬라이드를 통해 문제점을 설명했다. 한 달 전에는 중소기업과의 거래가 많은 야쿠마 지점과 개인 고객과의 거래가 많은 시마다 지점, 대표적인 두 점포에 각각 세 명의 트레이너가 방문했다. 그들은 아침부터 밤까지 은행 카운터 내부에서 행원과 전표, 현금의 움직임을 관찰했다. 이때 점포의 과제를 명확하게 하기 위해 조사일은 의도적으로 가장 바쁜 월말로 선택했다. 새로운 영업점 단말

> **이것이 도요타식**
>
> • 고객을 기다리게 하지 않게 하는 것이 최우선
> • 행원의 움직임을 고려한 점포의 레이아웃 결정

기를 도입한 지점도 추가로 조사했다. 비디오카메라를 설치하고 OJTS 트레이너가 준비한 캠코더로 행원의 움직임을 촬영하여 OJTS가 한 달에 걸쳐서 분석했다. 주쿄 은행이 외부인에게 창구 내부를 이 정도로 공개한 것은 전례없는 일이었다.

은행원의 동선을 고려한 레이아웃 개선

OJTS가 지적한 문제점은 무려 400개 항목에 달했다. 주쿄 은행은 그 점들을 진지하게 수용하고 2개월에 걸쳐서 원인규명과 수정안을 완성했다. 또한 사무통괄부의 영업점 지도반원 다섯 명이 지적받은 400개 항목을 192개로 재정리했다. 그리고 그것을 과제별로 레이아웃, 규칙, 5S(정리 · 정돈 · 청결 · 청소 · 습관화), 시간관리, 고객만족도로 분류했다. 문제점을 정리한 결과를 살펴보면 모두 기본적인 항목들뿐이어서 '이런 것조차 못하고 있었나?' 하는 생각도 들었지만, 그것이 OJTS가 지적한 은행의 현실이었다.

도요타에서 성장한 트레이너의 시각에서 보자면, 은행은 이해할 수 없는 것 투성이였다. 극단적으로 말하면, 점포의 레이아웃은 행원의 움직임을 전혀 고려하지 않은 것처럼 보였다. 작업원들의 업무 편의성을 우선시하는 도요타와는 정반대였던 것이다. 은행은 보안 측면에서 보면, 고객의 접근이 어려운, 창구에서 멀리 떨어진 방의 안쪽에서 현금을 처리하는 것이 일반적이다. 그러나 이런 배치는 작업효율을 확실히 떨어지게 한다. 창구와 안쪽의 현금처리기 사이를 왕복하는 행원이나 이러한 현금과 전표의 흐름은 트레이너에게 모두 낭비로 비춰졌다. 결국 이런 낭비는 고객의 대기시간까지 영향을 미치게 된다. 현금처리기가

항 목	지적받은 내용	원 인	재검토
레이아웃	창구와 현금처리기의 먼 거리	행원의 배려 부족	동선 확보, 레이아웃 변경
규칙	전표 등의 처리 절차 표현의 어려움	현장 사람들을 고려하지 않음	작업순서의 명확화
5S	많은 장애물로 인한 업무 방해	행원의 움직임 무시	자주 사용하는 물건, 사용하지 않는 물건 정리
시간관리	업무의 진척상황이 몰려 있음	행원의 업무 진척상황 미파악	업무 표준 스케줄 책정
고객만족도	적합하지 않은 기장대	—	낮은 기장대 설치

OJTS에게 지적받은 주쿄 은행의 다섯 가지 문제점

창구에서 가까우면 그만큼 이동거리는 짧아진다. 행원이 여기저기 돌아다니지 않고 업무를 마치거나 현금이나 전표처리를 신속하게 할 수 있다. 그만큼 처리시간이 단축되기 때문에 고객은 대기시간이 짧아지는 효과가 있다. 그러나 가장 이동거리가 짧았던 도베쓰인 지점에서조차 창구에서 현금 처리기까지의 거리가 3미터, 시마다 지점은 9미터나 되었다. 이에 대해 주쿄 은행에 현금처리기의 위치를 변경하도록 지시했다.

창구 뒤편에 둘째 줄에 있는 행원과의 거리가 먼 것도 문제로 지적되었다. 뒤돌아보는 것만으로는 현금이나 전표를 전달하기 어려운 경우가 많아서 손을 힘껏 뻗어서 힘들게 전달하거나 매번 일어나는 수고를 더해야 했다. 이 문제점은 통로의 폭을 좁히는 방법을 통해 행원이 최소한의 동작으로 현금이나 전표를 처리할 수 있도록 개선했다. 이러한 작은 개선만으로도 업무처리 시간은 많이 단축할 수 있다.

업무의 편의성이라는 측면에서는 서류나 휴지통, 작은 테이블 등이 통로 도처에 놓여 있어 그렇지 않아도 이동이 많은 행원들의 움직임을 더 방해하고 있었다. 빈번하게 사용하는 파일 등도 색깔별로 구분되어 있지 않아서, 사용할 때마다 필요한 파일을 찾는데 시간을 낭비했다. 그런 모든 낭비들이 모여서 고객의 대기시간을 연장시키는 원인이 되었다. 조사 당시, 하루 종일 트레이너와 함께 구석구석을 둘러본 가토 도베쓰인 지점장은 "우리들이 지나치게 익숙해져 버린 탓에 문제를 인식하지 못한 것을 고객의 관점에서 본 트레이너의 지적을 통해 제대로 인식할 수 있었다"라고 회상했다. 주쿄 은행은 2003년 10월부터, 조사한 3개 지점을 시범 점포로 지정하고 레이아웃 변경이나 점내 2S를 시작했다.

도요타생산방식을 모든 공정에 도입
부활을 위한 후지쯔의 도전이 시작되다

■ 사카이 생산추진본부장

실적 회복을 추진하는 후지쯔 그룹은 현재 도요타생산방식의 도입을 서두르고 있다. 공장의 레이아웃 변경이나 2S, 상품의 1개 흘림 등이 도입될 예정이다. 2003년에는 국내에 있는 16개의 제품공장에 도입하고, 2004년 3월 말까지는 순차적으로 다른 여러 부품 공장에도 도입할 계획이다. 이 계획은 아키쿠사(秋草直之) 회장과 구로가와(黑川博昭) 사장이 톱 다운으로 전 공정에 대한 도요타생산방식 도입을 결정했다. 후지쯔는 경쟁 컴퓨터 업체에 비해 해외 생산비율이 약 15% 이하로 낮았었다. 이점에 대해 사카이(酒井雄一) 생산추진본부장은 "해외에서 제품을 운반하는 비용과 시간, 현지 작업원 육성 등을 생각하면 국내 생산을 계속하는 편이 유리하다"고 설명하고 있다. 그럼에도 저임금을 활용해 급속히 확대되고 있는 중국 생산품에 비해 국내 생산비용이 높은 것은 분명한 사실이다. 그래서 후지쯔는 도요타생산방식 도입으로 낭비를 줄임으로써 2006년 3월까지는 제조원가를 현재보다 30% 절감할 계획이었다. 만약 이 개선 노력이 실패하게 되면 후지쯔의 부활은 아득히 멀어지게 될 수도 있었다. 사카이 추진본부

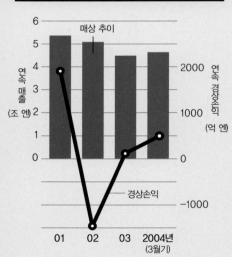

실적회복을 위한 후지쯔의 도요타생산 방식 도입 노력

장에 따르면, 후지쯔는 지금까지 여러 번 공장 개선활동을 실시해 왔다. 하지만 도요타 관점에서 보면, 아직도 개선작업이 매우 부족하다는 것을 깨닫는다고 한다. 후지쯔는 그 점을 순순히 인정했다. 한 걸음 먼저 경쟁업체인 NEC가 도요타생산방식을 도입하여 업적이 회복세를 보이고 있다는 점도 후지쯔를 자극한 한 요인으로 작용했다. 후지쯔는 자존심을 버리고 NEC 공장을 지도한 것으로 알려진 이와키 생산시스템연구소의 이와키(岩城宏一) 대표이사를 초빙했다. 이와키 대표이사는 도요타계열 부품업체에서 사장을 역임한 인물이다. 후지쯔가 늦게나마 도요타생산방식을 도입하기로 결정한 또다른 이유는 2001년부터 먼저 도요타생산방식을 도입해 온 자회사 후지쯔 컴퍼넌트의 업적이 호조세로 돌아섰기 때문이다. 후지쯔 컴퍼넌트 공장을 견학한 아키쿠사 회장과 구로가와 사장이 적극적인 자세를 보임에 따라 후지쯔 전체에 대한 개선작업이 시작되었다. 2003년 10월부터 급격한 속도로 진행되는 일본 공장 중에서도 프린트 기판(基板) 공장을 갖고 있는 후지쯔 인터커넥트 테크놀로지는 2004년 3월에 들어 이미 실적향상 효과가 나타나기 시작하고 있다. 보다시피 각 기업들이 실천을 시작한 제품과 정보의 2S나 시각화 등은 후지쯔에 국한되지 않고, 어느 기업에서나 당장 시행할 수 있는 것들이다. 일련의 개선작업 핵심은 철저하게 지속할 수 있느냐의 여부에 달려 있으며, 그것을 지휘할 수 있는 것은 최고경영자뿐이다. 이것이 도요타식 기업개혁의 또다른 핵심이기도 하다.

▌▌ 도요타생산방식을 먼저 도입했던 후지쯔 컴퍼넌트 현장

도요타방식의 여섯 가지 실천사례 ③

1년 동안 이 만큼 변한다

도요타그룹을 본보기로 한 개선활동을 1년 동안 지속하면, 기업은 어디까지 달라질 수 있을까. 1년 전에 취재했던 이토햄이나 후지쯔 등을 1년이 지난 후 다시 방문하여 도요타식 기업개혁의 성과를 검증해 보았다. 2004년에 새롭게 개혁작업을 시작한 기업들의 이야기도 들을 수 있었지만, 취재한 여섯 개 회사에서는 눈에 보이는 개선효과를 확인할 수 있었다. 여기서는 지속적인 실천이 무엇보다 중요하다는 도요타식 기업개혁을 현장의 생생한 숨소리를 담아 자세히 전달한다.

후지쯔
▶ 1년 전의 2.5배(조립공정), 1.8배(설계공정), 공장의 공간 28% 감소

이토햄
냉장피자 생산라인
작업원 37명 ▶ 30명 감소
1년 동안 비용절감액, 작년도보다 7억 엔 증가

도요타 판매점(딜러)
아이오이 손해보험의 자동차보험 판매 도요타
카롤러 편의점 플랜의 판매비율 1.8%
▶ 최대 21.6%로 증가
넷츠 도요타 나고야 매출, 전년대비 165% 성장

작업원의 생산성 향상으로 적자상품이 흑자로 전환

12억 1792만 2000엔, 이것은 이토햄이 실행한 IHPS에 의해 2004년도 상반기(2004년 4~9월)동안의 비용절감 효과다. 연간 비용절감 목표를 반년만에 달성할 수 있었던 것이다. 이런 진행 속도라면 전체 사분기의 비용절감액이 2003년도 13억 엔보다 7억 엔 정도 더 늘어난 것이다. 최근 1년 동안 개선효과가 더욱 향상되었다는 증거다. 이처럼 IHPS는 완전히 이토햄 현장에 뿌리내리고 있다. 도요타생산방식을 모범으로 한 NPS를 자사 방식으로 만드는데 도전한 IHPS는 2004년도 이토햄의 호황을 뒷받침하고 있다. 일본에서 광우병이 발견된 지 3년이 지나고 창업 이래의 최대 위기에 직면했던 이토햄이 지속적인 IHPS 활동을 통해 되살아 난 것이다.

광우병의 영향이나 재료비 급등 등, 이토햄을 둘러싼 환경은 여전히 긍정적인 것만은 아니었다. 하지만 2003년 10월에 발매한 냉장피자 '라핏자'의 성공(2004년 기준 약 50억 엔의 매출 기록)으로 인해 2004년도의 호황이 이어질 수 있었다.

냉장피자 생산현장의 개혁

한 장에 1500엔 이상인 배달 피자와 똑같은 맛을 400엔 정도로 느낄 수 있다는 것을 판매전략으로 내세운 라핏자는 최근 1년 만에 히트상품으로 성장했다. 공장을 24시간 풀가동해서 생산을 해도 납기를 맞추기

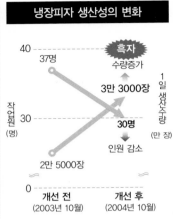

냉장피자 생산성의 변화

자체 제작한 설비 도입으로 인해 작업원이 줄어든 라핏자의 생산라인. 생산성이 향상되면서 적자가 계속되었던 상품이 흑자로 전환됐다.

가 힘들 정도로 대단한 인기를 끌고 있다. 그리고 라인의 생산성(작업원 한 명당 생산액)이 IHPS로 인해 크게 향상되었기 때문에, 라핏자는 점차 이익을 늘리고 있다.

라핏자가 처음 발매되었을 당시만 하더라도 생산을 하면 할수록 적자만 늘어나는 골칫거리 상품이었다. 배달피자에 지지 않는 맛을 목표로 만든 상품이니만큼, 일일이 수작업으로 생산하여 생산비용의 대부분은 인건비가 차지하고 있었다. 이토햄은 라핏자의 판매가를 종래의 피자보다 비싼 500~600엔으로 정했지만 수퍼마켓에서는 그보다 저렴한 400엔 전후에 팔렸다. 문제는, 고객은 비교적 싸다고 느꼈지만 이토햄은 전혀 이익을 내지 못하고, 큰 인기를 모으는 상품이었음에도 불구하고 팔면 팔수록 적자가 늘어나는 악순환에 빠지고 있다는 점이었다.

유일한 해결방법은 라핏자 생산라인의 작업원을 줄여서 생산성을 올리는 것뿐이었다. 이토햄은 2002년 3월부터 시작했던 IHPS로 익힌 성과를 바탕으로 라핏자 생산현장을 개선하기 시작했다. 우선, IHPS로 2S작업을 추진함으로써 빈 공간을 효율적으로 활용했다. 그리고 위탁생산하던 것에서 벗어나 자체 생산을 단행하기도 했다. 그러나 여전히 현장의 많은 작업원 수가 문제로 드러났다.

이에 대해 이와키 업무개혁본부 IHPS 추진실장은 "현장에 맞는 간단한 생산설비를 스스로 개발하여 작업효율을 올렸다"고 회고한다. 이토햄은 도요타그룹 출신이 모여 NPS를 전파하고 있는 컨설팅 회사 MIP의 도움을 받아 도구를 작업원들이 직접 만들어 현장을 개선했다.

피자 생산에서 가루를 뿌리거나, 성형을 위해 자체제작한 장치를 라핏자 라인에 수없이 도입하는 등, 작업원이 다양한 작업을 겸할 수 있도록 노력하여 불필요한 작업원을 줄여나갔다. 이때 자체 제작한 장치는 다른 라인을 재검토한 결과, 불필요해진 장치의 부품을 떼어내서 만든 것들이 많았다. 불필요한 비용을 들이지 않고 손쉽게 설비를 만드는 것도 MIP가 준 교훈을 통한 개선이다.

참고로 MIP에는 '설비 연구회'라는 학습모임이 있다. 이토햄은 이런 모임을 통해 불필요한 기능이 많이 장착된 고액의 장치를 구입하는 것보다 훨씬 더 저렴한 비용을 투자하여 현

▮▮ 도요타식 기업개혁의 효과를
재인식한 이토 사장

장의 작업효율을 올릴 수 있다는 점을 깨달았다. 이런 노력은 무엇보다 스스로의 힘으로 개선 아이디어를 내기 위한 훈련이 된다. 사실 비용절감 자체보다도 스스로 개선하는 능력을 양성한 것이 IHPS로 얻은 최고의 재산이라고 할 수 있을 것이다.

이토 사장은 "공장을 가동시키면 자체 제작 도구가 늘어난 것에 놀란다. 그 수준도 매우 높아졌다. 빨리 공장 전체에 도입하고 싶다"고 말할 정도였다. 그리고 이러한 성실한 개선 노력을 거듭하여 작업원 수도 줄어들었다. 도쿄 공장의 라인에는 애초에 37명의 작업원이 있었으나 지금은 30명까지 줄었다. 게다가 자체 제작한 장치를 도입을 통해 작업효율이 향상되면서 1일 생산량은 당초에 2만 5000장에서 3만 3000장까지 늘어났다. 라핏자는 이런 다양한 개선 노력을 통해 점차 흑자를 낼 수 있었다.

IHPS의 성과는 라핏자 생산라인만이 아니다. 고객이 원하는 수량만큼만 만드는 소량 생산이 철저하게 이뤄졌기 때문에 공장 전체적으로 재고가 감소하여 상품 폐기 로스 금액이 2004년도 상반기만 해도 전년대비 같은 기간에 비해 8300만 엔이나 절감할 수 있었다.

트럭 운행 시간을 고려한 맞춤 생산

공장에서 출하를 기다리는 트럭 대기 시간도 빠르게 감소하여 지금은 버스 시각표 같은 운행 시간표에 맞춰서 출하작업이 순조롭게 진행된다. 트럭 출발 시간을 거꾸로 산출하여 필요한 수량의 상품만을 시간표대로 만들기 때문이다. 공장에는 상품이 정체되지 않고 냉장고 재고가 종래의 10분의 1까지 줄어들 정도로 효율적이다.

공장뿐 아니라, 영업부문에도 IHPS의 영향이 미치기 시작했다. 약 30명이던 사무센터의 작업원은 24명으로 줄었지만 오히려 처리 가능한 거래처는 250개 사에서 280개 사로 늘어났다. 이는 한 사람 한 사람이 하던 작업내용을 분석과 재정리 과정을 통해 시간분배를 재설정한 결과다. 공정수가 늘어나도 작업인원은 줄어들고 잔업도 사라졌다. 이런 노력을 통해서 2003년 11월부터 2004년 10월까지, 1년 만에 전년도의 동일 기간보다 인건비를 2000만 엔이나 절감했다.

이토 사장은 이후 MIP회원기업의 공장을 적극적으로 둘러본 후에 "서둘러서 NPS를 도입한 기업은 작업원의 다기능화나 다품종 소량생산에 대응할 수 있는 응용력이 높다"고 평가했다. 이처럼 이토햄은 최고경영자가 스스로 앞장서서 개선활동의 저력을 확고하게 했다.

목표대로 준비 교체 시간을 3분의 1로 단축한 닛카위스키

2003년 8월에 MIP회원이 된 닛카위스키는 치바현의 가시와 공장에 있는 생산라인 교체 시간을 단축했다. 2004년 내에 교체 시간을 종래의 3분의 1로 줄이겠다는 목표를 정한 후, 사토 가시와의 사토 공장장과 가시와 공장의 스즈키 NPS추진실장이 '병 주입 라인'을 수정했다. 그리고 2004년 말에는 대부분의 목표를 달성했다.

예를 들어, 라인을 교체하면서 페트병의 위스키와 소주를 번갈아 만드는 현장에서는 종래에 교체 시간이 120분이나 걸렸다. 그것이 1년 후에는 45분까지 단축되었다. 다른 라인 역시 교체 작업에 2~3시간 소요되던 것이 한 시간 만에 완료할 수 있게 되었다.

작업 개선과정은 우선 의미도 없이 길기만 했던 생산라인의 컨베이어를 짧게 줄이는 것으로 시작했다. 이것만으로도 교체 작업을 하는 작업원의 이동거리를 크게 줄일 수 있었다. 라인이 짧아지면 교체 포인트의

▌▌ 라인 교체를 단순화 하기 위한 장치

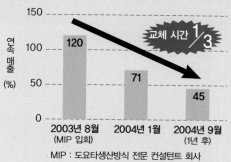

라인 교체 시간이 120분에서 45분으로 단축

연속 매출 (%)

150
100 — 120
50 — 71
0 — 45

교체 시간 1/3

2003년 8월 (MIP 입회)　2004년 1월　2004년 9월 (1년 후)

MIP : 도요타생산방식 전문 컨설턴트 회사

숫자도 줄어들기 때문에 작업량 또한 줄어드는 효과가 있다. 그리고 이런 과정들이 거듭되면서 교체 시간 단축효과로 이어졌다. 그리고 두 번째로, 상품의 크기에 맞춰서 원터치로 라인의 폭을 조정할 수 있는 장치도 도입했다. 이제 작업원의 기술에 의존하지 않고 누구든지 짧은 시간에 라인 폭을 제대로 변경할 수 있게 된 것이다.

가시와 공장은 라인교체 시간이 길었기 때문에 하루에 6개 품목밖에는 만들지 못했다. 그러나 교체 시간이 단축되면서부터 품목수가 2~3배 늘어나, 하루에 13~16개 품목을 만들 수 있게 되었다. 게다가 최근의 재고는 2004년 초반에 비해 절반으로 줄어든 상태다.

도요타식 '1개 흐름'에 착수한 기간 공장

후지쯔의 도치기현 나스(那須) 공장의 야마시타(山下貴規)공장장은 "3일마다 공장 내부가 변하고 있다고 느낀다"고 말하고 있다. 이는 도요타생산방식의 도입으로 인해 레이아웃 변경작업이 연일 계속되고 있기 때문이다.

2004년 4월부터 이와키 생산시스템연구소의 아사다(淺田洋正)는 나스 공장에 도요타생산방식을 전수하고 있다. 도요타자동차 출신인 아사다는 도요타 본사 등의 현장을 완전히 파악하고 있는 인물이기도 하다. 이 밖에도 아사다는 통신 사업자를 대상으로 하는 모바일 시스템 제조공장인 나스 공장 외에 같은 곳에 있는 고야마 공장, 서버나 스토리지 등을 제조하는 그룹회사인 후지쯔 프로그라츠를 순회하며 지도하기도 했다. 이들 후지쯔의 3대 주력공장에 대한 근본적인 개혁작업을 추진하고 있는 것이다.

제품 생산 '1개 흐름'의 시작

나스 공장은 생산의 60%를 휴대전화에 사용하는 무선 기지국 장치(BTS)에 할애하고 있으며 사진속의 여성은 BTS 안에 들어가는 기판을 조립하고 있는 모습이다. 여기 사진에서 주목할 것은 여성 작업자의 손에 기판이 한 장밖에 보이지 않는다는 사실이다. 그리고 여성 작업자의 주변에는 멈춰 있는 기판이 보이지 않는 점이다. 이런 모습은 2004년 5월부터 생산라인에서 제품의 '1개 흘림'이 시작되었기 때문이다.

여성 작업자가 한 장의 기판을 완성하면 다음 과정의 여성 작업자가 그 기판을 조립하기 시작한다. 이처럼 주변에 있는 작업원은 각자에게 정의된 '표준작업'을 같은 속도로 반복하는 것이다. 이때 기판 한 장을 완성시키는 속도는 거의 비슷하다. 작업한 기판이 정체되지 않으면서 순조롭게 작업이 진행된다. 작업원의 기술 숙련도의 차이나 그 날의 컨디션 등에 의해 특정 부분의 작업이 뒤처지면 기판은 작업원 사이에서 정체되면서 빨리 작업이 끝난 사람은 '손놓고' 기다리는 상황이 된다. 제품의 정체나 작업원이 손을 놓고 기다리는 상황은 제품이 낱개로 이동하게 되면 더 눈에 잘 띈다. 현장에 이상이 발생하는 것을 한눈에 알 수 있다. 이것이 도요타생산방식이 말하는 시각화의 결과다.

이상이 발견되면 그것을 개선하면 된다. 작업원을 교체하거나 업무 분담을 다시 조정한다. 때로는 레이아웃 전체를 변경하는 대책을 세워야 하는 경우도 있을 수 있다. 이처럼 1개 흘림은 개선해야 하는 작업 포인트를 부각시키는 아이디어이다.

제품을 한 개씩 라인으로 보내는 '1개 흘림'으로 바꾼 무선 기지국 장치의 기판 생산라인. 작업원의 손에는 기판이 한 장밖에 없고, 여분의 가공중 재고는 없다.

단순한 작업라인으로 개선

1년간의 개혁!
- 공장의 물품 흐름의 2S
- 생산라인에서 물품의 1개 흐름 착수
- 제품이 팔리는 속도에 맞춤 제조

제품의 1개 흐름은 라인의 궁극적인 모습이다. 물건의 흐름이 단순해지고 어떤 사람이든 눈으로 쉽게 알아 볼 수 있는 장점이 있다. 나스 공장은 모델라인을 만들기 전에 거대한 도면에 물건과 정보의 흐름을 기입하고, 복잡했던 제품과 정보의 흐름을 세밀하게 분해하여 단순한 흐름으로 바꿨다. 이때 라인은 일직선을 기본으로 하며, 실제 모델라인 역시 그렇게 설계되어 있다. 꺾기거나 분기 또는 합류되는 지점이 있으면 제품의 흐름이 복잡해져서 이상을 발견하기가 힘들어진다. 건물 바닥에 차이가 있는 등 물리적으로 떨어진 공정 사이에는 '간판'을 사용하여 작업을 연결했다.

작업원이 여기저기 돌아다니는 것은 작업부담이 늘어나는 것일 뿐이므로 주변에 쓸데없는 공간을 줄이고 최소한의 동선을 확보한다. 그런 개선을 통해서 라인의 길이는 자연스럽게 줄어든다. 이때 각 작업원은 정해진 위치에서 움직이지 않는 것이 이상적이다. 작업원의 엉덩이 위치가 나란히 줄지어 있을 때는 정상 상태라고 보면 된다. 그러나 만약 이상이 생기면 작업원이 불규칙적인 움직임을 보이기 시작하고 엉덩이의 위치 또한 달라진다.

종래에 나스 공장에서는 상자에 들어 있는 몇 장의 기판을 한 묶음으로 일괄 작업하여 다음 작업원에게 넘겨주었다. 이것은 여러 개의 기판을 한 번에 다루는 로트생산방식이다. 나스 공장의 라인은 점차적으로 1개 흐름을 실시하고 있으나 아직도 로트생산을 하는 곳도 있다. 사진

개선대상 상품의 제조 리드타임

개선대상 상품의 재고조사 보유 일수

※제조 리드타임=제조 일수+중간 재고가 된 일수, 1년 전 2003년도 2사분기를 100으로 했을 때 비교

을 보면 1개 흘림 생산과 그 차이를 확연히 알 수 있다.

라인에는 7장의 기판이 들어간 검은 상자가 많이 있었다. 이것들은 모두 공정 내의 가공중인 재고들이다. 이 라인에서는 이웃해 있는 작업원의 업무가 7장 이상 늦어지지 않는 한, 이상은 발견할 수가 없다. 재고에 이상이 보이지 않게 '흡수' 하여 이상을 발견할 수 없도록 하는 것이다. 1개 흘림으로 생산방식을 바꾸자, 검은 상자가 필요 없어졌다. 실제로 나스 공장에는 불필요해진 상자가 3천 개 이상이나 쌓여 있다. 그리고 그 만큼의 재공이 공정 내에 있었던 것에 다시금 놀라게 된다.

모델라인 개선효과는 극적이다. NTS의 제조 리드타임은 1년 전에 비해 48% 단축할 수 있었으며, 완성품과 재공의 선반보관일수도 40%나 줄었다. 도요타생산방식을 도입한 라인 전체는 1년 전과 비교했을 때 조립 공정에서 생산성은 2.5배, 시험 공정에서 1.8배, 공장의 공간은 28% 로, 작업시간을 절약할 수 있었다.

"모델라인의 성과는 예상했던 것 이상이다" 라고 사카이 생산추진본부장이 극찬을 할 정도로 만족스러운 결과다. 그는 "2006년 3월까지 제조 원가를 30% 절감하겠다는 목표를 달성할 수 있을 것"이라고 했다.

이처럼 3대 주력공장은 2005년 상반기에 모든 라인에서 도요타생산방식에 착수하였으며 다른 공장에서도 활발히 전개하고 있다.

적자체질에서 탈출한 자회사

후지쯔가 도요타생산방식을 회사 전체에 도입한 배경에는 자회사의 성공체험이 있었다. 도요타계열의 부품 제조업체 사장을 역임했던 이와키 생산시스템연구소의 이와키 대표이사에게 2001년부터 지도를 받아온 후지쯔 컴퍼넌트가 '적자체질에서 탈출'했기 때문이다. 2004년 10월 실적과 개선을 시작한 2001년 11월 시점과 비교해 보면 생산성은 3.2배 향상되었고, 재고조사 자산은 45% 감소했으며 스페이스는 65% 감소, 시손비(출하액에 대한 불가피한 상황에 따른 손해금액 비율) 역시 40% 감소하는 등 눈부신 성과를 올렸다. 2004년 11월 30일 나가노현 기술개발센터에서 열린 지도회에서 이와키 대표이사는 "미로처럼 알아보기 힘들던 라인이 드디어 보이기 시작했다"고 평가했다. 당시 지도회에는 후지쯔 컴퍼넌트의 고바야시 사장도 참석하여 이와키 대표의 지도 내용에 귀기울이기도 했다.

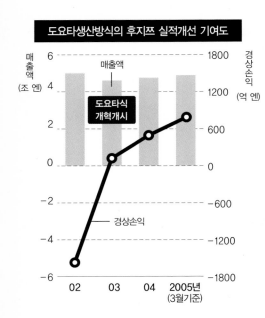

도요타생산방식의 후지쯔 실적개선 기여도

매출액 (조 엔)

경상손익 (억 엔)

매출액

도요타식 개혁개시

경상손익

02   03   04   2005년 (3월기준)

■Ⅱ 후지쯔의 사카이 생산
추진본부장은 2006년
3월까지 제조원가를
30% 절감하는 목표 달
성에 자신감을 보였다.

그는 이날 "돈이 드는 큰 설비보다는 자체 제작한 작은 설비를 통해 더욱 단순한 라인을 만들어야 한다"고 촉구했다. 대형설비에 의해 작업원이 '혹사당하는 것'이 아니라, 작업원이 자율적으로 일할 수 있는 환경을 만들어야 한다는 의미였다. 실제로 작업원들 사이에는 "기존의 대형설비를 철거해야 되는 것 아닌가!"라는 의견까지 제시되기도 했다. 고바야시 사장은 쓴 웃음을 지었지만 이와키 대표는 "설비에 대한 사고방식이 완전히 달라졌다는 증거다. 3년 전에는 이런 발상조차 없었을 것이다"라고 밝혔다. 또한 이와키 대표는 "낭비를 줄이는 것이 도요타생산방식이라고 오해하는 사람이 많다. 도요타에서는 현장의 작업원이 자율적으로 일할 수 있는 조직을 실현하기 위해 낭비를 배제하는 것이다"라고 설명한다.

보험판매비율이 일 년 전의 열 배로! 도요타 판매점

영업현장의 도요타식 '시각화'를 통한 활성화

전국의 295개 도요타자동차판매점 사이에서, 홋카이도에 13개의 생산기지를 갖고 있는 도요타 카로라 쿠시로(C쿠시로釧路, 홋카이도北海道 쿠시로시釧路市)가 갑작스런 주목을 받고 있다. 이는 2004년 3월에 갑자기 아이오이 손해보험의 자동차 보험 '콤비니 플랜'의 수주 대수에서 차지하는 판매비율이 18%를 기록하면서 295개 점에서 최상위로 뛰어오르기 시작했기 때문이다. 이전까지만 하더라도 완전히 순위 밖이었던 점을 감안한다면 놀라운 성장이다.

2004년도에도 C쿠시로의 '콤비니 플랜 비율(등록대 수에서 차지하는 할부 승인 건수의 비율)'은 상대적으로 높은 편이어서, 2004년 4~10월 누계로는 전국 평균이 2.5%였던 데 비해, C쿠시로는 17.3%로 다른 점포를 압도했다. 그 중에서도 7월에는 21.6%를 기록하여, 3월의 최고기록을 갱신하기도 했다. 즉, 수주 대수 5대 중 1대는 콤비니 플랜을 쓰고 있다는 계산이 나온다. 콤비니 플랜은 도요타자동차의 자회사인 아이오이 손해보험이 2000년 2월부터 판매한 자동차 보험이다. 보험 기간 중 매년 지불금액이 일정하며 이 회사의 통상적인 보험을 같은 기간 할부로 할 때보다 전체 요금이 상대적으로 저렴한 것이 특징이다. 특히 초년도의 보험료가 싸기 때문에 고객의 평가도 좋은 편이다. 다만, 콤비니 플랜은 자동차를 구입시 차 값을 지불할 때, 도요타 파이낸스의 할부(오토론)를 이용하는 것이 계약조건으로 하고 있다. 소액이라도 반드시 오토론을 이용하지 않으면 안 된다. 그럼에도 불구하고 총액을 계산하면 보험료가 저렴한 것이 장점이다.

사실 이 상품은 판매점으로써도 구미가 당기는 상품이다. 보험을 판매하면 수수료가 들어오고 할부 수수료까지 판매점에 돌아온다. 이처럼 고객이나 판매점 모두에게 이점이 많다. C쿠시로의 사사키 사장은 일찍부터 콤비니 플랜을 주목하고 2002년부터 판매를 강화해 왔다. 그러나 C쿠시로는 과거 2년간 콤비니 플랜의 판매율을 전혀 향상시키지 못했다. 현장에서 '보험료 계산이 복

1년간의 개혁!
- 현 상황 분석으로 문제점을 시각화
- 상담 경과도 시각화
- 일상 업무에서 보험 제안을 무리 없이 실천

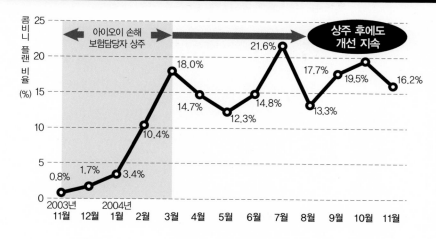

도요타 C쿠시로의 자동차보험 '콤비니 플랜'의 수주 대수에서 차지하는 판매비율 상승 곡선

잡하다' 는 불만사항에 대해 휴대용 계산기를 배부하기도 했지만, 큰 효과를 거두지는 못했다. 이처럼 매우 곤란한 상황에 처한 아이오이 손해보험은 상담을 요청했다. 아이오이 손해보험은 1999년부터 도요타생산방식을 영업 현장에 까지 도입함으로써 보험판매에 활용하도록했다. 이때 도요타자동차에서 교육을 받은 아이오이 손해보험 사원이 약 반년간, 판매점에서 숙식해가면서 현장과 함께 업무를 재검토했다.

사사키 사장은 아이오이 손해보험에게 콤비니 플랜의 실적 향상에 한해 업무개선을 의뢰했다. 게다가 시범 점포부터 소극적으로 시작하는 것이 아닌, 본점의 영업개혁을 요구했다. 동시에 회사 내에서는 영업본부의 다나카(田中英樹) 주임을 개선전도사로 지명하고 콤비니 플랜에 전념하도록 했다.

▌▌▌ 도요타 C쿠시로의 사사키 사장은 스스로 개선 아이디어를 제안한다.

연간 52건이 2개월 만에 130건으로 성장

아이오이 손해보험 담당자는 2003년 1월부터 2004년 3월까지 상주했다. 우선 보험영업의 진척상황이나 문제점을 매일 파악할 수 있도록 시각화를 위한 게시판을 각 지점에 준비했다. 2004년 1월 1일부터는 매일 아침 게시판 앞에서 미팅을 시작하여 상담 경과를 직접 확인하고 업무를 시작할 수 있도록 했다. 이때 사사끼 사장은 "게시판은 언제라도 손이 닿을 수 있는 곳에 두겠다"는 제안과 함께 바퀴 달린 화이트보드를 사용하도록 했다. 아이오이 손해보험은 상주 전에 먼저 점포에서 고객 설문조사를 실시하여 현황을 파악했다. 설문조사 결과 "열심히 일하는 영업담당자에게 구입하고 싶다"는 고객의 의견이 다수를 이루고 있음을 알게 되었다. 이것이 고객이 다른 점포가 아닌 C쿠시로에서 자동차를 구입하는 첫 번째 동기가 되는 것이다.

그럼 고객이 말하는 '열심히'라는 것은 구체적으로는 어떤 것일까? C쿠시로는 고객에 대해 노골적으로 대출이나 보험을 권유하는 것이 아니라 전체적으로 '득이 되는 구입방법'을 처음 상담할 때부터 제대로 안내하는 것이 '열심히'하는 영업이라고 판단했다. 그리고 이런 판단을 바탕으로 60명의 영업담당자와 일 대 일 면담을 실시하여 영업기술의 차이를 조사하고, 화법이나 보험료 산출기술을 개별적으로 지도했다. 사실 이것들은 기본적인 것으로, 모르면 득이 되는 구입방법을 소개할 수조차 없다. 그 외에도 상담이 잘 된 사례가 나오면 곧바로 다나카 주임이 취재를 하고 개선속보를 배부했다. 이는 현장의 지혜를 전 점포에 환원하고, 개인이나 점포 간의 기술 격차를 해소하기 위한 방법이었다. 어찌되었든 상담중에 보험을 제안하지 않고서는 이야기가 시작되지 않는다. 하지만 대부분의 자동차 영업담당자는 실제로는 이런 보험 제안을 하지 않는다. C쿠시로는 콤비니 플랜을 반드시 소개하는 '전체 건수 제안'을 내걸고 고객이 견적을 냈을 때는 그 서류를 다나카 주임에게도 팩스로 보내서 상담 경과를 시각화하도록 했다.

2004년 2월부터는, 두 달 동안 모든 점포에서 130건의 콤비니 플랜을 성사시키겠다는 목표를 내걸었다. 이것은 60명의 영업담당자 전원이 월 1건 이상 콤비니 플랜 계약을 성사시겠다는 것을 의미한다. 앞서 설명한 대로 콤비니 플랜은 보험 단체에서는 팔지 않는 상품으로, 론에 의한 자동차 수주가 대전제가 된다.

업무개선이 시작되기 전 1년간 성사 건수가 52건이었던 것을 감안하더라도 상당히 높은 목표임을 알 수 있다. 이 두 달 동안 다나카 주임은 거점별로 고객에게 보낸 견적서 건수와 계약이 성사된 건수를 점수로 환산해서 누계를 적용해 경합을 벌였다. 기간 중 32회나 영업실적 속보 (페이퍼 보드)를 발행하면서 콤비니 플랜 캠페인은 더욱 활기를 띠었다. 그리고 목표대로 130건을 달성해 내기에 이르렀다. 1개월 동안의 실적으로 속보 첫머리에 소개되는 전국 1등의 자리를 차지한 것이다.

C쿠시로는 아이오이 손해보험의 상주가 끝난 4월 이후에도 콤비니 플랜이 차지하는 비율이 평균 15%로 높은 편이었다. 사실 수치만 보면 개선하기 전에 1년 동안의 평균이 1.8%였다고는 상상하기 힘들다. 참고로 아이오이 손해보험이 돌아간 직후인 4월, 갑자기 콤비니 플랜 비율이 차지하는 비율이 하락하는 '소강상태'를 보이자 사사키 사장은 다나카 주임을 통해 반성 모임을 갖도록 하고 다시 개선작업을 시작했다.

현상이 보이면 개선은 진행된다

아이오이 손해보험은 C쿠시로 외에도 약 60개 사의 업무개선에 관여하고 있다. 2004년 5~10월에는 넷츠 도요타 히가시 나고야에 상주, 콤비니 플랜 뿐만 아니라 보험판매 전반의 개선을 도왔다.

모델이 된 아라하타(荒畑)점에서는, 2004년 보험매출액을 전년대비 165%인 연간 5000만 엔으로 설정했다. 조금 무리한 목표였지만 "현재의 목표달성 페이스대로 움직이고 있다"는 쓰노다(角田裕之) 이사 겸 유카(U-Car)부장의 말처럼 달성할 수 있었다. 아라하타점에는 아이오이 손해보험이 업무개선에 들어간 다른 지점처럼 시각화 게시판이나 화술집(集)이 있지만, 가장 결정적인 승부수는 맨 처음에 실시하는 현장조사가 있었다. 야마구치 전무는 조사 결과를 보고, "얼마나 보험 판매에 적극적인지 알게 됐다. 더욱 노력하면, 165% 달성도 불가능한 수치는 아니다"라고 말했다. 그렇지만 사실 5000만 엔의 벽은 높다. 과거의 보험 지속 분을 제한다고 해도 그 절반인 2500만 엔을 신규로 가입시켜야만 가

❶ 넷츠 도요타 히가시나고야의 야마구치 전무
❷ ❸ 수주 진척상황이나 그 달에 보험 만기를 맞는 고객을 확인할 수 있는 게시판

능한 목표다. 그러나 이것이 오히려 "아라하타점에 있는 12명 전원이 보험성사 목표를 위해 서로 아이디어를 내는 분위기를 만들었다"는 야마구치 전무의 말처럼 목표를 달성하는 데에 동기부여가 되었다. 자동차를 판매할 때 보험을 권유하는 것 뿐 아니라 타사 보험에 들어 있는 고객의 만기정보를 수집하여, 평소부터 확실히 시각화를 하고 적절한 시기에 가입을 촉구하는 것이다. 넷츠히가시나고야점은 전국의 도요타 판매점 중에서도 특히 고객 지원에 정평이 나 있으며, 70%가 넘는 재가입률을 자랑한다. 그럼에도 불구하고 이 점포의 보험 가입 건수는 약 7만 명으로 고객의 15%에 불과한 수준이다. 야마구치 전무는 "넷츠히가시나고야점의 보험판매 기법이 보잘 것 없었다"고 솔직히 인정했다. 지금까지도 각 지점에 보험 추진 책임자를 배치해 오고 있으나 매출이 주춤거리고 있다. 그래서 전문가인 아이오이 손해보험에 업무개선을 의뢰해서 약점을 보완했다.

출하 오류가 개선된 스즈뎬 상사
물류센터의 시각화 도입

전자부품을 취급하는 상사인 스즈뎬은 2003년에 이어, 2004년에도 상품의 출하오류 건수를 줄이기 위한 개선활동을 추진하고 있다. 스즈뎬은 도요타

1년간의 개혁!
- 회사 전체에서 시각화 추진
- 현장의 리더 주도로 사원교육

자동차와 리쿠르트 그룹이 공동으로 설립한 OJTS가 제공하는 인재 만

들기 서비스를 2003년 전반에 걸쳐 이용하면서 자사의 문제점을 개선하는 데 눈을 뜨게 됐다.

OJTS는 스즈덴의 출하오류 건수를 줄이기 위해 7000점이나 되는 상품을 관리하는, 선반의 정리작업으로 개선작업을 시작했다. 작업원의 키가 작아서 알아보기 힘든 부품을 픽업할 때 실수를 방지하기 위한 것이다. 이를 위해서 골판지를 오려서 자신들이 부품상자를 다시 제작하도록 지도했다. 거기에 식별하기 쉬운 단순한 선반번호를 다시 매긴다. 그것이 부품상자다. 2004년에는 이 부품상자를 한층 더 개량했다. 선반 번호를 다시 매겨도 픽업실수가 계속되는 부품은 상자를 놓는 장소를 완전히 바꾸거나 다른 선반번호를 붙이거나, 심지어는 '실수가 많다'는 경고성 스티커를 붙이기도 했다. 이렇게 대처하는 것만으로도 출하오류는 대폭 감소했다.

여기서 중요한 것은 선반을 정리해서 부품보관 장소를 명확히 하기 때문에 자주 틀리는 부품이 어떤 것인지를 확실히 파악할 수 있게 되었다는 점이다. 이것이 이 책을 통해 자주 언급하는 시각화의 효과다. 2004년은 시각화의 위력을 실감한 한해였다. 스즈덴은 시각화를 철저하게 실천하기 위해 출하오류 건수의 추이를 물류센터에 붙여 놓는 등 전원이 과제를 공유하기 시작했다. 이렇게 함으로써 현장의 의식은 크게 바뀌었다. 인재 만들기를 돕는 OJTS 지도를 받은 물류센터 소장이 중심이 되어 현장에서 자주적으로 개선 학습모임을 열기 시작했다. 개선활동을 지

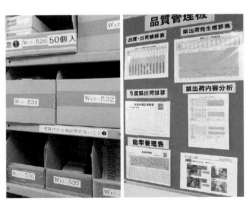

▌▌▌ 출하오류가 많은 부품상자에는 주의(注意)스티커를 붙이는 등 현장에서 시각화를 추진했다.

휘하는 히라노 이사 상임집행위원은 "현장에서 학습모임이 열리기 시작한 것이 최고의 발전이다"라고 말한다. 그리고 2004년 3월에는 물류센터의 레이아웃을 크게 변경하면서 출하오류 건수 등의 시각화 자료도 붙여 두도록 했다. 스즈덴은 매주 1회, 점심시간 10분을 이용하여 개선 내용을

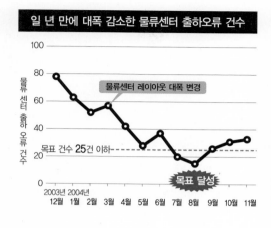

일 년 만에 대폭 감소한 물류센터 출하오류 건수

물류센터 출하 오류 건수

물류센터 레이아웃 대폭 변경

목표 건수 **25건** 이하

목표 달성

2003년 2004년
12월 1월 2월 3월 4월 5월 6월 7월 8월 9월 10월 11월

의논했다. 현장에 있는 전원이 모이는 짧은 시간동안 학습모임을 여는 것이 모임을 지속할 수 있는 비결이라는 점을 깨달았기 때문이다. 이 학습모임 역시 '시각화'를 위해 눈으로 확인할 수 있는 자료만을 준비하여 문제점을 밝히도록 하고 있다.

OJTS가 철수한 후, 새로운 부품을 취급하는 일이 늘어나는 등의 변수로 인해 다시 출하오류 건수가 증가한 경우가 있었다. 특정한 고객에게 출하오류가 계속되는 치명적인 실수가 일어난 것이다. 그래서 현장에서는 시각화를 통해 출하오류의 증가를 강하게 인식하도록 하고 OJTS에서 배운 것을 재확인하고 교육을 통해 개선했다. 그런 개선과정을 통해 출하오류는 지속적으로 감소하고 있다.

고베의 새 공장에 도요타식 철학 도입

| 서비스업 |

2004년 11월, 외식전문점 'RF1'을 개장한 록필드는 창업지인 고베에 새 공장을 가동했다. 그리고 이 공장 역시 도요타의 '저스트 인

> **1년간의 개혁!**
> • 새 공장에도 '저스트 인 타임'
> • 개선을 공장만이 아닌 점포에도 확대

타임' 철학을 적용하고 있었다. 이 공장에는 이와다(岩田弘三) 사장이 3년 전 도요타자동차에서 초빙한 야지마(矢島勝) 이사가 도요타의 노하우를 심어 주었다. 2004년 12월에 실시한 새 공장의 기자회견에서는 이와다 사장의 입에서 'JIT'라는 단어가 수차례 언급될 만큼 신뢰받고 있었다. 야지마 이사는 이미 기존의 시즈오카 공장과 다마가와 공장을 극적으로 변화시킨 적이 있다. 이와다 사장 또한 "시즈오카 공장은 JIT철학이 모범적으로 정착되고 있다"고 자신감을 보였다.

고베 공장은 가동한 지 얼마 되지 않았기 때문에, 이와다 사장으로부터 "아직 멀었다. 이제부터가 시작이다"라는 평가를 받고 있는 상황이었다. 그 때문인지 공장을 설립한 1년 후에 취재할 때는 공장 내부는 비공개가 원칙이었다. 다만 긴 모양을 한 공장의 모습을 통해 원료 구입부터 가공·출하에 이르기까지 한 번에 생산할 수 있는 라인이 갖춰져 있음을 확인했을 뿐이었다. 야지마 이사는 공장의 현장은 물론, 부식판매 점포에도 JIT를 도입하려고 했다. 이미 스톱워치를 한 손에 들고 점포를 돌며 점원들의 업무 분석에 들어간 상태다.

▋▌ RF1의 이와다 사장

'상식'에 얽매지 않는 레이아웃 변경 단행

1년간의 개혁!

• 고객입장에서 생각하기
• 5S 운동의 활성화

2004년부터 주쿄 은행의 지점이 변하기 시작했다. 통상적으로 점내에서 가장 안쪽에 있던 현금 처리기의 위치가 고객과 가까워졌다. 시범 개선지점이 된 아이치현(愛知縣)의 시마다점에서는 창구와 현금처리기의 거리를 3미터로 조정했다. 양쪽 거리를 줄여 행원이나 전표의 이동거리를 짧게 하여 고객의 대기시간을 1초라도 단축하려 노력했다.

주쿄 은행은 2003년 전반에 걸쳐 OJTS 지도를 받았다. OJTS는 3일간, 지점 행원의 움직임을 비디오로 촬영했다. 이것을 분석한 결과 지점 레이아웃 때문에 낭비되는 움직임을 찾아 낼 수 있었다. 그 대표적인 예가 창구와 현금 처리기 사이의 행원과 전표의 이동이었다. 시마다 지점은 그 거리가 9미터나 돼서 항상 행원이 바쁘게 돌아다니는 것으로 파악되었다. 그래서 점 내의 레이아웃을 변경했다. 창구와 그 뒤편에 있는 예금계 사이의 동선도 줄이고 편한 자세로 전표를 쉽게 주고받을 수 있도록 만들었다. 창구계와 예금계, 현금 처리기의 위치관계를 다시 정해 표준화했다. 이에 따라 최종적으로 어느 정도로 고객 대기시간이 줄었는지를 분석하는 것이 2005년의 개선과제였다.

동시에 점내의 2S를 추진하여, 통로를 다니기 쉽게 만들었다. 필요한 것과 필요하지 않은 것을 구분하여 그렇지 않은 것을 버린 결과, 각 지

OJTS의 지적 사항을 바탕으로 재정리한 주쿄 은행의 다섯 가지 문제점

항 목	지적 내용	개선상황
레이아웃	창구와 안에 있는 현금처리기까지 먼거리	전체 95개 점 중 85개 점에서 레이아웃 변경
규칙	전표 등의 처리 절차에 대한 표현이나 의미 불분명	창고계와 예금계, 현금처리기 거리 단축
5S	동선으로 인한 업무 방해	전 점에서 사무절차를 나타나는 체크시트나 체크스티커 배포
시간관리	업무진척 관리 담당자 스스로 해결	전 점포의 관리자에게, 시간대별 행원의 관리 포인트집을 배포
고객만족도	기장대는 서서 써야 한다	고령자가 많은 시범 지점에서, 낮은 기장대나 수하물 보관대 신설

점에서 평균적으로 4~5개의 불필요한 것이 발견되기도 했다. 주쿄 은행은 OJTS가 지적한 문제점을 바탕으로 스스로 192개로 정리하여 레이아웃, 규칙, 5S(정리·정돈, 청결, 청소, 습관화), 시간관리, 고객만족도라는 5개의 시점에서 개선을 추진해 왔다. 이것이 점포개혁의 골자다. 이처럼 도요타식 개선을 1년간 계속하면 그만큼 회사가 달라진다는 것을 각각의 회사가 증명하고 있다.

25년간 사용한 설비를 철거하고 셀 생산으로의 개선사례
생산성이 21% 향상된 스가노

　25년간 사용해 온 컨베이어를 공장에서 철거할 때 심정은 아무도 헤아릴 수 없을 것이다. 우리들이 25년간 동안이나 지속해 왔던 업무방식 자체를 부정하는 것 같은 느낌이 들기 때문이다. 그럼에도 불구하고 개선작업에 나선 스가노 농기계의 스가노(菅野祥孝) 사장은 "현장이 컨베이어 철거를 잘 결정해 줬다"라며 작업원들을 칭찬했다.

　OJTS의 트레이너는 스가노 농업기계의 공장을 보고 공정 내의 많은 재고량에 놀랐다. 각 공정마다 제 각각 다른 속도로 부품을 만들어 비좁은 장소에 잔뜩 쌓아 놓고 있었다. 그러나 정작 사용할 때는 사용하고 싶은 상품이 어디에 있는지 알 수 없게 된다. 트레이너는 현장에서 낭비를 스스로 깨닫게 하기 위해 지명된 세 명의 리더에게 비디오 분석기법을 가르쳤다. 세 명은 서툰 손으로 더듬어 가며 비디오 분석을 진행하면서 컨베이어로 인한 동작의 낭비가 많다는 것을 파악했다. 개선활동이 시작되고 겨우 2개월 만에 컨베이어 철거에 대한 결단을 내리고, 단숨에 셀 생산방식으로의 변경을 결정했다. 컨베이어를 철거해서 생긴 공간에는 여러 종류의 제품 조립에 사용할 수 있는 자체제작 이동차량을 배치하여 필요한 시기에 부품을 공급했다. 그 결과, 제품의 마지막 공정 라인은 생산성이 21% 향상되면서 동시에 공정 내에서 생기는 재고는 반으로 줄어들었다.

▌▌ 컨베이어를 철거하고 셀 생산을 시작한 공장은 재공이 반으로 줄어 쾌적해진 모습이다.

도요타방식의 여섯 가지 실천사례④

도요타식을 자사방식으로 체질화

현장력을 중시하는 기업에서는 반드시 자사방식의 개선기법이 뿌리내린다. 수십 년이나 걸려서 독자적인 기법을 쌓아 올린 기업도 있지만, 도요타자동차 같은 최첨단 기업에게 배워 그 기법을 자사방식으로 발전시킨 기업도 있다. 어찌되었든 간에 타사방식을 흉내내는 것으로는 고유의 경영과제를 해결할 수 없다. 업무개혁을 진행하는 기업은 이제 자사만의 방식을 만드는 데 힘써야 한다.

도요타식을 넘어서 자사만의 방식에 이르기까지

'현장력' 이란 무엇인가? 닛케이 정보 스트리티지는 지금까지의 수많은 취재를 통해서, '현장담당자가 스스로의 힘으로 생각하고, 자주적으로 과제를 개선해 나가는 힘' 이라고 생각해 왔다. 경영자도 현장리더도 이런 현장력을 자기 것으로 만들고자 하는 소망이 있을 것이다. 현장을 개선할 수 있는 힘이야말로 기업의 부활과 경쟁력 강화에 필수적인 요소다. 그리고 이미 그런 힘을 몸에 익혀, 강한 회사로 발전시킨 전형적인 기업이 도요타자동차다. 최근 들어 모든 업계의 많은 기업이 "도요타처럼 되고 싶다"라고 말하며 현장력을 높이려는 필사적인 노력을 아끼지 않으며 현장력 향상의 지름길로 도요타의 사고방식이나 기법을 배우려고 한다.

다른 한편 현장력을 높이기 위해 독자적인 방법으로 접근을 계속하거나, 도요타의 가르침을 자기 방식으로 해석하고 진화시켜 온 기업이 있는데 이토 요카도나 리코, 캐논전자, 혼다 등이 좋은 예이다. 그들의 개선활동을 '요카도식' 이나 '리코식' 이라고 표현할 수 있을 정도다. 이처럼 모든 기업이 성공 목표로 삼고 있는 것은 도요타와 같다. 바로 '현장력 = 스스로 생각하는 힘' 을 추구하는 것이다. 표현은 달라도 도요타식 기업개혁과 본질이 다른 것은 아니다.

목표는 같지만 방법은 다르다

여기서 주목하고 싶은 것은 목표에 다다르기 위해서 고군분투하는 각 회사들의 개선 프로세스다. 애당초 업계의 규모와 문화가 다른 기업이 천편일률적으로 도요타 흉내를 낼 수는 없다. 그 회사에 맞는 현장력 향상방법이 존재할 뿐이다. 예를 들어 이토 요카도식 개선은 '고객의 시점에서 매장의 기준을 세우는 것' 이라고 할 수 있다. 이토 요카도는 도요타의 교육 내용을 발전시켜 고객이 헤매지 않고 원하는 상품을 구입할 수 있는 매장을 만들고자 하는 것이다. 그러기 위해서는 매장을 유지할 수 있는 기준을 마련하거나 작업 부하를 줄여서 점원이 일하기 편한 창고로 정비하는 것이 필요했다.

리코나 캐논전자는 모두 '간단한 문제, 가까이 있는 과제부터 해결하자' 라고 말하면서 경영자 스스로 현장을 돌면서 철저하게 주지시킨다. 이것이야말로 리코식이며 동시에 캐논전자식 개선의 출발점이다.

도요타의 개선기법을 배워 적극적으로 도입한다고 해도 해결하고자 하는 경영과제가 도요타와 다르다면, 통째로 흉내 내는 것은 불가능할 것이다. 고쿠요나 구보타, 플라자 공업, 히노자동차는 각각 '설비는 있어도 노하우가 없다', '늘어나는 수요에 따라갈 수가 없다', '물건을 만들 장소가 부족하다', '조직의 벽이 높아서 의사소통이 이루어지지 않는다' 와 같은 자신들만의 문제를 도요타 기법을 응용하여 해결한 좋은 사례들이다. 하지만 정작 중요한 것은 그 다음이다. 도요타식을 자사방식으로 바꾸는 노력을 철저히 하는 것이 각 회사들의 현장력을 향상시키고 과제를 해결하는 유일한 방법이다. 이처럼 도요타식을 도입하는 회사들은 자사방식으로의 진화를 게을리 해서는 안 된다.

도요타의 '고객의 관점'을 강조한
이토 요카도

"도요타의 사고방식은 정말 대단하다. 그러나 제조업체인 도요타는 매장을 갖고 있지 않다. 우리들은 매장을 개선하기 위해 도요타의 개선 프로세스를 이토 요카도식으로 바꾸고 있다." 점포 작업개선 프로젝트의 히라가(平賀信年) 리더는 이토 요카도의 개선활동 상황을 이렇게 표현했다.

히라가 리더가 통솔하는 개선 프로젝트의 멤버 12명은 전국의 지점을 방문하여 3개월 동안은 상주하면서 그 지역의 점원들과 함께 개선활동에 몰두했다. 물론 한 점포 한 점포 단위로 기초부터 개선의식을 주입하기 위해서는 적지 않은 시간이 필요했지만, 2003년 4월에 사이타마현 오오미야점에서 시작한 프로젝트는 현재 수십 개의 지점까지 확대되었다.

제3장의 사례에서 상세히 거론할 이토 요카도의 '도요타식 점포 개혁'은 아홉 번째 점포에 해당하는 후쿠시마현의 타히라점을 밀착 취재한 것이다. 2006년 1월 말에는 열 번째 점포인 치바현의 후네바시(船橋)점도 개선작업을 마쳤다. 그리고 히라가 리더는 이 두 지점에서 지금까지의 점포에서 느끼지 못했던 강한 인상을 받았다.

타히라점과 후네바시점은 모든 개선활동이 후반에 들어서면서 이익이 전년 동기대비 상승세로 전환됐다. 타히라점은 멤버가 떠난 2005년 11월 이후에도 개선효과가 약해지지 않고 호조세를 보였다. 또한 그 기세를 바탕으로 연말연시 대목을 넘겼다. 그리고 그 이후에도 점원들은 자력으로 개선작업을 지속하고 있다.

"우리들은 틀리지 않았다"라며 개혁을 격려하던 히라가 리더는 온힘을 기울여 지속적인 노력을 아끼지 않았다. 그리고 그의 "작업개선을 통해 재고가 감소하고 가격인하로 인한 로스도 줄어들었다. 또한 작업

▌▌▌ 각 매장에서 작업개혁을 추진하고 있다.

▌▌▌ 스톱워치를 이용한 점내 물류 확인

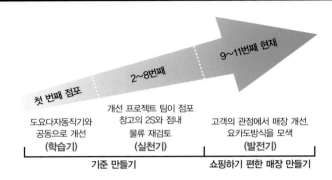

이토 요카도 방식의 진화

9~11번째 현재

2~8번째

첫 번째 점포

도요다자동직기와
공동으로 개선
(학습기)

개선 프로젝트 팀이 점포
창고의 2S와 점내
물류 재검토
(실천기)

고객의 관점에서 매장 개선.
요카도방식을 모색
(발전기)

기준 만들기

쇼핑하기 편한 매장 만들기

공정수의 감소로 인건비를 절감할 수 있다. 그리고 그런 과정을 통해 이익이 상승하게 된다. 성과가 수치로 나타나면 현장은 더욱 사기가 올라 구성원들도 자신감을 갖기 시작한다." 이러한 외침들이 점차 현실로 나타나기 시작했다. 물론 히라가 리더는 세븐 일레븐 홀딩스의 최고경영자인 스즈키(鈴木敏文) 회장에게 "아무리 노력해도 수치가 달라지지 않으면 실천했다고 할 수 없다"는 호된 질책을 듣기도 했다. 그러자 히라가 리더는 때로는 휴일을 반납하고 개선 지점에 밀착해서 계속 관련 수치를 향상시키고 개선 프로젝트의 필요성을 강조했다.

히라가 리더는 "도요타에서는 창고의 2S와 점내 물류의 중요성을 배웠다"고 회상한다. 가장 처음 개선을 시작한 오오미야점에서 반년 동안에 도요다자동직기에서 배운 2S와 점내의 물류 의미를 가르치고 두 번째 점포 이후부터는 그것들을 자연스럽게 확산시켰다.

창고를 정리, 정돈하는 것은 물론 상품 하나하나와 포장, 설비, 집기, 점포에 배치하는 수량이나 보관 장소, 재고보충 시기 등의 현장의 '기준'을 처음부터 다시 정하는 것을 말한다. 기준이란 명문화된 일정한 규칙이다. 기준이 있으면 점원들은 이상적인 창고를 일관성 있게 유지할 수 있고, 경험이 부족한 점원도 시행착오와 실수를 최소화하면서 자신이 맡은 일을 할 수 있다. 이것은 도요타에서 말하는 '표준작업'임에 틀림없다. 점원은 정해진 절차에 따라 작업을 진행한다. 물론 이때 임의대로 판단하지 않기 때문에 재고가 어지럽게 놓이거나 넘치지 않는다.

여덟 번째 지점에서 창고의 기준 목표를 확정하게 되자, 히라가 리더는 아홉 번째 점포인 타히라점부터는 매장을 찾아 준 고객에게 초점을 맞춘 개선작업을 시작했다. 업무의 편의성과 자주성을 중심으로 한 '점원'을 위한 개선에서 고객의 입장에서 쇼핑하기 편한 매장만들기를 위한 개선작업으로 초점이 바뀐 것이다. 이 부분은 도요타도 경험하지 않은 미지의 영역이다. 도요타의 가르침을 토대로 하면서도 스스로의 힘으로 해 나가는 수밖에 없다.

고객의 관점에서의 매장 재검토

창고의 기준을 마련하던 과정 중에, 언제부터인지 모르지만 갑자기 익숙한 '매장'의 풍경까지도 다르게 보이기 시작했다. "왜 매장에 재고가 이렇게 많은 거야?" 도요타식 개선이 몸에 밴 멤버들의 시각으로 보면 매장도 창고와 같이 불필요한 재고가 눈에 띄는 것은 어쩌면 당연했다. 그러나 도요타와 이토 요카도 사이에는 결정적인 차이가 있었다. 그것은 "이렇게 여러 가지 상품 재고가 매장에 대량으로 쌓여 있으면 고객이 쇼핑하기가 힘들지 않을까?"라는 고객의 시선으로 바라보는 견해다. 단순히 '이렇게 재고가 많은 것은 낭비'라는 기업 관점에 의한 개선일 뿐이다. 매장을 찾는 고객의 관점에서 이루어지는 개선이야말로

■■■ 이토 요카도의 후네바시점에 찾아온 12명의 점포작업개선 프로젝트 구성원들과 그들의 개선 '비밀기지'

항상 고객과 대면하는 이토 요카도방식의 진수이다.

　　이토 요카도의 독자적인 개선활동이 단적으로 나타난 것은 선반 가장자리의 할인상품용 진열대의 변경이다. 고객의 관점에서 다시 살펴보면 이 진열대는 아무리 봐도 너무 크다. 상품이 풍성해 보이게 하기 위해 대량으로 진열한다고 해도 큰 진열대 위에 여러 종류의 상품을 진열하는 것은 이상하다. 고객 입장에서 보면 '어느 상품이 인기 상품인지'를 알아보기 어렵다. 그런 경우 진열대의 크기를 줄여서 진열상품을 한 개나 두 개로 줄이면 된다. 그 방침을 점원에게 제대로 정확하게 전달해서 확실히 진열하게 해야 한다. 그렇게 하는 편이 고객은 주력상품을 발견하기 쉽고, 결과적으로 불필요한 재고가 줄어들게 된다. 또한 쓸데없는 상품운반이나 진열을 하는 수고도 사라지게 된다. 히라가 리더는 지금 고객을 위한 개선이 실제로 자신들의 작업개혁에 직결되고 있다는 점을 다시 한 번 뼈저리게 느끼고 있다고 했다.

시각화로 복잡한 문제를 '인수분해' 한
리코

　2006년, 리코의 엔도 코이치(遠藤 紘一) 집행임원은 카나가와현 에비나시에 있는 리코 테크놀러지 센터에 있었다. 최전선의 개발담당자 300명이 한자리에 모인 '개발 프로세스 개혁' 집회에 참가하기 위해서였다. "갑자기 어려운 방정식을 풀려고 하지 말고, 인수분해를 한 후 단순한 문제부터 개선하길 바란다. 작은 일에 대한 개선을 무시하지 말고 차근차근 쌓아 나가면, 지금까지 보이지 않았던 단계가 반드시 보이기 시작한다. 가시화란 문제에 빛을 비추는 방법을 바꾸는 것이다." 엔도 집행임원은 늘 이렇게 말하곤 했다. 리코는 빈번하게 발생하는 제품 설계변경이나 시작(試作)대수 증가를 막기 위해 개발 프로세스를 근본적으로 재검토하고 있었다. 그리고 개혁의 키워드는 '가시화(可視化)'와 '인수분해'였다. 엔도 집행임원은 어떤 문제에 직면하더라도, 항상 독자적인 해결법으로 접근했다. 그것이 '가시화'다.

이것이
엔도 노트의
핵심 !

- 만병통치약은 없다.
- 능숙하게 만든 것이 문제해결의 첫걸음이다.
- 이전보다 나아지면 된다. 60점도 좋다.
- 결과나 현상이 같아 보여도, 원인까지 똑같지는 않다.
- 숫자는 더해서 나누지 마라. 현상을 평균으로 파악하는 것은 무의미하다.

엔도 코이치 집행임원

어려운 문제도 인수분해하면 풀린다

엔도 집행임원이 말하는 가시화는 요즘에 말하는 시각화와는 조금 다르다. 가시화를 '복잡한 문제를 분해하기 쉽게 만드는 것'이라고 정의하고 리코의 가시화는 이 부분에 집중했다. 이런 이유로 여기서 말하는 가시화는 오히려 수학의 인수분해에 비유하는 것이 적합하다. 엔도임원이 가시화와 비슷한 빈도로 인수분해라는 단어에 대해 이야기하는 것도 이 때문이다. '인수분해'는 리코만의 개선방식을 상징하는 단어다. 참고로 이 가시화라는 단어를 엔도 임원은 별도로 기록하고 있다. 사진 속에서 손에 들고 있는 종이가 그것이다. 프로야구 라쿠텐 이글즈의 감독인 노무라(野村) 감독의 책 『노무라 노트』에 견주어 '엔도 노트'라고 할 수 있을 정도로 개선을 위한 비법서이기도 하다.

엔도 임원에 따르면 현장 사람들은 어려운 방정식에 여러 번 가설을 대입하고도 결국 문제를 풀지 못해 곤란에 처한 경우가 많다고 한다. 따라서 문제를 풀기 전에 수식을 세밀하게 분해하여 단순화한 후 해답을 찾도록 조언하고 있다. 그리고 이런 생각을 회사 전체에 확산시키기 위해 2004년 4월에 탄생시킨 것이 '경영가시화 추진실'이다.

무슨 일이 일어나고 있는지 먼저 파악

가시화를 하든 인수분해를 하든 간에 문제해결 방법을 적용하기 전에는 한 가지 조건을 파악해 둘 필요가 있다. 그것은 현장에서 무슨 일이 일어나고 있는지를 정확하게 이해해 두는 것이다. 엔도 임원이 입버릇처럼 하는 말이 "무슨 일이 일어난 거야?"라는 것이다. 이 말은 현상

■▌┃ 경영가시화 추진실의 구성원은 문제를 세심하게 분해한 후에 토의한다.

을 처음부터 제대로 파악하지 않으면 인수분해를 제대로 할 수 없다는 의미이기도 하다. 반대로 말하면 엔도 집행임원이 말하는 '가시화' 란 현장에서 어떤 일이 일어나고 있는지를 바르게 이해하기 위해 현재 상태를 있는 그대로 바라보라는 것이다. 이 발상은 도요타의 시각화와 동일한 것이기도 하다. 다만, 엔도 집행임원은 도요타와의 차이를 이렇게 설명한다. "누구라도 문제점이 보이면 도요타처럼 '왜? 라는 생각을 다섯 번 해보기' 부터 시작한다. 그러나 무슨 일이 일어나고 있는지 모르는 상태에서는 갑자기 왜?(Why) 라는 의문으로 시작할 수는 없다. 뭐지?(What)라는 의문으로 시작해야 한다." 그리고 엔도 임원은 이 순서를 철저히 지키기 위해, 그는 'TTY' 라는 표어까지 만들었다. 이것은 'whaT Then whY(무엇(What)) 뒤에 왜(Why)가 온다' 는 것을 의미한다.

그러나 정작 중요한 현장 사람들은 자신의 문제점이 무엇인지 알고 있다고 생각한다. 그렇게 때문에 What부터 시작하려고 하지 않는다. 그런 이유로 경영가시화 추진실이 먼저 앞장서서 '무엇' 에 대한 정보 수집을 시작하는 것이다. 또한 가시화의 대상이 되는 것은 개발 프로세스의 수정만은 아니다. 자회사에서 여성복을 판매하는 미츠아이는 '수익 구조의 가시화'에 힘쓰고 있다.

소매업에 적용한 가시화

엔도 임원은 미츠아이의 실적 악화의 원인을 가시화하기 위해, 처음부터 "매일 가격 추이를 확인 하겠다"는 말로 개선작업을 시작했다. 그러나 현장담당자는 판매 추이를 지표로 파악하지 않았기 때문에 "데이터가 없다!"라고 대답할 수밖에 없었다. 이렇게 해서는 문제를 해결할 수가 없다.

이때 엔도 임원은 가설을 세웠다. 컴퓨터 수익악화의 원인이 불량재고 할인판매에 있었던 것처럼 시즌이 후반을 향해 가면서 가격인하 판매를 반복하는 여성복도 같은 원인에 의해 수익이 악화되는 것은 아닐까? 하는 것이었다. 그 사실을 가장 먼저 확인하고 싶었다. 예상은 적중했다. POS(판매 시점 정보 관리) 계산대 안에서 판매가의 추이를 확인한 결과 특정 상품은 가격인하를 해야만 잘 팔린다는 것이 밝혀졌다. 그러나 그 중에는 가격을 인하하지 않아도 잘 팔리는 상품이 있었다.

취급하는 상품군을 하나하나 분해해서, 판매가를 찾아보고, 가격인하를 하지 않으면 팔리지 않는 옷의 재고는 보유하지 않도록 지시했다. 이 작업만으로도 미츠아이의 수익은 개선됐다.

캐논전자

"나는 모두에게 스스로 생각하는 습관을 기를 수
있도록 했을 뿐이다."

이 말을 하는 캐논전자의 사카마키 히사시(酒卷久)
사장은 겸손해 보였다. 하지만 모든 근로자에게 '스
스로 생각하는 습관'을 기르도록 하는 것은 그리 간

■│║ 캐논전자의 사카마키 히사시 사장

단한 일이 아니다. 그러나 반대로 이것은 도요타가 바라는 궁극적인 직
장 환경과 흡사한 것이기도 하다. 도요타는 '사원이 스스로 생각해서
행동하는 자율성'을 중시한다.

적자에 가까웠던 캐논전자를 다시 일으켜 세우기 위해 상무에서 승
진한 사카마키 사장은 1999년 사장 취임 후 6년 만에 캐논의 경상매출
이익률을 1.6%에서 12.9%로 상승시켰다. 그 원동력은 현장 사람의 '스
스로 생각하는 힘'이었다.

사카마키 사장은 그런 상황을 어떻게 만들어 낸 것일까? 그는 자신이
시작한 '어떤 주제이든 자신이 세계 제일'이 되는 것을 장려하기 위한
'으뜸운동'을 예로 들어 이렇게 설명했다. "즐기면서 세계제일을 목표
로 삼으면 된다. 공장의 제초작업이든 페인트칠이든 아침 일찍 출근하
는 것이든 무엇이든 상관없다."

중요한 것은 스스로 주제를 생각하는 것이다. 자신이 생각한 목표를
달성한 사원은 사카마키 사장이 직접 포상을 한다. 다음은 달성한 테마
를 '유지할 수 있는 방법'을 생각하게 해서 가능하면 또 포상을 한다.

이것을 몇 번 반복하는 동안에 자연스럽게 스스로 생각하는 습관이 몸에 배게 되는 것이다. 또한 그런 분위기가 전반적으로 확산되면서 개선 속도는 빨라진다. 사카마키 사장은 공장을 걸으면서 증거를 보여 주었다. 예를 들어 생산현장의 입구에 생산성이나 품질향상을 근로자가 의식하게 하기 위한 게시물이 놓여 있다. "이것은 현장의 리더가 생각하고 제작한 것입니다. 내가 만들라고 지시한 것은 하나도 없어요"라고 사장은 말한다. 예전에 캐논전자에서 제품설계를 했던 실무 기술자 출신인 사카마키 사장은 '좋은 설계사는 과제를 자신의 입장으로 바꿔 생각한다'고 지적했다. 새로 부임해서 생각한 것은 '자신은 어떤 상황에서 달라질 수 있는가?'라는 점이었다. 그리고 그는 '윗사람의 의식이 변하면 자신도 달라진다'는 결론을 얻을 수 있었다고 한다.

손자에게 들려주는 것처럼 자상하게 설명

사카마키 사장은 매일 7시 반부터 시작하는 조회에서 참석한 임원과 관리직 사원들에게 자신의 생각을 '손자에게 옛날이야기를 들려주듯이 쉬운 말로 풀어서' 들려주곤 했다. 예를 들어 공장의 휴지 줍기에 대한 지적도 "왜 쓰레기가 떨어져 있는 데도 그냥 방치하지?" 등의 평범한 이야기를 시작한다. 사카마키 사장은 지시만 하는 것이 아니라 솔선수범해서 휴지를 주우며, 자신이 먼저 실천하는 모습을 보인다. 그가 전달하고 싶은 것은 '휴지가 떨어지지 않은 이상적인 모습이 아니라면, 곧바로 고쳐나간다'는 것이다. 휴지 줍기를 통해서 작은 변화를 발견하는 훈련을 진행하고 사원들이 그것을 이해하게 되면, 그 다음은 '왜 휴지가 나오는지'를 생각하도록 유도한다.

▋▐▏ 자신의 입장에서 생각하는 것이 캐논전자방식이다. 사카마키 사장의 발상으로 시작한 '서서하는 회의'는 단시
간에 집중해서 의논한다.

사카마키 사장은 이처럼 중간 간부인 관리직 사원들에게까지도 이렇게까지 수준을 낮춰서 이해할 수 있도록 하는 것이다. 그런 후에는 반드시 어떤 관리직이 어떤 행동을 취하는지를 확인한다. 일반 사원에게 상사에 대한 평가를 청취하거나 메일 내용까지 확인하는 등의 조사를 통해 중간 간부 개개인의 대화 내용까지 파악한다. 사실 이것은 캐논전자의 사원이라면 누구나 알고 있는 공개적인 일이기도 하다.

사람을 1년 동안 지속적으로 관찰한 후에는, '개혁의식이 낮은 사람'을 중역에서 물러나도록 단호히 결정한다. 이런 강경인사는 빈번하게 일어나지만, 한번 중역자리에서 물러났다가 심기일전해서 복귀한 사람은 같은 실수를 반복하지 않는다.

"주변에 있는 문제를 파악해서, 작은 것부터 해결해 나간다. 이것은 도요타도 같은 것이다. 굳이 다른 점을 말하자면, 성과보다 프로세스 즉, 과정을 중요시 하는 것이다." 혼다 공업의 업무개선활동 'NH(뉴 혼다)서클'의 사무국을 맡은 품질개혁 센터의 고야나기(小柳正法) 품질 개혁부 품질기획실 생산기술 주임은 혼다의 개선을 이렇게 표현했다. 여기서 언급한 NH서클이란, 혼다가 1973년부터 추진하고 있는 소집단 활동을 말한다. 누구라도 자유롭게 10명 내외로 팀을 결성하여, 스스로 생각한 과제를 해결하기 위해 업무종료 후에 1시간 정도씩 자주적으로 모여서 활동한다. 스스로 개선 테마를 발견하고 노력하는 현장의 보텀업방식(보텀업 방식 중요한 문제는 톱 매니지먼트에 최종결정권이 있겠지만 문제의 발견, 문제해결안의 작성은 모두 하위의 관리층에서 시작되는 경영방식을 말한다)이다.

부품 제조업체나 판매회사 등 혼다 그룹 전체에는 약 1만 8500개나 되는 서클이 존재하며 일본 이외에도 세계 30개국에서 14만 명이 활동하고 있다. 후쿠이 사장은 '혼다의 현장력 그 자체'라고 NH서클을 평가할 정도로 활발한 활동을 하고 있고, 이를 33년에 걸쳐 발전시켜 왔다. 고야나기 주임이 말하는 프로세스란 개선 절차만을 말하는 것이 아니다. 과제를 해결하기 위해 모두가 모여서 의논하는 행위, 그 자체를 가리킨다. 자신들이 떠안고 있는 곤란한 일에 대해 모두가 모여 서로 의견을 교환하

▮▮▌ 고야나기 NH서클
사무국 주임

여, 개선 주제를 정한다. 이것이야말로 혼다에서 말하는 '와이가야('와이가야'란 일본어에서 여럿이서 큰 소리로 떠들어대는 모양을 의미하는 것으로 와와, 와글와글, 와자지껄 등의 힘차고 활기찬 모습을 나타내는 의태어;옮긴이 주)' 식 의논이며 이는 지위고하를 막론하고 자유롭게 발언할 수 있는 장을 만드는 것이기도 하다. 업무 시간 중에는 각자의 업무를 달성하는 데 최선을 다하더라도 근무 후에는 잠깐 동안의 와이가야로 교류의 장을 만든다.

와이가야의 과정을 통해 생각지 못했던 것을 깨닫게 되는 경우가 있다. 젊은 사람들은 베테랑에게 사고방식 등을 전수받고, 반대로 베테랑은 젊은 사람들의 참신한 발상에 자극을 받는다. NH서클은 과제 해결을 통해서 혼다의 우수한 생산능력과 도전정신을 계승해 나가는 장이기도 하다. NH서클은 자발적인 활동이기 때문에, 계속 동기부여를 할 수 있는 아이디어가 필수적이다. 1년에 한 번 각 사업소에서 선발된 팀이 자기들의 성과를 발표하는 전국 대회가 있다. 그와 더불어 2년에 한 번은 세계대회(2006년은 영국에서 개최)를 개최한다.

품질불량 발생원인 규명부터의 시작

'성과'를 뒤좇지 않아도 개선효과는 확실히 나온다. 이 말을 증명하는 사례가 2005년에 스즈카(鈴鹿)제작소에서 전국대회에 출전한 팀이다. 이 팀은 2년차부터 10년차 이상의 베테랑까지 13명의 폭넓은 연령층으로 구성된 팀으로, 크랭크 샤프트(crank shaft)를 제조하는 과정에서 생기는 자국이나 불량 발생률을 감소시키는 방법을 주제로 삼고 있다. 품질 불량이 발생했을 때의 원인을 규명하는 것이다. 이 팀에서는 누구라도 정확한 대책을 강구할 수 있도록, 불량이 발생한 부분에 대해 정확

■■■ 스즈카 제작소에서 활동하는 NH서클의 하나인 '타님 레인저'의 멤버들은
'와이가야 룸'에 모여서 머리를 맞대고 서로 의견을 나눈다.

히 알 수 있는 공정 경로 도
표를 정리하여 품질 불량 발
생률을 이전의 0.85%에서
0.36%로 낮추고 1일 기준 33
분의 공정시간 절감을 이뤄
내기도 했다. 공장의 엔진 기
계모듈 담당인 고가와 매니
저는 "과제 해결을 위한 것

이니만큼 자율적으로 팀을 운영하는 것이 바람직하다"라고 말한다. 이
러한 팀이 33년간 맥을 이어올 수 있는 이유는 자율성에 의한 운영방식
에서 비롯된 것이다.

자사 특유의 과제에 도요타식을 응용한
고쿠요

"문구와 일용잡화 물류에 관한한 세계 최고의 회사가 되고 싶다. 하지
만 우리가 부족한 것이 과연 무엇일까?" 고쿠요 물류 자회사인 고쿠요
로지템의 가와구치(川口幸二郎) 부사장은 2002년 당시, 도쿄 고토구(東京都
江東區)에 2004년 1월에 신설될 물류센터 개장을 앞두고 심각한 고민을
하기 시작했다. 물류센터에는 최첨단 작업분류 시설이 들어서고 있었지
만 "최신 하드웨어를 갖추는 것만으로 세계 제일을 달성할 수 있을까?"
라는 의문이 들기 시작한 것이다. 그 당시 가와구치 부사장은 문구 취급

과 사무용 가구 등의 반입기술에는 최고의 노하우를 갖추고 있다고 자부하고 있었지만, 물류센터 내의 작업 노하우는 스스로 판단해도 많이 부족하다고 느끼고 있었다. 그런 고민을 하던 중에, 도요다자동직기에서 "센터작업을 모두 맡고 싶다"는 제안을 해 왔다. 이 회사에는 도요타생산방식을 바탕으로 구축된 물류 노하우가 있었고 창고 내의 개선기법을 풍부하게 보유하고 있기도 했다. 그 당시로서는 분명히 매력적인 제안이지만 "창고 내의 작업은 우리 비즈니스에 있어 근간이 되는 부분이다. 통째로 맡길 수는 없다"는 가와구치 부사장의 반대에 의해 두 회사는 합병회사를 설립하여 센터를 공동으로 운영하기로 했다. 그 회사가 케이티엘(KTL, 도쿄·고토)이다. 고쿠요는 도요다자동직기가 보유한 도요타식 노하우를 얻을 수 있고, 도요다자동직기는 지금까지 다루어 본 적이 없는 문구취급 하드웨어 운영 노하우를 습득할 수 있어 양쪽 모두에게 이익을 안겨주는, 합병회사 운영의 좋은 사례라고 할 수 있다.

KTL이 운영하는 물류센터 '고쿠요 수도권 IDC'는 카탈로그 통신판매와 법인대상 전자구매, 문구점대상 매입지원이라는 3개의 판매채널로 수주한 상품을 발송하고 있다. 고쿠요에게 다른 판매채널의 물류센터를 통합하는 것은 이번이 처음으로, 업무는 복잡해지지만 배송오류나 상품파손 등 품질을 저하시키는 일은 발생하지 않는다.

수작업을 도요타식으로 개선

품질을 향상시키는 데 있어서 최신 설비를 갖추는 것만이 다가 아니다. 기계화로 분류능력을 향상시키는 것은 가능하더라도 선반에서 상품을 꺼내는 과정은 수작업으로 이루어지기 때문이다. 그리고 KTL 이즈미키 사장의 "문구는 크기가 작은 상품이 많아서 작업과정이 섬세한 특성이 있다"는 말처럼 작업원의 수작업을 완전히 배제하기는 어려운 특성이 있다. 예를 들어 파일을 다룰 때 무거운 상품이 위에 올라가면 모서리가 접히게 되어 상품의 질이 떨어질 수 있다. 또한 상품 자체도 얇기 때문에 수량 파악을 잘못할 가능성도 있다. 이런 특성들이 품질 저하를 불러오는 요인이 된다.

이런 경우 픽킹(Picking)작업을 담당하는 사원이 빠르고 정확하게 작업할 수 있는 환경을 정비하는 것이 중요하다. KTL은 이런 상품의 특성을 고려하여 도요타방식을 도입하기로 했다.

품질향상을 위한 시각화 도입

KTL에 파견된 고쿠요 로지템과 도요다자동직기 사원은 작업원의 쓸데없는 동작을 막기 위해 '그림연극'을 만들었는데 이 그림연극이란 작업을 표준화하고, 사진을 사용하여 순서대로 설명하는 것이다. 업무 순서의 시각화는 도요타방식 그 자체를 그대로 도입한 것이다. 그림연극을 만들 때에는 상품을 선반에서 픽업할 때 목적지 선반까지, 몇 걸음에 가는지 등의 현 상황에 대해 철저한 분석이 필요하다. 도요다자동직기 담당자 입장에서는 문구업무에 대해 이해가 부족하다는 단점을 안고 있다. 그래서 제대로 현 상황을 분석하고 나서 작업을 표준화하는 것이 옳다고 생각했다.

그러나 그 점에서 고쿠요와 도요다자동직기의 생각은 엇갈렸다. "어렵게 돌아갈 것이 아니라 바로 효과가 나타나는 방법을 생각해야 된다. 곧바로 받아들일 수가 없었다"고 이즈미 사장은 당시 상황을 회상했다.

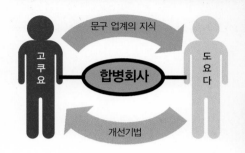

도요다자동직기와 공동으로 회사 설립

문구 업계의 지식

고쿠요 ← 합병회사 → 도요다

개선기법

※고쿠요의 물류자회사와 도요다자동직기가 공동 설립한 새 회사 KTL

신입사원에게 픽킹 기술을 가르쳐 주는 도장도 있다.

그러나 도요다자동직기의 담당자는 철저하게 조사하지 않으면 잘못된 부분이 다시 생기고 시간 낭비가 일어난다면서 수치화에 전념했다.

고쿠요는 품질을 향상시키기 위해 단순히 도요타식만 도입한 것이 아니라, 독자적인 아이디어를 만들어 내기 시작했다. 그 중 하나가 신입사원 교육을 전문적으로 실시하는 '훈련 도장'의 설치다. 지금까지는 실제 라인에서 OJTS방식으로 교육을 실시했지만, 숙련되지 않은 작업원을 갑자기 실전에 투입하여 품질저하를 초래하는 경우가 있었다. 그래서 연수과정을 수료한 후에도 일정한 단계에 도달시킨 후에 라인에 투입하도록 보완 했다. 그리고 이런 여러 노력을 통해 1시간당 생산성(픽킹 가능 건수)은 개시 당시에 비해 1.4배 향상될 수 있었다. 이즈미 사장은 의욕에 차서 "도요타방식 물류 노하우에 고쿠요가 키워 온 방식이 더해지면, 특별한 물류관리가 가능하다"고 믿고 있다.

농기구 등을 생산하는 구보타는 100마력 이하의 산업용 엔진에서 세계 제일의 생산성(미국 PSR사 조사)을 자랑한다. 그 한쪽 날개 역할을 맡고 있는 쓰쿠바 공장은 몇 년 전에 큰 문제에 직면했다. 환경기준 변경 등에 따라 향후에는 새로 기구를 교체하려는 수요가 예상됨에도 불구하고, 모처럼의 비즈니스 기회를 놓칠 우려가 있었다.

공장은 간단하게 증설할 수 없기 때문에 엔진 제조공정에서 낭비되는 작업을 줄이고 부가가치를 낳는 작업 시간을 늘리는 방법 이외에는 선택의 여지가 없었다. 더군다나 도요타에서는 부가가치를 만들어 내지 않는 작업을 모두 낭비라고 정의하고 있다. 이에 구보타는 낭비되는 작업시간 없애기 위해 각별한 노력을 기울였다.

그 연수(研修)시설이 2002년 5월 오사카의 사카이 제조소에 개설된 '5겐 도장'이다. 5겐이란 '겐죠(현장)', '겐부츠(현물)', '겐지츠(현실)', '겐리(원리)', '겐소쿠(원칙)'의 머리글자를 뜻한다. 도요타그룹 출신의 컨설턴트에게 지도와 회사 전체에 철학을 확산시키는 역할을 맡겼다.

도장에서 2주에 걸쳐 개선기법을 전수받고, 현장에 그 기법을 갖고 돌아와서 실행함은 물론, 개선의 숨결을 회사 전체에 확대시키는 이 도장이야말로, 구보타식 현장개선 확대기법이라고 할 수 있다. 쓰쿠바 공장 엔진과(課)의 다카바시(高橋修) 책임자는 다른 여섯 명과 함께 1기 문하생으로서 이 도장에 입문했다. 도장에서는 우선 가치를 낳는 업무를 명확하게 파악하는 것부터 시작한다. 이 회사에서는 가치를 만들어 내

■▮▮ 개선도장의 수련을 통해 쓰쿠바 공장에 개혁 유전자를 전해주는 다카바시 엔진과 책임자

는 업무시간을 '평선 타임(FT)', 그 외에 낭비되는 작업 시간을 '아이들 타임(IT)' 이라고 정의하고 있다. 문하생은 모두 같은 기준으로 FT와 IT를 측정할 수 있도록 훈련한다. 스톱워치를 한 손에 들고 작업 상황을 보면서 참가자 전원이 모두 인식할 수 있을 때까지 몇 번이고 측정을 반복한다. 같은 기준으로 FT와 IT를 측정하지 않으면 같은 단어로 개선을 말하지 못하기 때문이다.

2년 이내에 생산성 세 배로 성장

문하생이 남을 가르치는 '사범' 이 될 때까지의 여정은 길다. 사범이 되려면 각각의 사람들이 담당하는 작업에서 차지하는 FT비율을 현재의 세 배로 만드는 조건을 충족시켜야 한다. 도장에서 개선의 기초를 배운 후, 담당부서로 돌아가 2년 내에 세 배의 생산성을 달성하지 않으면 비결이 전수되지 않는다. "근본적으로 개혁하지 않으면 실현할 수 없는 상당히 어려운 목표다"라고 도장책임자인 기계제조 본부의 구와바라 (桑原功) 추진부장은 말했다. 다카바시 회사는 '실린더 해드의 제조 서브 공정'을 개선대상으로 선택했다. 개선 전의 FT율은 5.63%이었고 이것을 2년 이내에 15% 이상 향상시켜야 했다. 실린더 해드 1개를 생산하는 데 드는 시간으로 말하면, 148초를 51초 이하로 줄이지 않고는 달성할 수 없다.

다카바시 회사는 도장에서 배운 개선기법을 사용함으로써 이것을 1년에 80초로 단축했다. 그럼에도 FT율로 환산하면 아직 9%에 지나지 않는다. 하지만 예외적으로 비결전수를 받을 수 있게 됐다. 원래 자동화가 추진되고 있는 곳이기 때문에, 9%가 한계라고 판단됐기 때문이었다.

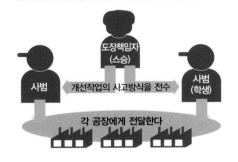

❶ 스톱워치를 사용한 작업시간 측정 방법 지도
❷ 개선을 확산시키기 위한 5겐 도장

비결전수를 받게 된 다른 이유도 있다. 엔진은 부품 크기가 작고 설치가 복잡한 특성이 있다. 50개의 부품을 68초 만에 설치 할 수 있었기 때문에, 1개당 설치시간은 1초대가 되었다. '1초대로 부품을 설치하는 것은 구보타에서 쓰쿠바 공장 뿐'이라고 판단했다.

비결전수 이후 다카바시 책임자는 영역을 넓혀, 메인라인 개선에 도전했다. 2002년 당시, 월간 생산 수량에서 산출된 제품 1개당 제작 시간은 55초이며, 수요 쪽에서 산출한 시간은 44초였다. 11초의 차이는 잔업이나 휴일 근무로 대체하고 있었다. 이것을 정시 생산으로 바꾸는 개선작업을 시작한 것이다. 종래의 조립현장 레이아웃은 라인에 따라 총 50명의 작업원이 좌우로 나눠져 있었다. 부품은 무인 차량이 작업원 옆까지 운반해 주었지만 뒤돌아서서 집어야만 했다. 사람이 로봇의 움직임에 맞추었던 것이다. 이러한 낭비를 개선하면 FT율이 크게 개선된다.

새로운 레이아웃은 작업원을 일렬로 배치하여, 각자가 픽킹을 하는 것이 아니라 라인의 맨 앞에서 필요한 부품을 상자에 담아서 라인에 흘려보내는 방식이다. 그리고 이런 개선과정을 통해 작업원은 라인에 손을 뻗는 것만으로 부품을 집을 수 있게 되어, IT가 감소되었다. 수요증가를 정시 근무 생산으로 해결하려면, 제품 1개당 제작시간이 짧아져야 한다. 쓰쿠바 공장은 개선작업을 반복한 결과, 지금은 1개당 32.4초까지 작업시간을 단축했다.

브라더 공업에서 산업기기를 제조하는 미즈호 공장은 나고야 시내의 중심부에 있다. 이곳의 사원들에게는 항상 고민이 떠나질 않았다. 주문이 늘어나도 만들 장소가 부족한 것이다.

완성품을 놓아 둘 장소 또한 한정되어 있다. 미즈호 공장에서 생산하는 CNC 머신은 하드디스크나 디지털 가전 제조업체에게 납품하는 전자부품을 가공하는 기계이다. 크기는 수 미터이고 무게는 수 톤에 달한다. 이렇게 큰 제품을 시가지의 좁은 공장에서 만들고 있었다. 수주의 증가에 맞춰 여러 개의 라인을 준비할 수가 없을 경우에는 제조 리드타임을 단축해서 흐름 속도를 향상시키거나 낭비되는 공간을 줄여서 효과적으로 활용해야만 한다. 바로 이 부분에서 지혜를 모아야 하는 것이다. 요시다 기계화솔루션컴퍼니 부사장은 "장소가 부족하다는 제약을 강점으로 바꿔 라인개선을 반복해 왔다"고 회고했다.

상승세를 타고 있는 제품이라면 넓은 토지가 있는 교외나 해외에 큰 공장을 세우면 될 것이다. 실제로, 브라더 그룹의 해외 생산성 비율은 80%를 넘어 디지털 복합기나 공업용 미싱은 중국에서 생산하기도 한다. 하지만 높은 정밀도를 요구하는 CNC 머신의 생산작업은 고도의 기술이 필요한 데다가 제조원가에서 차지

▌▌▌ 산업기구 생산라인에서는 현장 사원마다 정해진 작업
시간과 경과시간(실적)을 표시한다. 작업시간을 넘으면
머리 위의 안돈이 점등되고 전원에게 이상이 있다는 것
을 알려준다.

하는 인건비의 비율이 낮아서 아시아에서의 대량생산에는 적합하지 않다. 수요변동도 커서 공장증설 투자를 판단하기도 어렵고 작업평준화가 힘들다.(히로세아키라(廣瀨明) 기계&솔루션 컴퍼니 제조부장의 인터뷰 중에서)

그래도 납기는 확실하게 지킨다는 것이 브라더 스타일이었다. 브라더의 경영자는 납기일에 엄격한 가전제품 대형 할인마트에 팩스나 프린터 등을 납품하는 스타일을 그대로 살려서 산업기구를 납품한다. 이에 대해 요시다 부사장은 "할인마트에서는 물건이 부족하면 매장 진열대를 다른 회사에게 빼앗겨 기회를 잃고 만다. 그런 냉엄한 분위기를 산업기구에도 적용한다"는 말로 설명하고 있다. 디지털 가전에 비해 납기 여유가 있는 산업기구분야에서도 적당주의는 허용되지 않았다.

그렇다고 해서 재고를 대량으로 확보하고 있지는 않는다. 애당초 재고를 둘 장소가 없기 때문에 몇 년 전에 같은 아이치현에 있는 도요타 관계자를 초빙하여 재고관리에 필요한 도요타방식의 기초는 배웠다. 그 후 브라더 공업의 독자적인 시행착오가 시작되어 최종적으로 성공한 것이 생산 공정을 16분할하고 각각의 공정에 한 사람씩 작업원을 배치하는 생산방식이다. 16공정이 각각 70분 동안 일을 처리한다. 모든 공정이 70분 단위로 동기 생산방식으로 움직이면서 다음 공정에서 조립도중인 제품을 이동한다. 이때 제품은 1개씩 처리하는 '1개 흘림'으로 이루어지며 도중에 가공 중인 재고가 쌓이지 않는다. 이때 제품이 크고 무거운 것을 고려하여 공정 간 이동도 최소화한다. 그렇게 해서 이어지는 4개의 공정을 한 그룹으로 간주하고 총 4개의 셀을 구성한다. 제품 이동은 셀 사이에서만 가능하다. 셀과 셀 사이에는 가공 중인 재공 두 대분을 배치해 급한 주문에도 대처할 수 있도록 했다.

각 공정의 작업시간을 절반으로 단축

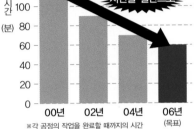

개선실적은 각 공정의 작업시간 단축으로 나타나고 있다. 2000년도에 120분이던 작업시간은 제품 이동 횟수의 단축 등의 개선활동이나 설계변경, 부품 공통화로 2004년도 후반에는 70분까지 줄어들었다. 그 결과 조립 리드타임은 2000년에는 8일 걸리던 것이 현재는 5일까지 단축됐다. 3.3제곱미터당 생산량도 증가해서 최근의 수요증가에 대응할 수 있었다. 공장 공간효율은 2000년도와 비교해서 1.7배로 향상되었다.

산업기구 분야의 매출액이 2001년도 1117억 엔에서 2004년도에 225억 엔까지 확대된 것은 생산효율향상의 영향이 크다고 할 수 있다. 2006년도에는 작업시간을 60분으로 단축시키는 것이 목표다. 지금은 그 과도기로, 현장에서는 시간을 개인당 60~70분 사이로 설정하여 60분으로 단축시키는 것에 도전중이다. 매출액이 증가해도 고민은 끝나지 않는다.

요시다 부사장은 "효율을 추구하여 당장 이익을 내더라도 현장에 기술이 사라질 수도 있다는 불안함을 느낀다"고 말하고 있다. 이것이 브라더의 2007년 현재 시점의 문제점이다. 그래서 2005년 말에 공장에 '장인 도장'을 개설했다. 베테랑의 기술을 젊은 사람들에게 전수하기 시작한 것이다. 신입 직원의 교육은 물론이고, 한 명의 작업원이 16가지 공정 중에 어떤 부분이든 담당할 수 있도록 다기능화하는 것이 목표다.

아침저녁으로 현장을 확인하는
히노자동차

'이대로는 내일이 없다. 망하고 말 것이다.' 2003년 5월, 히노자동차의 판매 지점 중의 하나인 홋카이도 히노자동차 사장에 취임한 지 얼마 되지 않은 도다(任田慧) 사장은 강한 위기감에 휩싸였다. 회사 전체 이익의 60% 이상을 차지하는 히노자동차의 버팀목이라 할 수 있는 정비관련 부문에서 기간점포인 삿포로 지점의 이익이 2001년과 2002년 상반기에 비해 3%나 하락한 것이다. 제조업체인 히노자동차가 같은 시기에 실시한 경영진단에서도 정비관련 이익감소를 지적받았다.

이런 문제점을 두고 볼 수 없었던 히노자동차는 "업무개선을 돕겠다"고 먼저 제안했다. 이 제안은 도다 사장에게 구세주와도 같은 것이었다.

히노자동차가 홋카이도 히노에 파견한 인력은 판매회사의 업무개선을 전문적으로 담당하는 '개선지원부' 소속 전문가들이었다. 개선지원부는 2002년부터 도쿄 히노자동차 등 3개 사(현재는 15개 사)에 대해 도요타식 업무개선 도입을 성공적으로 진행한 실적을 가지고 있기도 했다.

▌▌▌ 현장에서 적극적으로 대화하는 도다 사장

▌▌▌ 개선안을 의논하는 히노자동차 개선지원부의 담당자와 홋카이도 히노의 개선팀

2. 실천_기업개혁 성공비결을 말한다 · 151

사장의 관심을 현장에 전달하기

도다 사장에게는 약간의 불안함이 있었다. 히노자동차는 도요타그룹의 일원이기 때문에 이전부터 판매사에게도 개선활동을 권유해 왔었다. 그리고 홋카이도 히노에서도 개선지원을 받은 적이 있었지만, 일시적인 성과는 있어도 오래 지속하지는 못했었다. 자력으로 개선할 수 있는 인재를 육성하지 못했기 때문에 개선된 방식이 정착되지 못하고 업체의 지원이 끝나면 다시 원상태로 되돌아오곤 했다. 도다 사장은 이에 "개선방법을 제조업체에게 강요당하는 느낌이 들어 지속되지 못했다"고 회고했다. 그리고 그런 고민은 제조업체 쪽에서도 잘 알고 있었다.

홋카이도 히노를 담당한 히노자동차의 개선지원부 서비스개선실의 히라(比良博文) 주관은 같은 실수를 범하지 않기 위해, 도다 사장에게 다음과 같은 세 가지 요구를 했다. "우리와 함께 개선작업을 추진할 우수한 전임 멤버 네 명을 지명해 주십시오. 그리고 아침, 저녁으로 두 번은 반드시 현장에 직접 얼굴을 보여 주십시오. 필요한 도구는 아끼지 말고 사 주십시오."

이런 요구 사항은 6개월 후에 개선지원부가 떠난 후에도 자력으로 다른 거점에 횡적발전을 할 수 있도록 인재 만들기를 하기 위한 것이었다. "현장에서 네 명이나 되는 전임자를 내주는 것은 일상 업무를 할 수 없을 정도로 어려운 일이었다"고 도다 사장은 회상했다. 게다가 개선지원부는 사장이 개선활동에 힘을 쏟고 있다는 것을 현장이 인식할 수 있도록 하기 위해 정기적인 현장 순회를 요청하기도 했다.

전임자로는 정비사나 영업담당자 등 담당부서의 틀을 넘어 네 명이 모였다. 이 네 사람이 히노자동차의 개선 지원부와 의논하여 개선 주제

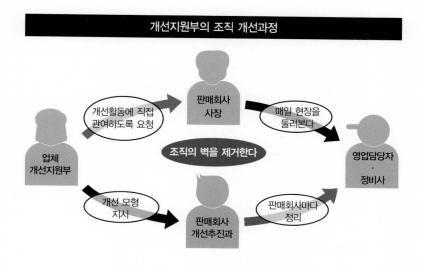

개선지원부의 조직 개선과정

업체
개선지원부

개선활동에 직접
관여하도록 요청

판매회사
사장

매일 현장을
둘러본다

조직의 벽을 제거한다

영업담당자
정비사

개선 모형
지시

판매회사
개선추진과

판매회사마다
정리

를 생각했다. 그들은 먼저 정비부문의 수익을 향상시키기 위해 '부담을
주지 않고 차량검사 건수를 늘린다' 는 결정을 했다. 월초 시점에서 월
간 목표의 70%에 해당하는 차량 검사 건수를 확보하여 그것들을 매일
균등하게 분담하고 정비공장의 부하(負荷)를 평준화할 수 있는 체제를
정비했다. 이는 급한 정비의뢰가 들어오더라도 충분히 대응할 수 있도
록 하기 위한 것이었다.

개혁을 시작하기 전에 도다 사장은 부서 간의 벽을 허물도록 촉구했
다. 영업부서나 정비부서는 제대로 의논도 안 하면서 서로 험담하기 바
빴기 때문이었다. 정비부서에서는 "영업부서가 제대로 업무를 분산시
키지 못해서 밤늦게까지 잔업하는 일이 생긴다"고 불평하고, 영업부서
에서는 정비공장이 어느 정도 바쁜 상태인지 잘 모르기 때문에 고객에
서 정확한 납기일을 전달할 수가 없다면서, 서로에 대한 불만으로 싸우
기 바빴다. 하지만 모두에게 문제가 있는 것은 분명했다. 영업부서는

월말에 노르마(할당된 기준량)를 달성하면 된다는 생각으로 월말 무렵에 몰아서 차량 검사계획을 잡았기 때문에 월초에는 전체의 30~40% 정도밖에 계약을 성사시키지 않았다. 한편 정비부서는 한 대당 작업시간이 너무 길어서 종료시간을 미리 정하는 것이 쉽지 않았다.

　도다 사장은 지금까지 사무실 2층에 있던 영업부를 다른 부서와 같은 1층으로 내려오게 하고, 정비·부품·영업 부문을 한 층에 함께 있게 함으로써 일체감을 갖도록 조처했다.

4인 1조 작업분담을 통한 처리속도 향상

　개선활동은 정비공장 내의 작업 재검토에서부터 시작됐다. 1대당 작업 시간을 단축하기로 한 것이다. 새로운 체제에서는 차체 1대에 관여하는 작업원을 종래의 두 명에서 네 명으로 늘림과 동시에 4인 체제에서 효율을 올리기 위한 작업순서도 재검토했다. 우선 과거 3개월 동안의 차량을 검사 및 정비로 입고시켰던 고객들의 정보를 찾아냈다. 그리고 상위 10종류의 작업을 특정화하여 세 개 메뉴로 요약했다. 이에 대해 사토 정비부 개선추진과장은 "입고된 차량 중 80%는 이 메뉴로 대처할 수 있었다. 한 명이 오일을 교환하고 있는 사이에, 다른 작업원은 다른 작업을 하는 등 대기시간을 최대한 줄일 수 있도록 작업순서를 변경했다"고 회고했다. 두 명이 할 때는 2시간 반이 걸리던 중형차 정비 작업을 네 명이서 하게 되면, 1시간 8분 만에 끝낼 수 있다. 1대당 정비시간이 더 단축되어 고객에게 빨리 차량을 인도할 수 있게 된 것이다.

게시판을 통한 전 부서 현황을 파악하기 위한 '시각화'

4인 체제로 인해 납기일이 정확해지고 작업 시간이 단축되어도 영업부서에서 고객을 확보하지 않으면 의미가 없다. 영업과 정비가 함께 움직여야 비로소 개선작업이 발전할 수 있는 것이다. 그래서 영업부서를 불러들여 고객획득에서 정비종료까지를 서로 협력하고 나아가 작업진척 상황을 시각화했다. 삿포로 지점의 1층 벽에 걸린 거대한 업무진척 게시판을 보면 모든 부서의 업무진척 상황이 한눈에 보인다. 도다 사장도 회사에 출근하면 가장 먼저 게시판이 있는 곳에 들러 상황을 확인한 후에 집무실에 가는 것이 일과다.

영업부 벽에는 예상 고객과 주간방문 예정표가 있다. 다음 달에 차량검사 예정인 고객을 죽 훑어보고, 그 옆에는 담당자마다 방문할 리스트를 정리한다. 수주할 수 있는 확률이 80%를 넘으면 그 고객은 'HOT 리스트'에 추가된다. 같은 방식으로 정비부 벽에는 공장 내의 업무진척상황을 표시하고 있다. 게시판을 보는 것만으로 현재와 앞으로의 정비상황을 알 수 있다. 영업담당자는 정비부서의 게시판을 확인하고 비어 있는 시간이 있으면 고객에게 정비를 권유할 수 있다. 이렇게 해서 월초에 월간 목표의 70% 확보가 가능한 체제가 마련되었다. 그리고 이런 개선 업무진척은 매주 금요일에 모든 임원들이 참가하는 회의에서 보고됐다. 회의석상에서 스패너 같은 개선에 필요한 도구구입을 결재했다.

"이번 개선활동에서 1000만 엔 정도를 쏟아 부었다. 비용은 들었지만 모두 수용했다. 결과적으로 신규 차량검사 건수가 6개월 만에 100대로 늘어나는 등 업무성과가 투자액보다 더 컸다"고 도다 사장은 자신만만하게 말했다.

도요타방식의 여섯 가지 실천사례⑤
화이트 컬러의 도요타식 적용사례

도요타생산방식에 흐르는 사고방식은 모든 업무에서 활용할 수 있다. 이것이 저명한 컨설턴트와 현장 취재로부터 얻은 결론이다. 도요타식 개선은 무조건 제조업에서만 활용할 수 있는 것은 아니다. 사무실이나 지점에서 근무하는 화이트 컬러의 업무에도 적용할 수 있다.

두 명의 스승에게 배운 도요타식 기업개혁

도요타식 기업개혁에 대해 화이트 컬러들도 쉽게 이해할 수 있도록 두 명의 '스승'을 초대했다. 한 명은 도요타생산방식을 확립한 것으로 유명한 오노 다이이치(大野 耐一)에게 직접 지도를 받은 이와키 생산시스템연구소의 이와키 코이치 대표이사이고, 다른 한 명은 이토 요카도 같은 제조업체 이외의 기업에 도요타생산방식을 응용해 개선활동을 보급하고 있는 도요다자동직기의 다케우치(竹內和彦) 부사장(2006년 6월 말 퇴임)이다. 도요타방식으로 통하는 두 사람의 논리를 정리하면 이러하다.

제조현장에서도 사무실에서도, 현장에서 일하는 사람들은 '낭비 없이 일에 집중해야 한다'고 말한다. 한편 경영자나 관리자에게는 '낭비

없이 업무에 집중할 수 있도록 현장이 환경을 만들어야 한다'고 말할 수 있다. 여기서 말하는 낭비 없는 일이란 것은 '부가가치가 있는 업무'로 바꿔 말할 수 있다. 반대로 말하자면 그 이외의(일이라고 믿고 있는) 움직임은 모두 '낭비'하는 것이 된다. 그러나 사무실이나 매장을 보면, 부가가치가 있는 업무와 그렇지 않은 업무가 거의 구분되어 있지 않음을 알 수 있다. 도요타생산방식에 몰두하는 공장에서 상식으로 통하는 '낭비의 정의'가 사무실이나 매장에서는 거의 존재하지 않는다. 이러한 현상은 영업부서나 간접부서에서는 업무 프로세스가 명확하지 않기 때문에 나타나는 것이다. 화이트 컬러가 도요타식을 실행하려면, 우선 부가가치가 있는 일과 쓸모없는 일을 구별하는 것에 대해 논의하는 일부터 시작하는 것은 어떨까 생각된다.

또 한 가지, 도요타생산방식의 밑바탕에 흐르는 중요한 사상을 머릿속에 염두에 둘 필요가 있다. 그것은 '전원 참여' 사상이다. 도요타 개선활동은 모든 사원이 그 대상이 된다. 그것은 '모든 사원이 경영에 참여하고 있다고 느끼는 것이 중요'하기 때문이다. 그렇게 생각하면 화이트 컬러만이 특별한 존재가 아니라는 것도 알 수 있다. 공장만 보더라도 거기에는 경리나 총무 같은 간접부서가 같이 있는 경우가 많다. 도요타생산방식에 착수한 공장에서는 '간접부문에도 자연히 개선활동이 파급된다. 그것은 공장에서 일하는 사람들 전원이 개선활동의 대상이 되기 때문이다.

움직이는 것과 일하는 것의 차이점

3년 전, 다케우치가 처음으로 사이타마현에 있는 이토 요카도의 오오미야점을 방문했을 때 느꼈던 인상은 '어쨌든 점원이 바쁘게 돌아다니고 있다' 는 것이었다. 실제로 점원이나 매니저 누구에게 물어봐도, 한결같이 '매일 바쁘다' 고 대답했다.

다케우치는 곧 의문이 생겼다. '그들은 정말 일을 하느라 바쁜 것일까?' 그는 2주 동안 점원을 관찰하고 매일 작업 공수를 조사했다. 그러자, 두 가지 분명한 사실이 드러났다. 하나는 점원이 작업 중에 걷고 찾고 챙기는 등 불필요한 동작을 많이 한다는 점이었다. 또 하나는 점원의 작업 부하량과 매출이 일치하지 않는다는 점이다. 매출이 적은 날에 주말 수준의 공정을 해서 상품을 투입하는 것은 의외였고 요일별로 투입 공수도 제각각이었다. 다시 말해 그 날에 굳이 하지 않아도 되는 일까지 과도하게 하고 있었다.

예로 부식재 등의 작업량이 너무 많았다. 판매수량 이상으로 가공해서 매장에 운반하고, 그러면 당연히 상품을 팔고 재고가 남게 되니까 저녁시간에는 할인판매를 반복하게 된다. 그래도 남으면 매장에서 치웠다가 마지막에는 버린다. 낭비가 낭비를 부르는 악순환에 빠져 있다. 다

▌▍▎ 이토 요카도의 안돈을 이용한 낭비 측정 모습

케우치씨는 이 사실을 이토 요카도에 보고했다. 그 자리에서 "매장 내에 낭비와 매우 바쁜 상태가 공존하고 있다. 움직이는 것과 일하는 것은 말 그대로 의미가 다르다"고 호소했다.

이런 반성을 하면서 이토 요카도는 매장개선을 추진하기에 이르렀다. 그러면서 그는 '우리들에게 있어 부가가치가 있는 일은 무엇인가?', '낭비 동작이란 무엇인가?' 를 정의하는 것부터 시작했다.

현장 구성원들의 낭비에 대한 인식

소매점에 있어서 가장 많은 시간을 할애해야 할 '중요한 작업'은 매장 정리와 상품 발주, 그리고 접객이다. 그것들이 바로 다케우치가 말하는 '일하는 것'이다. 물건을 내 놓거나 운반하는 것도 필수지만, 그 자체는 부가가치가 없다. 더구나 그냥 걷거나 상품을 찾는 것은 낭비이며 단순한 '움직임'에 불과할 뿐이다. 이토 요카도는 업무를 세 가지로 세분한 후 어떤 부분을 생략하고, 어디에 시간을 투자할 것인지를 분명히 했는데, 이는 업무에 집중하기 위해서였다.

낭비의 정의는 사람의 움직임에만 그치지 않는다. 예를 들어 재고에 있어서도 말할 수 있다. 이토 요카도는 지금까지 한마디로 재고를 줄이라고 현장을 지도해 왔지만, 그 체제를 고쳐서 팔리지 않는 재고를 줄이라고 표현을 바꿨다. 이 말은 불필요한 재고를 재정의(再正義)한 것으로서, 반대로 말하면 오히려 '잘 팔리는 재고'는 늘려야 한다는 의미가 된다. 히라가(平賀信年) 점포 작업개선 프로젝트 리더는 이에 대해 "이토 요카도는 도요타식 개선을 통해 단품 관리에 의해 비인기상품을 축소하던 좋은 사풍이 언제부터인가 잊혀지고 있다는 것을 깨달았다"고 말했다.

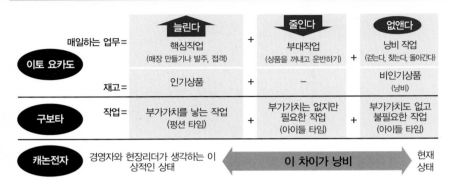

		늘린다		줄인다		없앤다
이토 요카도	매일하는 업무=	핵심작업 (매장 만들기나 발주, 접객)	+	부대작업 (상품을 꺼내고 운반하기)	+	낭비 작업 (걷는다, 찾는다, 돌아간다)
	재고=	인기상품	+	－		비인기상품 (낭비)
구보타	작업=	부가가치를 낳는 작업 (평선 타임)	+	부가가치는 없지만 필요한 작업 (아이들 타임)	+	부가가치도 없고 불필요한 작업 (아이들 타임)
캐논전자	경영자와 현장리더가 생각하는 이상적인 상태			**이 차이가 낭비**		현재 상태

자사 입장에서의 낭비 정의와 공통 언어 정하기

※전체에서 차지하는 평선 타임을 늘린다.

　　낭비에 대한 정의가 없는 상태에서 '낭비를 없애라'고 아무리 외쳐도 소용없다. 사람에 따라 낭비라고 여기는 동작이나 물건의 기준이 다르기 때문이다. 일찍이 도요타 관계자에게 지도를 받아 현재는 독자적인 개선활동을 추진하고 있는 구보타도 낭비에 대해 정의하고 있다. 구와바라(桑原功) 기계제조본부 기계TPI(종합 생산 혁신) 추진부장은 "개선에 착수한 근로자에게는 같은 잣대를 가지고 이야기할 수 있게 될 때까지 부가가치와 낭비의 정의를 철저하게 가르친다"고 설명했다.

　　우선은 부가가치를 낳는 작업(평선 타임)과 쓸모없는 작업(아이들 타임)을 그림으로 표현한 후, 여러 가지 비디오를 보여주고 전체 부가가치를 낳는 작업 시간만을 측정한다. 이때는 반드시 전원의 측정시간이 맞을 때까지 몇 번이고 반복해서 실시하면서 몸으로 부가가치를 낳는 작업을 각인시킨다. 이렇게 강조를 하는 이유는 구와바라 부장의 "우리 회사에 있어 부가가치를 낳는 작업이 무엇인가를 확실히 이해한 상태에서 근무하길 바라기 때문이다"는 말처럼 중요한 것이기 때문이다.

캐논전자의 사카마키 사장은 자신의 독자적인 정의를 전개한다. 사카마키 사장은 맨 처음에 '우리 회사에 있어서 이상적인 상태'를 기준으로 삼고, 그것과 현재 상황을 비교해 보고, 그 차이를 낭비라고 정의한다. 여기서 사무실에서 사용할 수 있는 낭비제거법을 소개하겠다. 그림은 이와키가 가르친 간접부서의 업무효율화 순서다. 보는 관점을 바꾸면, 간접부서가 집중해야 하는 업무의 순서이기도 하다. 요약하면, 지금 있는 업무를 '써 낸다', '그만둔다', '담당을 정한다', '겸임한다'가 된다. 이 중에서 가장 중요한 것이 두 번째의 '그만둔다'로서 이에 대해 이와키는 "업무 그 자체가 낭비가 아닌지 생각해 본다. 도중에 그만 둘 것 같은 업무는 즉시 그만둔다. 남은 일을 누가 할 것인지, 두 가지를 동시에 하는 것이 불가능한지를 생각한다면 업무는 3분의 1이 된다"라고 설명하고 있다. 이 정의의 핵심은 이와키의 말처럼 자신의 업무는 자신이 하는 것이다. 도요타에서 업무는 자기 책임이 원칙이기 때문이다.

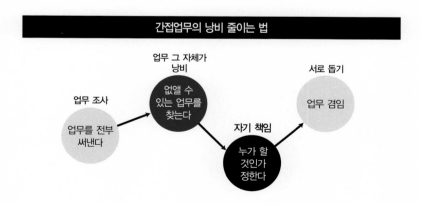

간접업무의 낭비 줄이는 법

각자 업무를 알아보기 쉽게 하라

샤프는 2005년에 마치다(町田勝彦) 사장의 불호령을 계기로 '불필요한 낭비 업무 척결' 운동을 시작했다. 호조세를 보이고 있는 샤프도 마찬가지로 도요타자동차를 모범으로 삼아 마치다 사장이 선두에서 사원들에게 개혁을 호소했다. 이 운동의 특징은 그룹의 전체사원을 대상으로 하는 점이다. 사원들은 자유롭게 팀을 짜서 자기 주변의 낭비 업무를 제거한다. 영업부서나 간접 부서도 예외는 아니다. 그 증거로 2005년부터 각자의 활동내용을 개인평가의 기준으로 직결시켰다. 개선활동 그 자체가 평가대상이 되고, 급여나 보너스는 물론 승진에 적용하고 6개월에 한 번 상사와 면담을 통해 활동내용을 확인했다. 불필요한 업무 척결 운동은 2006년에도 실시되어 샤프의 업적 향상을 뒷받침했다.

샤프에서의 실행은 제조현장에서 일반적인 소집단 활동이 진화된 형태다. 샤프는 소집단 활동을 40년 가까이 계속해 오고 있으며, 약 3년 전에 회사 전체를 대상으로 한 개선활동 'R-CATS'로 발전시켰다. 마치다 사장은 "R-CATS는 회사의 경영 그 자체다"라고까지 말했다. 그런 만큼 사원은 근무시간 내에 R-CATS에 몰두할 수 있다. 퇴근 후에 사원이 잠시 짬을 내서 실행하는 개선활동과는 본질적으로 다르다. R-CATS는 누구든지 참가할 수 있도록 개선주제를 일상 업무 안에 숨은 낭비제거에 초점을 맞추고 이를 모든 현장으로 확대했다. 팀 수는 국내에 3000팀, 해외거점에서는 1700팀을 넘었다.

불필요한 파일 검색의 낭비 제거

사무실에서 활동한 한 가지 예를 소개하자면, 어느 팀은 컴퓨터 작업 중에 '파일을 찾는데 시간이 걸린다'는 점에 주목했다. 어느 기업에서나 볼 수 있는 전형적인 사무실에서의 낭비이다. 이 상황을 조사해 보면 일상업무에 필요한 자료의 90%가 실제로 컴퓨터 안에 보관되어 있다. 그래서 같은 파일을 멤버 전원에게 검색하게 했더니, 빠른 사람과 느린 사람의 속도 차이가 13배나 났다. 이후 불필요한 파일은 삭제하고, 공유폴더를 반으로 줄였다. 동시에 파일명 붙이는 방법과 보관 장소를 정하는 규칙도 따로 만들었다. 이런 조치 후 결과가 서서히 드러나기 시작했다. 가장 느렸던 사람이 가장 빨랐던 사람보다도 더 짧은 시간 안에 검색하는 등 속도의 차이를 확연히 느낄 수 있었다. 사소한 아이디어 하나로 업무처리가 훨씬 편해진 것이다. 이와키는 모든 사원이 개선활동에 참여할 것을 독려하면서 각자가 할 일을 알기 쉽게 만드는 것이 중요하다'고 지적했다. 그것이야말로 '경영자가 가장 먼저 해야 할 일'이라고 이와키는 덧붙여 설명했다. 마치다 사장은 모든 사원을 개선활동에

낭비 F	
지적자 기입란	지적 날짜
	사원 코드
	어디서, 무엇이 낭비되고 있다? 가능하면 구체적으로 기입 (초, 걸음 수, 양 등)
직원 기입란	얼마나 낭비되고 있나? 방비를 비용으로 환산할 수 있는 대응 표를 준비하여 금액(1은 0엔, 연간 0엔)으로 표현

▌▌▌ 센다이 고바야시 제약이 하고 있는 낭비F표찰. 낭비를 발견하면 내용을 적어서 복도에 걸어둔다. 낭비를 금액으로 환산해서 표기하는 것이 특징이다.

▌▌▌ 캐논전자는 사원 전체가 세계 제일을 선언했다.

끌어들이기 위해 가장 먼저 주변의 사소하고 쓸모없는 업무를 제거하는 일부터 시작하라고 지시했다. 이 단순명쾌한 회사 방침은 매우 유용했다.

캐논전자의 사카마키 사장의 노력도 매우 흥미롭다. 모든 사원에게 '무엇이든 상관없으니까 세계 제일이 되라'고 호소하면서, '으뜸되기(피카이치) 운동'을 전개했다. 이런 회사 방침에 따라 어느 현장에서든 세계제일이 되도록 네 가지 항목을 선언하고, 모든 사원의 진행결과를 입구에 붙여두었다. 사원들은 매일 선언한 대로 행동했는지를 체크한 후에 퇴근했다.

모든 사원이 개선활동에 동참하도록 동기부여를 하려면 반드시 최고경영자부터 적극적인 자세로 임해야 한다. 샤프나 캐논전자의 노력은 다른 회사에도 영향을 주었다.

스승에게 듣는 한마디
작업에 적합한 사람을 붙여라

이토 요카도에서는 왜 부식재의 과잉재고가 생길까? 오오미야점을 방문한 다케우치는 점원의 하룻동안 행동에 주목했다. 그러자 점원의 작업내용이 한정되어 있다는 사실을 알게 되었다. 예를 들어 A씨는 튀김요리만 하고, B씨는 구이, C씨는 도시락, 이렇게 각자가 아침부터 밤까지 같은 작업을 하고 있었다. 한편 부식재의 판매현황을 시간대별로 보면 낮에는 최초 피크타임이고, 낮이 지나면 좀 한산해진다. 그리고 밤

개인의 기술 수준을 색깔로 구분한 이토 요카도의 '다기능화 맵'

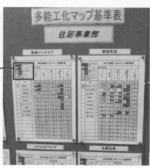

		얼만큼 진행되었나?
		질문사항과 문제점 지적
		지적 내용, 수정 내용
		개선결과 기입

고쿠요는 물류센터에 다기능화를 위한 도장을 만들었다.

에 두 번째 피크타임이 오고 폐점시간이 되면 손님이 거의 떨어진다. 즉 점원의 작업속도와 판매상황 그래프가 일치하지 않았다.

원래대로라면 팔림새에 맞춰서 투입 공수를 증감해야 한다. 다케우치의 말처럼 '판매상황에 따라 사람과 물건이 움직이는 것'이 도요타 방식의 기본이다. 또한 다케우치는 "사람에게 작업을 할당하니까 이런 상황이 생긴다"고 지적했다. 오히려 도요타에서처럼 '작업에 사람을 배치해야 하는 것이다.

판매상황에 따라 투입 공수를 정할 수 없는 것은 점원의 기술이나 출근상황에 맞춰서 작업을 정하기 때문이다. A씨는 튀김밖에 못 만드니까 매니저는 그 작업만을 지시하게 된다. 이러다 보니 팔리는 수량보다 많은 양의 튀김을 만들게 되고 결국에는 남아 폐기하는 불필요한 낭비가 반복되는 것이었다.

유연한 업무 배치이동을 위한 다기능화

다케우치는 점원이 여러 가지 일을 할 수 있도록 다기능화를 제안했다. 한 명의 점원이 시간마다 판매상황에 따라 유연하게 작업을 바꿀 수 있도록 했다. 튀김만 만들던 A씨에게 구이나 도시락도 만들 수 있도록 했다. 이런 계획을 세우는 것도 매니저의 업무다. 이토 요카도는 '다기능화 맵'으로 점원의 기술획득 상황을 색깔별로 구분하고, 그 수준에 맞는 교육 내용을 정비했다. 사무실에서도 마찬가지이다. 특정업무밖에 할 줄 모르면 같은 업무를 지루하게 반복하게 되고 반대로 빨리 끝내고 한가해진다. 이런 경우에는 이와키 대표가 알려 준 것처럼 여러 가지 업무를 동시에 가능하게 만들어서 거기에 맞는 훈련 계획을 세워야 한다.

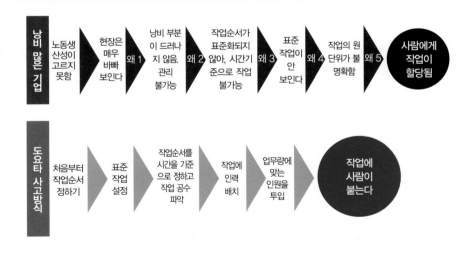

필요한 것을 필요할 때 필요한 수량만큼 준비하는 도요타의 '저스트 인 타임'은 누구나 알고 있지만, 이와키는 JIT에 대해 "지금 하지 않으면 안 되는 업무에 전원의 힘이 집중되고 있는 상태를 가리킨다"며 부연 설명을 했다. 예를 들어 점포에서는 지금 이 순간에 팔리는 상품을 함께 만들고 함께 판다. 튀김이 잘 팔릴 때는 튀김을, 도시락이 팔리고 있으면 도시락을 다같이 만들면 된다. 이처럼 팔리는 정도에 따른 작업 이동을 실현하기 위해서는 다기능화가 필수적인 것이다.

업체의 개선도장개설 러시현상

도요타방식을 도입하기 시작한 많은 제조현장에서 '개선도장(道場)' 개설에 열을 올리고 있다. 도장에서는 생산기술뿐만 아니라 도요타식 발상을 가르친다. 그것이 다기능화의 기초체력이다. 공장뿐 아니라 도요다자동직기 물류부서처럼 센터를 신설하면 가장 먼저 도장을 만들고 도요타의 기본적인 사고방식이나 픽킹 기술을 가르친다. 고쿠요가 도요다자동직기에서 도요타식을 배우고 있는 공동출자 물류센터에도 도장이 개설되어 있다.

도요다자동직기 물류부문에서는 신입사원이 들어오면, 가장 먼저 45일 동안 사내 도장에서 도요타생산방식을 교육한다. 배치된 부서에 상관없이 전원이 도요타의 기본 철학을 배운다. 도장개설이 필요한 곳은 현장보다는 사무실일지도 모른다. 관리부문 업무는 겉으로 드러나지 않고 감춰져 있는 만큼 지혜가 제대로 전수되지 못한 채 단카이 세대(베이비 붐 세대)에서 끝나고 만다. 이는 공간뿐만 아니라 사무실에서도 2007년부터 문제가 된다.

닛산의 판매점 평준화 개혁

도요타와 경쟁하는 닛산자동차는 2005년도 후반부터 전국에 산재해 있는 판매 회사를 대상으로 차량검사와 점검 등 서비스에 평준화를 철저히 실행하기 시작했다. '월초 입고율' 이라는 목표를 만들어서 매월 입고목표의 3분의 1을 한 달 중 첫 열흘 동안에 달성하도록 했다. 평준화로 하루 업무에 여유가 생기면 그 만큼 고객과의 상담기회도 갖을 수 있다. 이런 것이 바로 영업의 의식개혁이다.

세리자와(芹澤達也) 애프터서비스 본부 애프터세일즈마케팅부 과장은 말하고 있다. 세리자와는 판매회사 전체의 월초 입고율을 그룹 내에 공개하면서 본격적인 평준화에 나서겠다고 선언했다. 덕분에 닛산은 월초 입고율은 전년대비 몇 포인트 상승했다.

판매회사의 평준화에 도움을 준 사람은 닛산의 생산부서 출신이다. 닛산 공장은 독자적으로 '동기생산(완성품 조립순서와 똑같이 맞추어 생산하는 생산방식)' 을 채택하고 있지만 키워드는 도요타와 같은 평준화다. 평준화를 실천해 온 공장의 현장리더가 판매회사의 개선지원부대로 선발되어 2003년부터 '프로젝트SX' 에 착수했다. 이는 NHK의 인기 프로그램 이름에 서비스의 S를 붙인 것인데 판매회사 애프터서비스 개혁을 다루는 내용의 프로젝트였다.

닛산은 영업평준화를 위해 2006년 초반부터 판매회사에 서비스 업무의 관리 시스템 'i-PORT' 를 도입하고 있다. 앞서 2005년 10월에 i-PORT를 도입한 도쿄 닛산자동차 판매점의 사가라(相樂利男) 점장은 평준화의 중요성에 대해 머리로는 알고 있었는데 실천하지 못했다고 하면서 i-PORT에 의한 입고의 평준화를 통해 점검한 차를 고객에게 인도

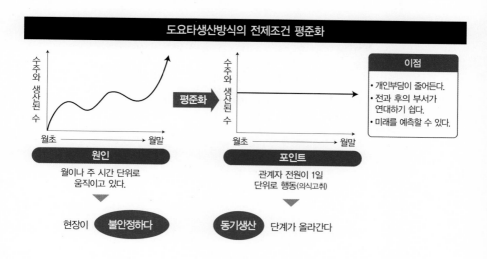

도요타생산방식의 전제조건 평준화

수주와 생산된 수

월초 → 월말

평준화 →

수주와 생산된 수

월초 → 월말

이점
- 개인부담이 줄어든다.
- 전과 후의 부서가 연대하기 쉽다.
- 미래를 예측할 수 있다.

원인
월이나 주 시간 단위로 움직이고 있다.

포인트
관계자 전원이 1일 단위로 행동(의식고취)

현장이 **불안정하다**

동기생산 단계가 올라간다

할 때까지 걸리는 일수가 1~2일 빨라지는 등 효과가 나타나기 시작했다고 고백했다. 이전에는 특정일에 입고가 집중되어 점포 주차장에 미처 차를 주차시키지 못하는 경우도 있었다. 사가라 점장은 이런 경우 고객에게 폐를 끼쳤으므로 영업담당자가 고객에게 사과해야 한다고 말한다. 평준화를 실시하면 영업담당자 자신에게 도움이 된다는 것을 이해시키고 있는 것이다.

도요타식 기업개혁의 시작은 표준작업을 정하는 것부터!

수작업으로 스포츠카 '코펜'을 생산하는 이케다 공장은 수작업이 많은 사무실에서도 응용할 만한 아이디어를 많이 갖고 있다. 사람 손으로 일일이 코펜을 조립하는 현장은 얼핏 보면 이색적으로 비춰지지만, 여기에도 모회사인 도요타의 철학이 뿌리내리고 있다. 수작업으로 이루어지는 작업인 만큼, 작업원이 순서를 틀리지 않고 정해진 시간에 품격 높은 좋은 차를 완성해 내기 위한 지혜가 도처에서 발견된다. 코펜의 조립 공정에는 자세한 작업순서가 정해져 있으며, 각각의 작업마다 시간도 정해져 있다. 작업원은 자신의 위치에서 정해진 작업을 항상 같은 순서와 시간 사이클로 반복한다. 이것이 '표준작업'이다.

정해진 순서와 시간을 지키기 위해 다이하츠는 여러 장치를 준비했다. 머리 위에는 시간의 경과를 한 눈에 알 수 있게 페이스메이커가 되는 램프와 함께 동시에 소리로 시간경과를 알려주는 스피커가 설치되어 있다. 부품은 3단 트레이에 장착 순서대로 나란히 세워져 있다. 모든 작업이 끝나면 하나의 작업 사이클이 완료된다. 도중에 첫 번째 선반에 있는 부품이 없어지면 전체의 3분의 1 시간이 지났다는 것을 알 수 있다. 그리고 반대로 부품이 남으면 실수로 조립하지 않은 부품이 있다는 것도 알 수 있어, 즉시 '라인을 멈추는' 것이 가능하다. 이것이 이상(異常)의 '시각화'이다.

표준작업과 시각화는 표리일체

최근에 사무실과 점포에서 작업 진척상황이나 하치 장소 등을 시각화하는 움직임이 한창이다. 물론 그것 자체는 좋은 일이지만, 불필요한 움직임을 줄여 표준작업을 정하는 것과 시각화를 동시에 생각해야 한다. 표준화해서 작업이 반복되면, 앞으로의 움직임을 예측할 수 있으므로, 다음에 무엇을 하면 좋은지 눈으로 볼 수 있게 된다고 이와키 대표는 지적했다. 게시판을 이용해서 현 상황을 시각화하는 것도 좋지만, 그것만으로는 주변 사람들에게 묻거나 자료를 찾는 수고를 더는 정도의 효과밖에 얻을 수 없다. 도요타에서 말하는 진정한 시각화란 "말로 전달하지 않고 현장 사람들이 보는 것만으로도 동기부여가 될 수 있어야 한다"고 이와키 대표는 말했다.

그는 제조현장이든 사무실에서든 업무를 창조적인 작업과 반복적인 작업으로 나눠서 "반복되는 것은 표준화하고 지속해야 한다"고 강조했다. 그렇게 업무를 나누면 상태가 눈에 띄어, 개선하는 행동으로 이어진

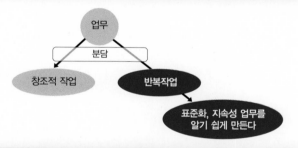

다. 이것은 또한 업무를 알기 쉽게 할 수 있고 더불어 현장이 정리·정돈
되어, 필요한 물건만을 정해진 장소에 놓는 규칙이 생긴다. 이렇게 되면,
물건의 '있다/없다'를 보는 것만으로도 누구든지 다음 행동으로 이어질
수 있게 된다. 간판이 돌아오면 작업을 시작하고 물건이 없으면 보충하
는 것과 같다. 이 기법은 어느 부서든지 공유해 사용할 수 있다.

다케우치도 "도요타에서는 맨 처음에 표준작업부터 정한다"고 밝히고
있다. 공장이든 물류센터든 심지어 소매점이든 똑같이 이루어진다. 물론
표준화를 할 수 없어 처음부터 포기하는 경우도 있을 것이다. 이때 다케우
치는 같은 업무를 하고 있는 사원을 관찰하고 그 중에서 가장 능숙한 사람
의 작업순서를 우선 표준작업으로 정하라고 조언한다. 거기에 맞추는 것
이 표준화작업이다.

가장 먼저 표준작업을 정해야 하는 이유

중요한 것은 도요타 표준작업은 순서와 시간이 세트로 이루어진다는
점이다. 능숙한 사원의 방식을 자세히 분석하여 각각의 작업을 비디오
로 찍거나, 스톱워치로 측정해서 표준 시간을 설정한다. 처음에는 그 순
서와 시간을 작업 단위로 정하고, 거기서부터 낭비와 원인을 찾아 개선
을 시작한다. 개선과정에서 좋은 방법이 발견되면 그것을 새로운 표준
작업으로 다시 표준 시간을 설정한다.

표준작업이 개선될 때마다 작업순서도를 다시 작성하여 실적 데이터
와 함께 눈에 띄는 장소에 게시한다. 다케우치의 말처럼 '현장에서 보
이지 않으면 없는 것과 마찬가지'이기 때문이다.

도요타에서는 표준작업의 순서와 시간을 작업의 '원 단위(原單位)'라

부른다. 이를 다케우치는 "원 단위가 바뀌는 것이 도요타의 개선이다"라고 강조한다. 이런 다케우치의 가르침에 공감한 고쿠요 로지스틱스의 가와구치(川口幸二郞) 부사장도 "다케우치는 우리 회사의 물류센터를 보자마자 이 작업의 원(原)단위는 무엇이냐고 물어왔다. 처음에는 무슨 말인지 모르고 당황했다"고 회상한다. 도요다자동직기는 고쿠요의 센터에 몰려가서 곧바로 표준작업을 만들기 시작했다. 이때 가와구치 부사장은 "표준작업을 만드는데 막대한 시간을 들이는 것이 얼마만큼 의미가 있는지 의문이 생겼다. 그러나 지금은 표준작업이 없는 개선은 있을 수 없다고 생각한다"고 고백했다.

도요타방식의 여섯 가지 실천사례⑥
도요타방식과 GE방식의 결합

미국 GE(제네럴 모터스)와 도요타자동차, 이렇게 미국과 일본을 대표하는 초우량 기업의 경영 개혁 기법이 만나 새로운 기법으로 탄생했다. 그것은 바로 '린 식스시그마'이다. 미국기업에서 활용한 식스시그마 기법은 일본에도 상륙하기 시작했다. 언뜻 보면 상반된 풍토를 가진 두 회사의 기법이 어떻게 융합되었을까? 또한, 어떤 위력을 갖고 있을까? 미국과 일본을 오가며 검증해 보았다.

GE 그룹
세계 최강 기업의 도요타식 승화 과정

변화를 계속하지 않으면 최강의 자리를 지킬 수 없다.

2005년 매출액 1497억 달러(18조 엔 이하), 영업이익 183억 달러(2조 엔 이상)이며 금융, 미디어, 제조 등에서 6대 사업을 전개하여 100개국 이상에 약 30만 명의 사원을 거느린 복합기업(Conglomerate)의 정점에 선 한 남자가 계속 대담한 시도를 하고 있다.

제프리 이멜트, 잭 웰치에게 2001년 9월에 바통을 이어 받은 GE의 최고경영자는 더 높은 곳을 추구하기 위해 세계 최강의 일각을 침범하기

GE식의 식스시그마와 도요타식 개선기법이 융합한 린 식스시그마

GE식 식스시그마
제품 불균형을 없앤다

+

도요타식 린(도요타식 개선)
낭비를 없앤다

새로운 기법

- 톱다운에 의한 프로젝트형 개선활동
- 데이터를 철저하게 수집, 분석해서 개선책 유도
- 범용성이 높은 통계 분석 툴에 충실

큰 문제를 차분하게 해결

- 현장주의의 자주적 · 지속적인 개선활동
- 풍부한 경험과 암묵적인 지식에 근거한 지혜로 개선책 유도
- 생선업무를 위한 개선장치 중심

가까운 곳에 있는 문제를 차례로 해결

린 식스시그마
철학
업무의 불균형과 낭비를 없앤다
도구
2개의 기법이 갖고 있는 툴을 병용
적용
영업, 생산 등 사내의 다양한 업무

시작한 도요타자동차에서 경영개혁 기법을 배우고 있는 것이다. 단순히 모방의 차원이 아니다. 희대의 카리스마 경영자가 쌓아 올린 경영 기법을 가능한 효과적으로 융화시키려는 작업을 거듭하고 있다.

1990년대 후반 잭 웰치는 주로 생산에 관한 업무개선 기법이었던 '식스시그마'를 회사 전체의 경영기법으로 발전시켰다. 최고경영자가 승인한 프로젝트팀이 데이터를 철저하게 수집, 분석함에 따라 회사의 모든 업무나 제품, 서비스 품질의 불균형을 최대한으로 줄여서 경쟁력을 향상시켰다. 그리고 현재 이멜트 최고경영자는 식스시그마에 도요타식 개선기법을 조합하여 GE식 '린 식스시그마(린SS)'를 확립한 상태다. 린은 '낭비가 없다, 군살이 없다'는 뜻으로 미국 산업계에서는 도요타식 개선의 대명사이기도 하다.

도요타방식의 특징은 끊임없는 현장주의에 기초한 낭비제거활동으로 제품이나 서비스의 품질향상과 비용절감을 실현하면서 업무속도를 올리는 것이다. 궁극적인 목표는 고객의 요구에 저스트 인 타임으로 대

■Ⅲ '도요타생산방식을 오랫동안 실
천한 경험을 살려, GE그룹 내에
서 린 식스시그마 전개를 리드하
는 것이 사명이다'라고 말하는
GE요코가와 메디컬시스템의 미
타니 사장

■Ⅲ 히노 공장. 대형 의료기구를 생산하고 있다. 린 식스시그마에 의해 풀
(pull)형 1개 흐름을 실현하고 있다.

응할 수 있도록 하는 것이다.

린 식스시그마는 그런 GE식과 도요타식 개혁기법의 좋은 점을 취합
한 것이다. 식스시그마와 도요타식을 융합시킴으로써, 식스시그마만으
로는 부족한 현장의 작은 문제도 개선하기 쉽게 만들 수 있다. 또 반대
로 도요타방식만으로는 메꾸기 힘든 거대하고 복잡한 문제를 쉽게 해
결할 수 있다. 크고 작은 다양한 문제해결과 불균형의 최소화로 빈틈없
는 낭비제거를 위해 이 두 가지 관점과 개선장치는 업무의 정확도와 개
선에 필요한 시간을 향상시킬 수 있다.

일본에서 시작된 최첨단 개선사례

GE의 게리 라이너 상급 부사장은 2003년에 도요타자동차의 켄터키
공장을 견학했다. 이 사람은 GE그룹 전체에 식스시그마 활동을 추진하
는 총책임자로 제조공정에서 낭비되는 시간을 철저하게 줄이고 대폭적

인 스피드 향상에 노력하는 도요타의 모습에 깊은 인상을 받았다고 했다. 도요타식을 배우는 데 있어 도요타의 현장을 둘러보는 것은 좋은 자극제가 되었을 것이다. 그러나 그것만으로는 불충분하다. GE는 2003년부터 도요타자동차 출신의 컨설턴트에게 공장의 업무개선 지도를 받으면서 식스시그마와의 융합과 다른 업무에 대한 응용방법을 끊임없이 모색하고 있다.

실제로 세계에 퍼져 있는 GE그룹 중에서 린 식스시그마를 사용하는 최첨단 실천기업이 일본에 있다. GE요코가와 메디컬시스템(GEYMS)이

▮▮▮ 대형 의료기구의 부품을 수납하는 선반. 어떤 부품부터 순서대로 꺼내야 하는지를 누구나 알 수 있도록 시각화 하고 있다.

바로 그 회사이다. 이 회사는 15년 전부터 여러 개의 국내 공장에서 도요타 생산방식에 착수하고 있으며, GE그룹의 어떤 회사보다도 린에 관한한 상당히 발전되어 있다고 자부할 수 있는 존재다. 또한 식스시그마와 도요타식 개선을 어떻게 하면 잘 융합시킬 수 있을지 실천을 통해서 적극적으로 모색하고 있다. GE식 린 식스시그마의 바람직한 모델을 찾고 있다.

GEYMS는 도요타식과 식스시그마를 병행한 개선 프로젝트를 공장과 본사에서 여러 번 실시했다. 미타니 사장은 "제조 부서에서의 린 실천 경험을 바탕으로 GE그룹 안에서 린 식스시그마의 전개를 리드하는 것이 당사의 사명이다"라고 말하고 있다.

보다 큰 재무효과를 위한 새로운 기법 도입

GEYMS의 이케다(池田)신시아 식스시그마 추진실장은 "린 식스시그마를 쓰면 식스시그마만 사용하는 것보다도 큰 재무효과를 기대할 수 있다"고 말한다.

하나의 프로젝트 팀이 개선, 해결하는 개수가 늘어나기 때문이다. 예를 들어 CT스캐너 등 대형 의료 기구를 제조하는 히노 공장에서 2003년 제1사분기부터 시작한 린 식스시그마에 의한 개선 프로젝트는 개선 후 2003년 10월까지 제조 리드타임의 편차가 거의 사라졌으며, 평균적으로 45%의 시간이 단축되었다. 그리고 연간 1억엔 이상의 비용절감 효과를 얻을 수 있었다.

이 프로젝트에서는 8개의 큰 문제와 73개의 작은 문제를 개선, 해소했다. 만약 식스시그마에서 이 프로젝트를 다뤘다면 73개나 되는 작은 문제에는 손을 쓰지 못했을 것이다. 어쩌면 문제가 존재한다는 것을 깨닫지 못했을 가능성마저 있다. 2005년 10월에는 마케팅, 개발, 제조, 판매, 고객 서비스의 5가지 사업부문에 걸쳐 간접업무 프로세스 개선 프로젝트도 시작했다. 이는 고객으로부터의 제품수주와 회수, 신제품 판매개시에 관한 승인이나 서류관리 등을 순조롭게 진행하는 것이 목적이다.

린 식스시그마로 여러 부서에 걸쳐 개선책을 짜는 일이 많다. 하지만 재무의 주요 문제밖에 다루지 못하기 때문에 결과적으로 지엽적인 부분의 개선에 그치기 쉽다. 린 식스시그마를 적용함에 따라 부서와 부서 사이에 숨어 있는 작은 문제까지 알 수 있게 된다.

GEYMS는 2004년부터 제조본부에 소속된 도요타식 개선기법에 해박한 인재를 각국의 GE 자회사에 파견하고 있다.

GE의 방향을 확고히 한 2006년

GEYMS를 포함한 GE그룹 전체는 2003년부터 새로운 기법을 각국에서 적극적으로 시험도입하고 있다. 이를 통해 처음 2년 동안에만 23억 달러의 효과를 얻었다고 한다. 그리고 2005년 GE 본사는 GE식 린 식스시그마에서 사용하는 문제해결 지원 장치세트를 확립했다. 즉 도요타식 개선으로 정의되는 여러 장치 중 어떤 것을 채택하여 식스시그마의 다양한 장치와 병용할 것인가를 정한 것이다. 이에 대해 이케다 추진 실장은 "빠르면 2006년 중에 새로운 기법을 사용한 프로젝트 표준절차나 새 기법을 회사전체에 전개하는 계획도 확고해진다"고 설명하면서 GEYMS에서의 실천을 통해서 얻은 린 식스시그마의 바람직한 실천 모델에 대한 아이디어를 미국에 보고하고 있다고 밝혔다.

사실 린 식스시그마를 처음 실시한 곳이 GE는 아니다. 현재 미국에는 많은 식스시그마 실천 기업이나 컨설팅 회사가 이 기법의 바람직한 실천모델을 추구하고 있다.

하니웰, 제록스, 화이자, 델이 그 대표적인 예라고 할 수 있다. 주된 계기는 미국 현지에서 도요타의 강한 면모를 똑똑히 확인한 데 있다. 린 식스시그마 도입 움직임은 그들의 일본 법인은 물론, 다른 거래처에까지 파급되기 시작됐다.

GE식과 도요타식의 약점 보완

21세기에 접어들면서 등장한 개념인 린 식스시그마, 그 새로운 기법에 먼저 주목한 것은 식스시그마를 실천한 미국기업이었다. 그렇다면 그들은 도요타식 개선 기법을 어떻게 활용할까?

현지 현물을 바탕으로 VSM을 작성하는 팀 조직

린 식스시그마는 정해진 형태의 접근법이 따로 없다. 실천기업 각 사가 자사만의 방식을 찾아 나가고 있다. 그렇더라도 보편적인 과정은 존재하며 여기서는 대부분의 미국 기업이 실천하는 방법을 소개하겠다. 린 식스시그마는 일반적으로 전임 팀 리더가 통솔하는 프로젝트 활동을 기본으로 한다. 취급하는 것은 큰 과제로 회사나 사업부서가 안고 있는 재무 임팩트에 관한 것이다. 사장이나 부서장의 승인을 거쳐 프로젝트가 시작되며 팀 리더는 식스시그마에서 '블랙벨트(BB)' 라고 부르는 프로젝트 전임자가 된다. 과제 진행(Facilitation)과 과제분석 등의 기술을 철저하

식스시그마 실천 기업이 평가하는 '벨류 스트림 맵(VSM)'의 예

현재 상황 (실제 작업시간) Tact Time (개별)	작업a	주고받기	작업b		작업c		작업d		작업e
	5분 1분	1시간 10분	30분 5분	30분 5분	10분 1분	5분 0분	5분 30초	10시간 20분	5분 3분

업무 프로세스 중의 부가가치 시간 시각화

부가가치가 있는 작업의 생산성 향상과 부가가치가 없는 작업이나 대기시간 감소를 목표로 한다

게 훈련받은 인재다. 훈련 프로그램은 대부분 컨설팅 회사가 만든다. BB는 우선 경영과제나 사업과제가 어떤 업무 프로세스에 해당하는지 판단하고 그 프로세스에 해박한 여러 인재를 팀 구성원으로 선발한다. 이때 구성원은 '그린벨트(GB)'라고 부르며, BB보다는 상대적으로 간단한 훈련 프로그램을 이수한다. 엄밀히 말하면 도요타식 개선 기법의 착안점이나 장치 사용법도 배우기 위한 훈련 프로그램으로 내용이 조금 다르긴 하지만 지금까지의 접근방식은 식스시그마 그 자체였다. 새로운 기법의 핵심은 앞으로 만들어 나가는 것이다. 프로젝트 구성원이 모이면 '벨류 스트림 맵(Value Stream Mapping, VSM)'을 만든다. 이것은 도요타식 개선에서 말하는 '가치의 흐름을 만드는 작업'에 해당하며, 개선 대상이 될 업무프로세스를 도식화한 것이다. 프로세스를 구성하는 각 공정의 실제 작업시간, 실제 공정과 공정 사이에 걸리는 시간도 기입한다. VSM에는 '택트 타임(Tact Time)'도 기재한다. 이것은 고객의 실제수요에 맞춘 적정한 작업시간을 의미하는 것으로, 예를 들어 1일에 20개의 주문이 오는 제품의 택트타임은 작업자의 1일 근무시간 8시간을 기분으로 24분이 되고, 이 수치를 토대로 각 공정의 목표 작업시간을 정한다.

세계 최대의 제약회사인 화이자 제약의 존 스코트 RFT담당 부사장은 "식스시그마에 린을 융합시킨 이 방식의 최대 매력은 VSM이라는 장치가 추가된 것이다"라고 강조한다. VSM을 만들 때 프로젝트팀은 반드시 현장에 직접 방문해서 스스로 작업시간을 측정한다. 그 밑바탕에 있는 것이 바로 도요타식의 '현지 현물' 발상이다. 프로젝트팀은 나아가 정리 · 정돈을 현장에 촉구한다.

도요타식 개선과 DMAIC의 구분 사용

VSM이 완성되면 가치 있는 작업과 그렇지 않은 작업을 선별한다. 가치가 있는 작업은 시간단축을, 가치가 없는 작업은 제거 가능성을 검토한다. 이런 각각의 문제점 중 개선책을 도출해내기가 비교적 간편할 것으로 생각되는 것은 도요타식 '개선(Kaizen)'으로 대처한다. 또한 복잡한 문제는 식스시그마의 기본 해결순서인 'DMAIC(정의-측정-분석-개선-제어)'로 대처한다. 개선은 몇 시간에서 일주일 사이에, DMAIC는 몇 개월에서 반년 사이에 끝마치는 것을 기준으로 한다. 이때 개선에서는 현장의 소집단이 아이디어를 창출한다. 이 때 BB는 각 현장에 실제로 방문하여 현장에 존재하는 문제점을 인식하게 하고 개선 방향성을 보여주는 역할을 맡는다. 앞에 나온 GE 요코가와 메디컬시스템에서 린 식스시그마를 실천한 후쿠다 제조본부장은 "처음부터 문제를 100% 해결하려고 고민하지 말고, 60%라도 괜찮으니까 우선 시도해 보고, 이것을 반복한다"라고 설명한다. 이상이 생긴 것을 발견하기 쉽게 하고 지속적인 개선을 촉진하기 위해 눈으로 보는 관리가 가능한 개선책을 내 놓는 것이다. 그러는 한편 DMAIC 활동에서는 프로젝트팀이 개선책을 만들어서 문제와 관련된 데이터를 철저하게 수집한 후 통계분석 장치를 사용하여 현 상황을 파악한다. 문제의 진짜 원인을 과학적으로 찾아내는 것이다. 나아가 여러 가지 개선안을 생각하고 그 실현 가능성이나 예상효과도 통계 분석 프로그램 등으로 측정한다.

DMAIC에는 통계분석 등 다수의 문제해결 지원 프로그램이 준비되어 있다. 5단계인 DMAIC의 어디에서 어떤 프로그램을 사용할 것인가는 BB가 결정한다. 종래의 식스시그마 DMAIC보다 린 식스시그마의

DMAIC의 프로그램 종류가 많은 이유는 도요타식 프로그램을 추가했기 때문이다. 이렇게 해서 하나의 프로젝트 안에 여러 개의 DMAIC와 개선이 실시되어 근본적인 경영과제나 사업과제가 해결되게 된다.

도요타방식의 약점

지금까지 보았던 접근법은 어디까지나 하나의 예일 뿐이다. 다만 린 식스시그마는 식스시그마의 약점이나 사각지대를 보충, 보완하기 위한 기법이라는 점에서는 같다. 식스시그마는 강력한 통계분석 프로그램을 많이 갖추고 있는데 그런 점 때문에 BB가 현장을 충분히 이해하지 않고 프로그램에 의지하게 되어 개선책이 탁상공론으로 흐르기 쉽다. 그리고 식스시그마는 품질이 균일하지 않게 하는 낭비나 문제점 해결, 그 개선책을 이끌어 내는 방법을 명시하고 있지 않다. 팀은 방대한 데이터나 통계프로그램과 씨름하지만, 결국은 BB의 감각에 의지하기 쉬운 취약점이 있다. GEYMS의 미타니 사장은 "한 번에 좋은 개선책을 찾지 못하는 경우도 많은 것을 감안해서 DMAIC의 분석과 개선, 이 두 가지를 여러 번 반복한다"고 밝힌다.

하지만 린 식스시그마에는 도요타식 개선 기법이 마련한 낭비나 이상을 찾아내는 방법, 개선책이 포함되어 있다. 현장실태에 따른 세밀한 개선책을 위한 지혜를 짜낼 필요는 있지만 '눈으로 보는 관리', '평준화', '간판(작업지시서)', '다섯 번의 왜라고 묻기' 등의 실천적인 장치가 포함되어 있다. 또한 린 식스시그마는 도요타식과 같이 '현지 현물'을 강조한다. 현장을 차분히 관찰하지 않고 탁상공론을 펼치는 나쁜 습관을 불식시켜야 하기 때문이다. 린 식스시그마에 착수한 기업들 중에는 식스시그마를 실천했던 기업들만 있는 것은 아니다. GEYMS처럼 도요타식 개선을 추진하는 기업이 식스시그마의 이점을 도입하는 예도 있다.

도요타식 개선기법이 만병통치약은 아니다. 때문에 도요타방식을 실천하는 기업 입장에서도 린 식스시그마는 매력적이다. 예를 들어 IBM 비즈니스 컨설팅 서비스의 사이토(齊藤高樹) 인더스트리얼 사업본부 매니징컨설턴트는 "도요타방식은 작은 개선에 그치기 쉬우며, 큰 개혁이 되기 어렵다"라고 지적한다. 도요타방식 실천한 기업 중에는 린 식스시그마 활동의 출발점이 톱다운 프로젝트라는 것에 매력을 느낄 수도 있을 것이다. 또한 DMAIC 활동의 현상을 가능한 정량화하고 현 상황을 파악·분석하여 개선책 결과도 수치화하는 것을 높이 평가하는 기업도 있다.

현 시점에서는 미국 기업이 실천하는 린 식스시그마의 대부분은 도요타처럼 '지속적' 개선까지 깊게 염두에 두는 것 같지는 않다. 프로젝트 기간 중에는 현장에 계속해서 개선촉구를 하지만 그 후에는 결과만 유지하는데 그치는 경우가 많다. 도요타는 '개선에 끝은 없다'는 철학을 가지고 있다. 도요타식 프로그램이 최대한 위력을 발휘하는 것은 이러한 생각을 사장부터 현장 사원들까지 가슴에 새기는 것에 있다. 이 점에서 린 식스시그마는 '도요타식보다 식스시그마를 수용하고 있다'고 할 수 있다. 물론 그것을 단점이라고는 말할 수 없다. 일본 내에 있는 델의 린 식스시그마의 도입추진 역할을 맡은 고스케(小聟一憲) BPI 매니저는, '외국계 기업처럼 입·퇴직이 활발한 환경에서는 기간이 한정된 이벤트성 개선활동이 큰 효과를 낼 수 있다'고 지적한다.

식스시그마와 도요타방식의 비교분석

고객의 관점에서 업무나 제품, 서비스를 살펴보고,
QCD의 불균형을 최소화한다.

식 스 시 그 마

사상
- 세심하고 엄격하게 개선 프로젝트 순서를 규정
- 고도의 통계분석 기법을 바탕해 프로그램이 풍부

착안점
- 수치 데이터와 통계 그래프로 상황과 변화를 항상 시각화
- 수익과 직결되는 과제에 몰입
- 철저하게 훈련받은 '블랙 벨트'가 이끄는 프로젝트 활동에 몰입

합리적
과학적

도구(Tool)
- 사원 교체가 극심함
- 다른 타입의 가치관을 가진 기업
- 강력한 톱다운 매니지먼트

적응기업

낭비를 없애고, 기탈 목표로, 사람은 부가가치를 생산해 내는
일에 주력

7가지 낭비

사상
- 자동화(라인을 자동정지하여, 문제의 조기해결을 먹는다)
- 생산량이 평준화(사람과 시설이 과부하를 막는다)
- 눈으로 확인하는 관리가 가능한 개선책 고안
- 업무 순서의 표준화(현장 개선을 촉구한다)

지속적
사원존중

착안점
- 단순하지만 높은 관철력과 통찰력을 요구하는 틀이 다양함
- 기탈 추구하기 위한 구체적인 대응방법의 연비

도구(Tool)
- 경영자나 리더도 현지 현물을 철저하게 지키고, 현장을 존중
- 팀워크나 소집단 활동 중시
- 지속적 개선을 중시하는 문화를 정립하기 위해 투자(장기채용 등)

적응기업

2. 실천_기업개혁 성공비결을 말한다 · 185

마키 카즈토시 제넥스 파트너스 대표 파트너

 기고

식스시그마의 천도, 제3세대가 일본에 상륙

'식스시그마'가 국경을 넘어온 과정을 추적해보면, 미일 간에 개선 노하우를 공으로 삼아 마치 캐치볼을 하는 것처럼 보인다. 식스시그마는 1980년대 초반에 미국 모토로라가 개발한 비교적 오래된 방식이다. 모토로라는 당시 세계를 석권하던 일본 제조업의 QC(품질 관리)활동을 연구한 끝에 이 기법을 고안해 냈다. 사실 QC를 일본에 전파한 것은 GHQ(유엔군 총사령부)에서 파견한 에드워드 데밍을 필두로 한 미국 산업계였다. 그들은 본국에서 경시받던 QC를 세계2차대전 전후의 일본에서 꽃피웠던 것이다. 모토로라의 식스시그마는 품질 관리를 중심으로 한 통계적 분석기법에 주안점을 두었다. 이것을 이 책에서는 '제1세대 식스시그마'로 부르기로 한다. 제1세대는 꾸준히 확대되어 90년대에는 미국 IBM이나 보잉사 등 대부분의 첨단산업체들이 실천하게 되었다. 그러나 실험대상이 된 일본기업에서는 큰 효과를 보지 못했다. 식스시그마에 일본기업이 관심을 보인 것은 1995년에 미국 GE에서 시작한 '제2세대 식스시그마'다. 잭 웰치 CEO의 강력한 리더십 아래 전 세계 사업소에서 재무적인 성과를 단숨에 창출하고 월가의 주가를 끌어 올리자 GE의 놀라운 성과에 주목하던 대부분의 미국기업이 식스시그마를 도입했기 때문이었다. 조사에 의하면 한때 포춘 500개 사의 70%가 도입했다고 한다. 이러한 제2세대의 특징은 실천을 통한 매니지먼트 인재 육성과 재무성과 창출을 동시에 내걸었던 점이다.

본질의 변화를 간파하지 못함에 대한 반성

일본에서도 97년 무렵부터 소니, 도시바 등 전자업체를 중심으로 이 기법을 잇달아 도입했다. 그러나 큰 성과를 내지 못하거나 회사 전체의 활동으로까지 확산되지 않았다. 이유는 세 가지로 생각할 수 있다.

우선 해결해야 하는 경영과제 선택 방식과 오너십에 대한 판단 착오가 있었다. 식스시그마에는 '챔피언'이라고 불리는 부장급 사원이 과제를 '바이트(한 입)사이즈'로 분해해야 한다. 하지만 이를 실천하기 위한 기술을 중요시하지 않고 개인의 경험에만 의존하는 오류를 범했다. 다음으로는 활동 실천리더인 '블랙벨트'에게 통계분석 프로그램을 습득시키기만 하면 된다고 착각했다. 원래대로라면 블랙벨트에게는 단순화하는 능력 등 사내 컨설턴트로서의 기술이 필수적이다. 그리고 마지막으로 식스시그마를 자사 방식의 문제 해결기법으로 승화시키는 그림을 그려내지 못했다. 반면에 제2세대의 본질을 이해해고 본격적으로 학습해 성공으로 이끈 기업도 상당수 있었다. 성공기업의 대부분은 철저히 자사만의 방식을 실현하고 '식스시그마'라고 부르지 않았기 때문에, 세간에는 알려지지 않았지만 호시노 리조트 같은 성장기업을 비롯하여 조직 활성화에 접근함으로써 실적을 올릴 수 있었다.

하니웰의 프로젝트를 확인하는 CEO

뉴욕 맨해튼 지구에서 남서쪽으로 약 30킬로미터 떨어진 뉴저지 주 모리스타운에 본사를 둔 미국 하니웰 인터내셔널은 항공기 엔진과 각종 부품 등을 제조하는 회사로서, 식스시그마를 도입한 지 12년이나 되었다. 이 회사는 식스시그마의 선구적인 사례로 반도체 제조업체인 미국 모토로라에 이어 매우 유명해졌다. 도입 당초에는 생산업무의 개선이 목적이었지만, 점차 기법의 적용범위를 확산시켜 나갔다. 또한 도요타식 개선 사고방식과 프로그램을 서서히 받아들여 하니웰 독자적인 린 식스시그마 '식스시그마 플러스(SSP)'로 진화시켰던 것이다. 이에 대해 "SSP는 2004년에 프로젝트 장치에서, 회사 전체의 매니지먼트 시스템으로 자리매김했다"고 식스시그마 & 오퍼레이션담당 부사장인 윌리엄 램지는 설명한다.

매출액 250억 달러 이상, 사원 10만 9000명의 거대기업은 2004년, SSP를 한 단계 더 진화시켰다. 명실상부하게 회사 전체에 식스시그마 플러스를 추진한 것이다. SSP프로젝트에 대해서도 누구나 참여할 수 있도록 모든 사원에게 그린벨트(GB) 연수를 필수사항으로 적용하여 수강 유무를 인사고과에 반영시켰다. GE연수는 일반적으로 과장급 사원 중 비교적 우수한 인재를 대상으로 실시하는 것으로, 모든 사원이 GB 연수를 받은 예는 거의 없다. 이 점은 SSP에 거는 하니웰의 기대감이 잘 나타나 있는 대목으로 실제로 95%의 사원이 GB연수 수강을 마친 상태

연수는 집합연수와 e러닝으로 이루어진다. 다만, "하니웰에게 있어 중요한 것은 무엇인가라는 가치관을 공유하기가 쉽기 때문에 집합 연수를 중시한다"고 램지 부사장은 설명하고 있다.

하니웰은 현재, ①제조 ②설계·개발 ③경리재무·인사·IT의 세 가지 부문을 핵심 분야로 자리매김하여 적극적으로 SSP 프로젝트를 구성하고 있다. 이 세 가지 분야에서 쓰는 SSP내용은 조금씩 다르다.

①의 제조부문에서 쓰는 SSP는 도요타생산방식 그 자체에 가깝다. 프런트 매니저가 공장 전체를 본다. 그 아래의 현장 감독마다 팀을 만들고, 팀 별로 자율적인 개선활동을 거듭하는 체제로 2004년에 바꿨다.

"공장에서도 필요에 따라 식스시그마의 통계분석 프로그램을 사용하기도 하지만, 간판(Kanban)과 안돈(Andon), 포카요케(Pokayoke : 경고음)를 도입하여, 눈으로 보는 관리를 철저하게 실천하면서 짧은 간격으로 낭비제거를 위한 개선을 반복한다. 생산라인이나 공작기계에는 자동화 설비가 이루어져 있다. 이때 낭비를 발견하는 것은 감독자의 역할이며, 개선의 지혜를 짜내는 것은 팀 구성원들이다. "우리 회사는 생산량 평준화를 시도하면서 섬세한 저스트 인 타임을 목표로 하고 있다"고 램지 부사장은 영어와 일본어를 섞어가면서 설명했다. 이것으로 봐서 하니웰은 도요타생산방식을 제대로 소화하고 있는 것으로 보인다.

각 나라마다 거점을 둔 거대기업에 한 가지 경영 기법을 활성화시키려면 최고경영자가 앞장서서 개혁을 정착시키기 위한 역할을 하지 않으면 안 된다. 하니웰의 데이빗 코트 CEO는 프로젝트팀을 직접 방문하여 "프로세스 맵을 보여 달라"고 말을 한다. 램지 부사장은 린 식스시그마기법의 정착에 대한 최고경영자의 행동이 중요하다고 주장한다. "CEO가 기법의 사용법이나 효과를 알기 쉽게, 사원에게 계속해서 언급한다. 게다가 매뉴얼 문서나 여러 기회를 통해서, 주주나 고객에 대해서도 계속 이야기한다. 이런 행동이 결과를 좌우한다"고 말하고 있다.

회사 전체의 '공통언어'를 만든 제록스

맨하튼 지구에서 비행기를 타고 북서쪽으로 400킬로미터를 날아간 뉴욕주 서부의 웹스타에는 재탄생한 제록스를 상징하는 '질하치 센터'가 있다. 연구·개발시설에 인접한 이 시설은 엔지니어가 고객에게 직접 제품설명을 하는 획기적인 시설이다. 화려한 역사를 자랑하던 제록스는 2000년에 2억 7300만 달러나 되는 적자를 기록하면서 경영 위기에 빠졌었다. 그리고 그로부터 5년 후, 순이익을 9억 7800만 달러까지 회복했다.

이런 제록스의 부활을 뒷받침한 것은 조지 마즐 이사가 추진하는 제록스 린 식스시그마였다. 이 제도는 2003년 1월에 도입한 것으로 린은 업무 속도와 비용을, 식스시그마는 기업문화와 품질의 불균형을 개선하는 장점을 가지고 있다. 그리고 이 두 가지를 병행하면 제록스와 같은 효과를 단기간에 얻을 수도 있다. 하지만 제록스는 미국의 다른 기업과는 달리 식스시그마에서 린 식스시그마로 발전한 것이 아니다. 린 식스시그마 컨설팅 회사로 유명한 미국 조지 그룹의 도움을 통해 식스시그마 도입 경험이 거의 없는 상태에서 회사 전체에 단숨에 전개하기 시작했다. 제록스는 약 3년 만에 1500건의 프로젝트를 시작하고 1건당 평균 20만 달러의 수익효과를 달성했다. 그리고 이러한 성공 비결은 2000년에 최고경영자에 취임한 '앤 말케이히'의 리더십으로 시작되었다. 회사 전체에 도입하기로 결정한 것도 이 사람이며, 모든 사원보다 앞서서

2002년 11월에 연수를 받은 것도 말케이히를 포함한 25명의 임원들일 정도로 앞장서서 노력했다. 이처럼 최고경영자가 솔선수범하면 회사 전체에 파급되기 쉬운 분위기가 조성될 수 있다. 이에 대해 말케이히는 "린 식스시그마는 회사의 가치관을 재구축한다. 이것은 회사의 규율이고 기반이다"라고 설명했다.

제록스는 전 세계에 총 5만 8000명의 사원이 있다. 그 중 3만 명이 '옐로벨트(YB) 연수' 수강을 마쳤다. 이것도 성과를 이룬 요인일 것이다. 린 식스시그마를 채택한 기업은 통상적으로 식스시그마를 채택한 기업과 같이 BB연수와 GB연수를 정기적으로 실시한다. 하지만 YB연수는 그리 자주 사용하는 연수 프로그램은 아니다. 통상 프로젝트 팀에게는 사용하지 않고 신입 사원을 대상으로 한다. 이처럼 현장력을 높이고자 하는 노력이 린 식스시그마를 정착시키는 데에 중요한 의미를 지닌다. 도요타식 개선을 배우기 위해서는 회사 전체 임직원이 참여하는 것이 필수적이다.

BB연수는 5주에 걸쳐 단순화 스킬이나 통계분석을 비롯해 각종 분석 프로그램의 상세한 사용법을 배운다. BB연수라고 해도 린 식스시그마 대상이기 때문에 벨류 스트림 맵(VSM)의 능숙한 기술도 배운다. 그리고 평균 6개월의 프로젝트를 2년 만에 2~3개씩 통솔하여 총 500만 달러 이상의 성과를 요구한다. 참고로 GB연수는 1주일이 소요되며 20~40시간의 e러닝도 함께 받는다. 현재 BB

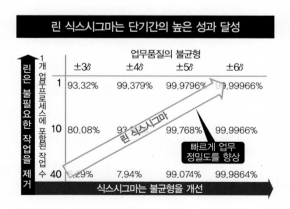

린 식스시그마는 단기간의 높은 성과 달성

	업무품질의 불균형			
	±3δ	±4δ	±5δ	±6δ
1	93.32%	99.379%	99.9796%	99.99966%
10	80.08%	93	99.768%	99.9966%
40	6.29%	7.94%	99.074%	99.9864%

(세로축) 린은 불필요한 작업을 제거 / 1개 업무프로세스에 포함된 작업 수

린 식스시그마

빠르게 업무 정밀도를 향상

식스시그마는 불균형을 개선

는 600명, GB는 3500명이 있다.

상대적으로 YB연수는 문턱이 낮은 편이라고 할 수 있다. 12~15시간의 e러닝만으로 교육이 끝난다. 제록스는 린 식스시그마를 제조, 설계, IT, 판매, 경리, 인사 등 모든 업무에 적용하지만 YB연수 덕분에 프로젝트팀과 현장의 의사소통이 순조롭다. 이에 대해 마즐 이사는 "린 식스시그마에서 쓰는 수많은 용어가 공통언어가 된다"고 설명했다.

화이자의 '다함께, 초조해 하지 말고' 라는 교훈

매년 매출액이 500억 달러를 상회하는 세계 최대 제약회사인 미국의 화이자 제약은 2000년에 미국 워너 램버트, 2003년에 스웨덴의 팔마시아를 합병했다. '리피톨', '비아그라', '니코렛' 등 다수의 황금알을 낳는 브랜드를 보유하고 있다. 맨하튼 지구에 본사 건물을 세운 창립 150년이 넘은 화이자 제약은 회사전체가 공통된 상품견해와 시스템 체크 방식 업무개선 기법을 추구했다. 이는 거대화된 조직팽창의 폐해를 없애고 기업문화의 벽도 없애기 위해서다. 그것이 2004년 1월에 본격적으로 도입을 시작한 'RFT(라이트 퍼스트 타임)'이다.

RFT는 전체 업무의 '재실행 제로'를 위한 모든 활동의 총칭이기도 하다. 이 활동에서 사용하는 업무개선 기법으로는 식스시그마를 채택했는데 2006년 중반을 시점으로 도요타식 개혁 사상과 프로그램을 포함하고 있다. 현재 RFT를 도입한 곳은 제조 부문인 PGM(Pfizer · Global · Manufacturing)이다. PGM은 각지에 공장을 가지고 있으며 간접업무를 담당하는 직원이 별도로 있다. RFT를 사용한 개선대상 업무는 제조, 품질 관리, 문서 활용(경리정산 등)이다. 화이자도 BB연수나 GB연수와는 별도로 간단한 YB연수를 만들었다. "모두가 빨리 활동을 시작하게 하라!"
고 존 스콧 RFT담당부사장은 목적을 밝힌다. 식스시그마만을 먼저 도
입한 이유에 대해서는 이렇게 설명한다. "린을 성공적으로 추진하기 위
해서는 PGM의 업무 프로세스를 사전에 더욱 안정시킨 상태 즉, 불균형
을 최소화한 상태로 만들 필요가 있다고 판단했다. 그렇기 때문에, 우선
식스시그마로 불균형을 개선한다."

'다함께 그리고 초조해 하지 말고 도입한다.' 이것이 화이자의 교훈
이다.

통상적인 업무는 DMAIC로 수행하는 소니

미국에는 이미 소개한 기업 외에도 린 식스시그마를 실천하는 기업이
계속해서 등장하고 있다. 대표적인 예를 들자면 '쓰리엠'을 들 수 있다.
또한 썬마이크로시스템즈, 코카콜라, 맥도날드, 보잉, 뱅크 오브 아메리
카 등 다양한 기업이 식스시그마까지 실천 단계를 마쳤고, 이른바 린 식
스시그마 체제로 돌입하려고 준비중에 있다. 그렇다면, 일본 기업들에게
도 린 식스시그마가 보급될 가능성이 있지 않을까? 라는 의문을 가질 수
있을 것이다. 일본 기업에서 유명한 식스시그마 도입 사례를 들자면 소
니, 도시바, 시마노, 시네츠 화학공업 등을 언급할 수 있다. 이 회사들은
대부분 1990년대 후반에 도입한 공통점이 있다. 이 중에서 소니는 1992
년부터 제조부문에서 도요타생산방식을 도입하여 '생산혁명'을 외쳤
다. 1997년도부터는 식스시그마 'SSS(소니 식스시그마)'를 추가했다. "오
늘 하려는 낭비 제거는 생산혁신으로, 시간을 들여서 하려는 논리적인
불균형 개선은 식스시그마로 대처하고 있다"고 오쿠다(奧田啓之) 소니

EMCS 경영관리부문 SSS담당부장은 말한다. 두 가지 기법을 단순하게 나눠 사용하고 있다고 설명했다. 예전에 소니는 SSS를 회사 전체의 업무개혁으로 채택하려고 했으나 순조롭지 못했다. 통계분석을 너무 중시했기 때문에 직원들은 제조부문 외의 다른 일은 '나와는 상관없다'고 생각했기 때문이었다. 2000년 2월, 이대로는 안되겠다고 판단한 이데이(出井伸之) CEO(당시)가 'SSS 글로벌 추진실'을 설립했다. 또한 SSS를 글로벌하게 회사 전체에 전개하기 위해서 교과서도 만들었다. 그리고 사원의 직급에 따라 WB(White Belt)연수, YB연수, GB연수, BB연수를 각각 도입했다. SSS는 회사 전체에 확산되어, BB와 GB가 약 2만 명이 생겨나고 연 1만 건의 프로젝트를 취급하고 있다. 소니의 SSS는 다나카 SSS글로벌추진실 글로벌프로모션 담당부장의 "프로젝트라고 하기보다 통상적인 업무의 일부를 DMAIC 순서로 하는 수준이다"라는 말처럼 제조 외에서 재무적 효과가 나타나기는 하지만 아직은 부족하다. 다만 향후에 달라질 가능성은 있다. 말단 사원들까지 참여하고 있다는 점에서 현장력을 필요로 하는 린 식스시그마로 발전해 나갈 토양이 마련되었기 때문이다.

3

현장 _ 13개 회사의
개혁 현장을
방문하다

도요타방식의 현장 실천과정
이토 요카도의 사례

12명의 멤버가 2년반 만에 9개 점포 회생

2005년 10월 22일 아침, 세븐&아이 홀딩스의 최고운영책임자(COO)인 무라다(村田紀敏) 사장은 도호쿠 지방에 있었다. 이와키시에 있는 이토 요카도 타이라점(사진)의 변모한 모습을 시찰하기 위해서다. 무라다 사장이 타이라점에 도착한 오전 9시 30분에는 개점 준비에 쫓기는 점원 등 총 100명 이상이 정문 앞에 집결해 있었다. 그리고 타이라점의 작업개선 '최종보고회'의 막이 열리고 무라다 사장과 도쿄에서 온 본부 사원에게 타이라점의 개선내용에 대해 설명했다. 이때 선두에 선 것은 히라가(平賀信年) 점포개선 프로젝트 리더였다. 그는 이토 요카도에서 도요타식 점포개혁을 추진한 장본인이었다.

도요타생산방식으로 점포개혁에 성공하기 위한 4가지 조건
1 개혁의 시작은 정리·정돈에 의한 재고의 시각화
2 상품을 찾기 쉽게 고객 기준에 맞게 진열
3 적은 공수와 자율적으로 일할 수 있는 점포
4 점원의 성장과 접객 향상을 촉진하는 인재 만들기

재고 발견은 개선의 시작

최종 보고회 3개월 전인 7월 하순, 타이라 점에 12명의 남자가 찾아왔다. 히라가를 리더로 하는 '점포작업 개선 프로젝트'의 구성원들이다. 개선팀으로 선발된 12명은 점포 가까이에 월세로 맨션을 임대하여 3개월 동안 상주하면서 현장 점원들과 함께 작업순서나 매장만들기를 개선한다. 그들은 단신 부임해서 3개월간의 점포개혁을 마치면, 다음 점포로 이동하는 생활을 2년 반 가량 계속해 오고 있다. 토호쿠 지방 출신이 대부분인 그들은 이전까지는 도쿄 아다치구(東京都 足立區)에 있는 다케노츠카

▌▌▌ 이와키시에 있는 이토 요카도 타이라점

점에서 점포개혁을 마친 후, 다소 생소한 타이라점에서 10월 22일 최종 보고회까지 활동했다. 그리고 다음날부터 바로 치바현의 후네바시점으로 이동했다. 이것은 타이라점에서 3개월 동안 이루어진 작업개선활동을 밀착 취재한 내용이다. 우선은 그 전체적인 내용을 소개하고, 그 다음은 종합 수퍼마켓 3대 매장인 식품, 가정용품과 일용품, 의류를 각 매장별로 개선 내용을 다루도록 하겠다. 먼저 결론부터 말하자면, 어떤 매장이든 도요타식 점포개선의 첫걸음은 이토 요카도처럼 정리·정돈에 의한 '재고의 시각화'부터 시작된다. 극단적으로 말하자면 이것만 철저하게 실행해도 매장은 크게 달라질 수 있다. 이토 요카도는 이런 효과를 타이라점을 포함한 9개 점포에서 실제로 증명해 보였다. 매장과 창고에서 재고의 유무를 한눈에 알 수 있다면, 고객은 쇼핑하기 쉬워지고

점원 또한 상품 출고나 보충이 효율적으로 이루어진다. 무엇보다 고객 입장에서 쇼핑하기 편리한 매장을 유지할 수 있게 되는 것이다. 더불어 점내 여기저기서 발견되던 낭비가 자연히 사라지게 된다. 타이라점의 이익은 2005년 9월 한 달 만에 전년 동기대비 '증가세'로 돌아섰다. 개선작업을 3개월 동안 지속한 것만으로도 재고와 가격인하 로스가 감소하면서 이익률이 회복된 것이다. 동시에 점원의 작업 공정(실제 노동시간)도 줄어서 인건비를 절감할 수 있었다. 그것이 9월 이익증가에 크게 공헌했다. 히라가 리더는 "실천하면 반드시 결과는 나온다. 좋아진다는 것을 알고 있는 이상 실천만 하면 된다"고 단언한다.

일본의 전반적인 경기 부진은 이토 요카도도 예외는 아니어서, 2005년 2월기에는 단일 매출액과 경상이익이 모두 전년에 미치지 못하는 수준이었다. 그래도 지금까지는 수익이 꽤 괜찮았던 자회사 '세븐일레븐 재팬'에서 나오는 배당금으로 유지해 왔다. 그러나 이토 요카도와 세븐일레븐에 데니즈 재팬을 더한 3개 사의 지주회사인 '세븐&아이'가 탄생한 후부터는 어떤 결정을 내려야만 했다. 이에 대해 무라다 사장은 타이라점에서 열린 최종 보고회에서 "세븐일레븐에서 나오는 배당금이 사라졌다. 이제 단독으로 이익을 내지 않으면 안 되는 상황에 놓인 것이다. 모든 지점에 작업개선을 정착시키고 남은 비용을 점포 새 단장 비용으로 돌리는 것이 필요하다"라는 결론을 내렸다. 이토 요카도는 수익성이 나쁜 점포를 폐쇄한다는 방침을 발표하면서 배수의 진을 치는 각오로 개선작업에 필사적이었다.

이토 요카도는 의류분야에 능력 있는 바이어를 영입하여 상품개발과 디자인 부문을 대폭지원하고 있다. 영업자의 상품개혁은 주목 받았고 다른 한편으로 이토 요카도는 도요타식 개선 프로젝트를 착실히 진행

하고 있다. 지금의 이토 요카도에는 양쪽 모두 필수적이다. 이 두 가지
가 바로 개혁의 양대 축이다.

도요타식 개선에서 수평전개로 발전

애당초 이토 요카도의 도요타식 점포개선은 2003년 4월에 사이타마
현 오오미야점에서부터 시작됐다. 오오미야점에서는 도요다자동직기
에서 직접 점포개혁 컨설팅을 받아서 식품매장을 시작으로 개선을 개
시했다. 이런 과정에서 지금까지의 이토 요카도식 업무방식은 암암리
에 계속 부정되었으며 "우리들에게도 오랜 세월동안 우리가 지켜온 자
존심이 있어 서로 아예 말을 하지 않
는 경우까지 있었다"고 히라가 리더
는 회고한다. 그래도 반년간의 개선
기간 중 후반에는 '고객의 입장에서
작업의 흐름을 다시 생각한다', '사람
이 일하기 쉬운 환경을 마련한다'와
같은 도요타의 기본 철학을 이해할
수 있게 되어 감동적으로 개선활동을
끝낼 수 있었다. 그 후 오오미야점의
히라가 매니저가 점포개선 프로젝트
리더에 취임하면서부터 작업개선을
추진하던 매장을 식품에서 주거와 의
류 매장까지 확대했다. 그리고 사내
의 여러 부서에서 모인 개선 구성원

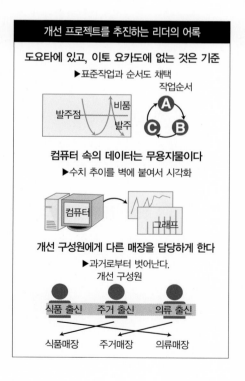

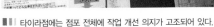 타이라점에는 점포 전체에 작업 개선 의지가 고조되어 있다.

매일 재고나 비인기상품의 비율 추이 등을 벽에 붙이는 시각화를 한다.

에게는 일부러 자신의 전문매장이 아닌 다른 매장을 담당하게 했다. 식품 매장 출신인 사람에게 의류매장을 개선시키려는 의도였다. 이렇게 함으로써 과거에 얽매이거나 고정관념을 경계할 수 있었다. 개선을 시작한 점포의 각 매장 책임자에게는 재고나 비인기상품 비율의 일별 또는 주별 목표에 관한 내용을 벽에 붙이고 게시판을 매일 아침마다 작성하라고 지시했다. 매장 데이터를 자꾸만 노출시킴으로써 현장에서 어떤 일이 일어나고 있는지를 시각화했다.

도요타와 이토 요카도의 차이점 인식

'이토 요카도'라고 하면 1982년부터 계속되는 업무개혁이 유명하다. 지금도 매주 업무개혁에 참가하고 있는 히라가 리더에 의하면 "도요타의 개선과 이토 요카도의 업무개혁의 기본 철학은 같다"고 한다. 단 한 가지 차이점은 '도요타에는 모든 것에 기준이 있다는 것이다. 그에 대한 반성으로 히라가 리더는 이토 요카도에서도 정리·정돈과 점내물류, 공정수 절감, 비품발주 등에 대한 각 매장별 기준 만들기를 실천하기로 했다. 기준이 마련되지 않으면 현장에서 도요타식 점포개혁을 자력으로 지속할 수 없게 된다. 실제로 1~2년 전에 작업개선을 진행했던 점포 중에는 이미 가격인하 로스가 악화된 곳도 있어 개선작업이 정착되기가 쉽지 않은 상황이기도 했다.

점원은 핵심작업에 집중
매장을 계속 만들 수 있는 환경정비

후쿠시마현 이와키시에 있는 이토 요카도의 타이라점에 찾아온 점포개선 프로젝트의 구성원은 같은 후쿠시마현을 기반으로 하는 식품판매 요크 베니얼 매장을 견학하면서 베니얼의 식품매장의 코너 이용방법이 훌륭하다는 것을 알게 되었다. 고객 입장에서는 상품 찾기가 쉽기 때문에 구매의욕이 생긴다. 그리고 점포 입장에서는 고객에게 판매하고자 하는 그날의 주력상품이 눈에 잘 띄는 것이 장점이다. 기본상품 진열대의 양쪽 가장자리를 가리키는 '엔드'에 전단지 광고 상품을 배치하여 풍성하게 보이도록 했다. 또한 봉지 과자는 옆으로 진열하지 않고 고객이 상품을 찾기 쉽도록 세로로 정리하고 냉장케이스에 진열된 다양한 종류의 상품에 구획을 표시하는 등 베니얼의 노력이 엿보였다.

이토 요카도와 베니얼은 같은 세븐&아이 홀딩스의 일원이면서도 식품매장에는 결정적인 차이점이 보인다. 결과적으로 업적이 견실한 베니얼에 반해 이토 요카도에는 아직 해결과제가 많다. 물론 베니얼 매장

만들기의 노하우를 따라함으로써 일시적으로 같은 매장을 만드는 것은 가능하다. 그러나 그렇게 만든 매장을 지속하고 독자적인 개선작업을 추가할 수 있을지 여부는 또 다른 문제로 남는다. 매장에 '스스로 개선 해고 지속할 수 있는 힘'이 없다면 곧 원상태로 되돌아오고 만다.

자력으로 지속 가능한 것이 진정한 개선

도요타식 기업개혁의 본질은 각각의 작업을 개선하는 것보다 개선한 상태를 '자력으로 유지·계속할 수 있는 환경을 마련한 것'에 있다고 할 수 있다. 3개월의 작업개선이 끝나면 프로젝트 구성원은 즉시 다음 점포로 이동한다. 그 후에도 각각의 매장이 개선을 유지할 수 있게 되면 그때 비로소 도요타식 점포개혁이 이토 요카도에 확실히 뿌리내렸다고 말할 수 있다. 그러기 위해서는 무엇을 해야 할지 생각해 보자. 점원에 게 매장 만들기에 시간을 할애하는 여유를 만들어 주는 것이 필요하다. 쓸데없는 작업은 제거해야 한다. 시간적, 체력적 여유가 생기면 아무리 파트타임이나 아르바이트 점원이라고 해도 고객을 위한 매장을 만들기

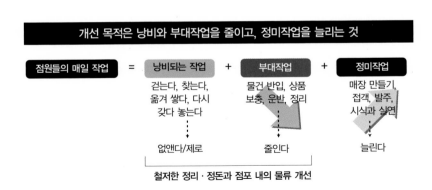

개선 목적은 낭비와 부대작업을 줄이고, 정미작업을 늘리는 것

점원들의 매일 작업	=	낭비되는 작업	+	부대작업	+	정미작업
		걷는다, 찾는다, 옮겨 쌓다, 다시 갖다 놓는다		물건 반입, 상품 보충, 운반, 정리		매장 만들기, 접객, 발주, 시식과 실연
		없앤다/제로		줄인다		늘린다

철저한 정리·정돈과 점포 내의 물류 개선

위해 근무시간의 대부분을 할애하게 될 것이기 때문이다.

매일 반복되는 작업 분석

좀 더 자세하게 살펴보자. 점원의 작업시간은 '낭비되는 작업', '부대작업', '정미작업' 이렇게 세 가지로 분류할 수 있다. 1일 근무시간을 효과적으로 사용하기 위해, 불필요한 작업은 없애고 부대작업은 줄여서 매장 만들기나 접객, 발주, 시식 및 실연 판매처럼 소매업의 본업이라 할 수 있는 부가가치가 높은 정미작업에 많은 시간을 할애하도록 한다. 그리고 이것은 이토 요카도가 작업개선을 하는 목적과도 부합한다. 제로화해야 하는 것은 '걷기', '찾기', '곤돌라에 옮겨 쌓기', '창고에 다시 옮기기'와 같은 낭비 작업들이다. 상품회전이 빠르며 자주 상품을 교체해야 하는 식품 매장은 수퍼마켓 내에서도 특히 작업의 낭비가 치명적인 영향을 줄 수 있는 매장이기 때문에 이런 낭비는 치명적인 결과를 낳을 수 있다. 그리고 이에 이어서 최대한 줄여야 하는 것이 상품을 꺼내거나 보충 하는 등의 부대작업들이다. 소매점의 경우 부대작업을 제로로 만드는 것은 불가능하지만 부대작업 안에 숨어 있는 수많은 낭비를 줄이는 것은 가능하다. 물론 이렇게 말하면 더욱 힘들고 강도 높게 일하라는 것처럼 들릴 수도 있지만 그런 뜻은 아니다. 오히려 업무개선은 점원을 편하게 해주는 측면이 많다. 그렇게 되면 점원은 머리를 쓰고 부가

▌▐▌ 가공식품 매장에서 점원의 작업 시간을 스톱워치로 측정한다.

가치를 낳는 정미작업에 몰두할 시간적, 체력적 여유가 생긴다. 상품을 손에 넣기 위해 위해 일부러 멀리 떨어진 곳까지 걷거나 무거운 상품을 여러 번 쌓아 올리는 것은 점원들에게 큰 부담이 된다. 불필요한 이동과 짐 쌓는 일이 줄어들면 점원은 개선효과를 실감할 수 있게 된다. 이렇게 함으로써 생겨난 점원의 시간을 핵심작업에 투입하는 것이다. 스톱워치로 작업시간을 측정해 보면 개선 후 효과는 더 확연히 나타난다. 가공식품 매장에서는 작업개선 2개월 만에 근무시간에서 차지하는 핵심작업 비율이 38.4%에서 49.3%로 늘어났다. 매장의 데이터 분석이나 발주, 판매할 상품의 판매계획 수립, 페스(매장의 선반이 있는 면)의 확대, 축소 등의 매장만들기에 귀중한 시간을 할애할 수 있다. 프로젝트 구성원은 이에 만족하지 않고 핵심작업 시간을 늘리기 위해 먼저 창고에서 불필요한 재고를 치우고 처리하는 정리 · 정돈으로 공간을 확보했다. 그리

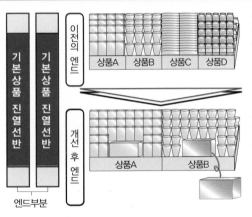

쓸모없는 재고와 공수를 줄이고, 편리한 엔드 구성 과정

기본상품 진열선반

기본상품 진열선반

이전의 엔드

상품A 상품B 상품C 상품D

• 상품 종류가 너무 많다.
• 진열 수량이 너무 많다.
• 엔드 만드는데 시간이 걸린다.

재고나 공수의 낭비, 구매 호소력 저하

개선 후 엔드

상품A 상품B

• 판매할 상품을 집약
  → 판매계획이나 레이아웃 계획의 시각화
• '앙코' 사용 규칙을 만듦
  → 적은 재고로 매장을 풍성해 보이게 만든다.
• 골판지를 사용하지 않는다.
  → 파트타임 사원이라도 간단하게 할 수 있다.

엔드부분

※ 엔드 : 기본상품 선반의 양 가장자리에 있는 광고상품 진열 코너
※ 앙코 : 대량진열을 위한 상품 밑부분 박스

고 기본상품 재고와 광고상품 재고(엔드재고)를 구분해서 각각 쌓아 둘 장소를 정했다. 여러 곳에 분산되어 있던 단품재고를 매장 근처의 한곳에 정리하고 재고를 시각화했다.

재고를 한 곳에 정리하기

창고에 엔드 재고가 있는 상품은 매장의 가격표 옆에 노란색으로 표시한다. 이렇게 하면 안에 엔드 재고가 있다는 것을 알 수 있으므로 찾는 수고는 물론 불필요한 발주도 방지할 수 있다. 이 정도의 작업 개선만으로도 불필요한 운반이나 보행, 다시 쌓기, 찾는 수고 등이 한결 줄어드는 것을 확인할 수 있다. 재고가 어디에 있는지 몰라서 헤매던 파트타임 사원의 쓸모없는 작업이 지금까지와 달리 단숨에 사라진다.

불필요한 재고를 계속 보유하는 것은 금전적인 손실뿐만 아니라 매장의 작업을 어렵게 만든다. 그러므로 필요한 최소한의 수량만 진열하고 포장재료 등은 각각에 기준재고를 정해서 발주시점을 결정하는 것이 바람직하다. 히라가 점포작업 개선 프로젝트 리더가 "이토 요카도에는 기준이 없었다"고 반성하는 것은 이런 현장의 세심한 규칙을 말하는 것이었다. 쓸모없는 작업과 재고를 줄이면서 매출을 신장시키기 위해, 타이라점은 엔드(진열대의 양 가장자리)만들기 개선을 시작했다.

지금까지는 엔드에 여러 상품을 과잉 진열해서 결국 고객에게 무엇을 팔려고 하는지 확실히 알 수 없는 경우가 많았다. 상품을 눈에 띄게 진열하기 위해 많은 양을 진열하면 재고가 많이 남게 되고, 이 재고들이 다시 창고로 보내져 자리를 차지하는 원인이 되었다. 엔드의 기초 작업을 위해 골판지를 자르거나 모양을 바꾸는 작업을 하는데도 시간이 걸렸다. 그래서 판매할 상품을 압축시키는 작업을 현장에서 빈틈없이 실천할 수 있게 상품의 판매계획과 점원의 작업 스케줄을 창고에서 시각화했다. 그리고 적은 양의 재고로 매장이 더욱 풍성해 보이게 만드는 '앙코(상품 밑에 보이지 않게 넣는 아크릴 판 등)' 사용을 규칙으로 정하고 재단기술을 요하는 골판지 사용은 중지시켰다.

이런 개선은 3개월이 지난 후 그 효과를 나타냈다. 타이라점의 식품 매장에서는 2005년 9월 한 달 동안 작년 동기 대비 재고금액이 89%, 가격인하 금액이 91%까지 감소했다. 또한 공정 시간도 오히려 519시간이나 줄일 수 있었다.

급성장하는 라쿠텐과 도요타의 유사점!
개혁을 성공시키는 자율적인 개선노력

점포개선 프로젝트 구성원의 필수품은 목장갑과 마스크, 빗자루와 쓰레받기 등의 평범한 것들이다. 개선 점포에 도착하면 처음 2~3주간은 오로지 창고의 정리·정돈만 계속되기 때문에 청소도구가 손에서 떠나질 않는다. 후쿠시마현 이와키시에 있는 타이라점의 개선 때도 상황은 크게 다르지 않았다. 창고 선반에 높이 쌓여 있는 재고더미는 물론 매장을 만드는데 필요한 집기나 비품이 여기저기에 흩어져 있어서 어디에 무엇이 있는지 금방 알 수가 없다. 우선은 이 창고를 어떻게든 바꿔야 한다.

수고를 덜어주는 백룸(Back Room)으로 변신

창고의 정리·정돈을 추진할 때, 가장 먼저 해야 할 일은 그 점포에 필요한 재고나 집기, 비품수량과 그것을 보관하는 장소를 확실히 정하는 일이다. 타이라점의 매장의 경우, 점원의 움직임을 보면 재고를 보관하는 장소에 분명한 문제가 있었다는 것을 알 수 있다. 일용품 매장은 3층에만 있는데 반해 일용품 재고창고는 3층과 4층으로 나뉘어 있다. 점원은 상품을 보충할 때마다 3층과 4층을 번갈아 이동하면서 3층 매장으로 상품을 운반해야만 한다. 그것은 오랫동안의 습관이었다. 이것은 누가 봐도 비효율적이다. 일용품 창고는 매장 옆 3층에 모여 있어야 한다.

집기나 비품을 놓는 장소는 정해져 있지 않았다. 그렇기 때문에 심지어 사람이 지나다니지 않는 비상구 계단에 방치된 채 놓여 있는 집기까지도 있었다. 이것은 긴급한 상황이 발생했을 때 피난에 방해가 되는 것으로, 즉시 개선하지 않으면 안 된다. 보관 장소를 정하면 지금 갖고 있는 재고와 집기, 비품의 수량을 리스트로 만들어서 필요한 것과 필요하지 않은 것으로 나눈다. 불필요한 것은 선반에서 꺼내서 동일 지역의 이토 요카도 지점으로 돌릴 수 있어야 한다. 인수할 사람이 없는 상품재고는 싼 가격으로 큰맘 먹고 팔아치우거나 폐기처분한다. 그런 과정 이후부터가 실제로 제대로 된 정리·정돈의 시작이다. 오랜 세월동안 옮긴 적이 없는 창고의 거대한 선반을 떼어낸 후, 새로 정한 장소에 다시 설치한다. 개선 구성원은 먼지투성이가 되면서까지 재고와 집기를 옮기고, 버리며 선반을 다시 배치한다. 그러는 사이에 목장갑과 마스크는 금방 시커멓게 변해버린다. 크고 묵직한 재고를 옮기는 일이 매일 계속되기 때문에 근육통까지 생긴다. 그 모습을 본 후에야 비로소 구성원들의 작업개선 노력이 얼마나 진지한지 깨닫는 점원도 많다고 한다. 그리고 이런 개선 구성원들에게는 늘 생각하면서도 마음속에만 담아 두었던 현장의 문제점을 솔직히 털어 놓을 수 있게 된다.

재고내용의 분석과 개선

주거매장의 주요 개선주제는 어떻게 하면 상품을 간편하게 보충하느냐 하는 것이다. 일용품 창고(Back Room)를 3층에 모아 놓는 것 뿐만 아니라 각각의 재고보관 장소에도 신경을 썼다. 쓸데없는 보행이나 운반을 조금이라도 줄이려면, 보충 빈도가 높은 상품일수록 매장에서 가까운 창고의 문 가까이 두는 것이 바람직하다. 이 창고의 '일등석'을 활용해야 한다. 개선 구성원이 놀란 것은 창고에 있는 일용품 재고의 80% 이상이 세일 때 매장 가장자리(엔드)근처에 대량진열해서 판매하고 남은 광고상품들이란 점이었다. 광고상품은 기본상품과는 별도로 취급하기 때문에 판매하고 남아서 창고에 되돌아 온 후에는 그대로 방치된 채 오랫동안 일등석을 점거하는 것이다.

이런 회전이 둔한 상품을 매장 가까운 곳에 두고, 일반 보충작업에 필요한 기본상품을 창고 안쪽에 처박아 두는 것은 매우 비효율적이다. 그래서 팔다 남은 광고상품을 치우고 일등석에는 보충 빈도가 높은 상품을 보관함과 동시에 통로도 넓게 확보했다. 그러자 바로 점원들은 '작업이 편해졌다'고 말했다.

개선 구성원은 재고내용에도 주목했다. 상품 카테고리에 따라 창고에서 정체되는 재고의 수량에는 차이가 있었기 때문이다. 이것은 매우 흥미로운 점인데 가장 재고가 많은 카테고리의 상품들이 정작 매장에

창고(Back Room)의 정리 · 정돈으로 시작	정리 · 정돈은 매장을 새단장하는 첫걸음
재고나 집기, 비품의 정리 · 정돈 순서	**자력으로 새 단장을 할 수 있는 4가지 조건**

재고나 집기, 비품의 정리 · 정돈 순서

보관 장소와 수량을 정한다

↓

불필요한 물품 제거와 리스트 작성

↓

동일 지역내의 다른 점포로 분산

↓

불필요한 남은 물품 폐기처분

자력으로 새 단장을 할 수 있는 4가지 조건

1. 철저한 정리 · 정돈의 실시
2. 비인기 상품을 제거하고 낭비 최소화
3. 즉시 꺼낼 수 있도록 한 필요 집기와 비품 정리
4. 사전 준비, 계획에 충분한 시간 할애

↓

거래처의 힘을 빌리지 않고 개점 전과 폐점 후 시간 만으로 점포 새 단장 가능

서는 품절되는 경우가 많았다. 당연히 재고관리가 잘 안되고 있다는 증 거이기도 하다. 인기상품이 발주되지 않고 오히려 재고상품만 계속 매 장과 창고를 가득 채우고 있는 것이다. 이렇게 되면 물건을 사려는 고객 을 오히려 방해하는 결과를 낳을 뿐만 아니라 비인기 상품의 재고들로 인해 점원들의 작업까지 방해하게 된다.

정리 · 정돈을 통한 작업 효율성 증대

정리 · 정돈의 효과는 매장 개장 때 현저하게 나타났다. 정리 · 정돈 을 통해 창고의 빈 공간에 매장상품을 임시로 보관할 수 있게 되어 단숨 에 레이아웃을 변경할 수 있게 됐다. 새로운 단장에 쓸 집기나 비품도 정리 · 정돈 후에는 바로 꺼낼 수 있게 됐다. 이렇게 하면 개장계획을 세 우는 것도 쉬워진다. 주거매장에서 시험해 본 결과 개점전과 폐점 후 5 시간 반 만에 새로 단장하는 것이 가능해졌다. 보통은 하루 종일 매장을 폐쇄하고 시간을 확보하지 않으면 안 되었던 일이었다. 게다가 거래처

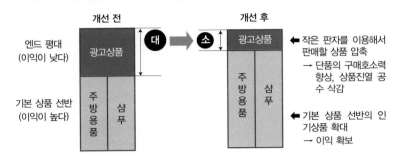

적은 공정수와 많은 이익을 내는 매장 레이아웃 개선과정

개선 전 → 개선 후

엔드 평대
(이익이 낮다)
광고상품 대 → 소 광고상품 ← 작은 판자를 이용해서 판매할 상품 압축
→ 단품의 구매호소력 향상, 상품진열 공수 삭감

기본 상품 선반
(이익이 높다)
주방용품 / 샴푸 → 주방용품 / 샴푸 ← 기본 상품 선반의 인기상품 확대
→ 이익 확보

의 지원 없이는 시간 내에 끝낼 수도 없는 상황이었다. 이제는 지원에
의존하지 않고도 고객의 동향을 살피면서 자력으로 기동성 있는 새 단
장이 가능해졌다.

창고의 정리·정돈이 이루어지면 다음은 매장개선으로 눈을 돌리게
된다. 타이라점의 목표는 출고작업의 효율화와 조이익(매출액에서 직접비
를 뺀 이익) 개선을 모두 이루는 것이다. 이를 통해 적은 공정으로 최대의
이익을 확보할 수 있어야 한다. 그러기 위해서는 이익이 낮은 광고상품
이 진열된 공간을 축소하고 고객에게 판매할 상품을 1~2품목으로 압축
함으로써 여러 품목을 옮기고 정리하는 수고를 줄여서 창고가 가득 차
는 원인인 광고상품 재고의 유턴을 억제할 수 있다. 고객에게는 압축된
그 날의 주력상품을 언급하기 더 쉽다는 장점까지 있다. 그리고 공간을
좁히는 대신에 기본상품의 선반을 넓힘으로써 기본상품용 선반에 상품
이 평상시 판매가로 진열해 이익을 높이도록 했다. 이처럼 이익이 예상
되는 기본상품 판매를 강조하면 고객이 상품을 찾기도 쉽고 사기도 쉬
워진다.

고객의 불필요한 이동을 방지하는 매장으로 변신

세븐&아이 홀딩스의 스즈키(鈴木敏文) 회장은 2005년 말과 2006년 6월에 실시한 대형 소매업체인 밀레니엄 리테일링과의 경영통합을 발표한 자리에서 "이토 요카도의 과제는 의류다"라는 의견을 재차 강조했다. 세이부백화점이나 소고백화점이 갖고 있는 상품개발력을 이토 요카도에서도 활용하겠다는 의지를 표명한 것이다. 그러나 아무리 좋은 상품을 만들어도 고객이 구입하기 쉽고 동시에 점원이 진열하기 쉬우며, 접객하기 쉬운 매장이 아니라면 의류매장개선은 추진할 수 없다. 도요타식 점포개선은 확실히 그에 대한 대책이 되어준다. 타이라점에서 의류분야의 개선 대상이 된 것은 속옷매장이다. 이 매장은 건물의 3층에, 그리고 창고는 2층에 있다. 또한 전에 소개했던 건물 3층에 있는 일용품매장의 경우는 창고가 3층과 4층으로 나누어져 있다. 1층에 있는 식품매장에서 쓰는 계산대의 포장 재료는 멀리 떨어진 4층에서 보관하고 있기도 하다. 이러한 상품들의 운반효율은 누가 보더라도 좋을 리 없다.

물류 개선으로 인해 편리해진 운반작업

이번 작업개선에서는 먼저 각 매장과 해당 창고를 같은 층에 모아서 '플로어 갭'을 없앴다. 이렇게 되면 최소한의 공수로 물건을 꺼내거나 상품을 보충할 수 있다.

플로어 갭을 해소하고 점 내 물류를 수정한 속옷매장의 점원은 2층과

3층을 불필요하게 이동하는 일을 더 이상 하지 않아도 된다. 이렇게 함으로써 불필요한 공간 이동과 운반, 그리고 곤돌라로 상품을 '옮겨 싣는' 작업이 급격히 줄어든다. 지금까지 상품을 꺼내는 반입 작업 전체의 29%를 차지하던 불필요한 보행과 운반, 옮겨 싣기, 이 세 가지 작업의 합계가 점 내 물류 개선과정을 통해 7.3%까지 감소했다. 그리고 한 달 동안에 10시간 24분이나 공수를 줄일 수 있었다.

물품 반입 작업을 짧은 시간에 끝마치면 히라가 노부토시 점포작업 개선 프로젝트 리더의 "그 시간만큼 발주나 접객 같은 소매업의 정미작업에 시간을 할애할 수 있게 된다. 그것까지 가능해지면 처음으로 개선되었다고 말할 수 있다"라는 말처럼 그 성과가 접객 판매 비율에 분명하게 나타나게 된다. 이토 요카도는 계산대에서 계산할 때 고객이 자신이 상품을 골라서 구입한 '셀프판매'인지 점원이 접객을 해서 구매로 연결된 '접객판매'인지를 확인하고 있다. 지금까지 타이라점는 이토 요카도의 전점 평균이나 토호쿠 지역에 있는 점포 평균을 밑도는 접객 판매 면에서 열등생이었다. 그러나 작업개선으로부터 3개월이 지난 2005년 9월에는 전 점포 평균 또는 토호쿠 지역 평균을 크게 웃도는 우등생으로 재탄생했다.

고객의 불필요한 이동을 방지하려는 노력

의류매장은 점원의 쓸모없는 보행이나 운반을 줄이고 점내 물류를 수정하는 것뿐만 아니라 고객의 관점에서의 매장개선을 위해서도 노력했다. 목표는 '고객을 걷게 하지 않는다', '고객을 기다리게 하지 않는다'는 것이다. 다시 소매점의 기본으로 돌아온 것이다. 구체적으로는 중

정품이나 선물포장, 상자포장 작업을 담당하는 서비스 카운터와 하나가 되어 고객에 대한 서비스 체제를 개선한다. 타이라점의 경우, 서비스 카운터가 1층과 3층에 분산되어 있다. 그리고 의류매장에 있는 신사복과 여성복 계산대는 모두 2층에 있다. 그렇기 때문에 계산대에서 고객이 의류 선물포장을 부탁할 경우, 종래에는 고객을 일부러 1층이나 3층에 있는 서비스 카운터까지 안내해야 했다. 신사복과 여성복의 각 계산대에서 1층과 3층의 서비스 카운터까지의 보행 시간을 스톱워치로 재보면, 1분~1분 30초 정도 걸리는데 이는 고객을 다른 층까지 불필요하게 걷게 하고, 기다리게 하는 시간이 된다. 이렇게 번거로운 상황은, 신사복과 여성복 계산대에 선물포장을 할 수 있는 점원이 상주하지 않기 때문이다. 계산담당은 서비스 카운터의 담당자와 같은 수준으로 포장할 수 있는 기술이 없다. 거기까지는 훈련이 되어 있지 않은 것이었다.

그래서 타이라점에서는 작업개선과 병행해서, 의류매장의 계산담당에게 포장기술을 교육시키기로 했다. 계산담당이 서비스 카운터 업무

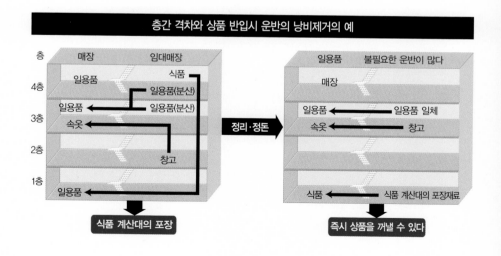

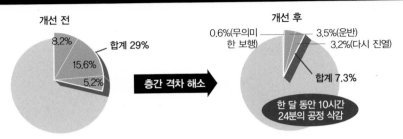

※ 원 그래프는 상품 반입 전체에서 차지하는 비율을 나타낸다.

의 일부를 맡도록 하기 위해 점원의 '다기능화'에 착수한 것이다. 서비스 카운터 담당자가 멘토가 되어 스톱워치를 한손에 쥐고 시간을 재가면서 포장기술을 처음부터 가르친다. 이렇게 계산담당의 다기능화로 인해 회계에서 선물포장까지 전체 작업을 2층 의류매장에서 완전히 해결할 수 있게 되면 고객의 대기시간이 짧아지는 효과를 얻을 수 있다. 또한 훈련을 받은 계산담당은 기술이 향상된다. 이처럼 교육을 통한 '인재 만들기'로 점원은 성장하고 그것이 고객에게 좀 더 나은 서비스를 제공하는 것이다.

창고의 벽에는 계산담당의 포장기술 습득상황을 나타낸 게시판을 내걸고 다기능화의 진행상태를 시각화했다. 자신의 수준에 따라 눈금에 색을 칠하는 방식으로, 다 칠한 사람은 포장기술을 마스터 했다는 것을 알 수 있다. 계산담당의 다기능화상태를 고려하여, 계산대 아래 있는 선반을 정리·정돈한 후, 그곳에 포장지를 배치한다.

적정한 인원 배치 검토

점원의 다기능화가 진행되면, 여러 매장에 걸쳐 매장 인원 배치를 유연하게 변경할 수 있다. 예를 들어 1층보다 3층에 고객이 적어서 3층 점원이 일거리가 없어서 쉬는 모습이 발견될 경우, 3층 서비스 카운터는 인원을 감축하는 것으로 해결한다. 반대로 바쁠 때는 다기능화로 포장기술을 익힌 점원이 의류매장에서 서비스 카운터로 지원한다. 반대로 계산대가 붐비면 서비스 카운터의 담당자가 매장을 지원한다. 이처럼 다기능화로 교육된 점원끼리 서로의 작업을 도울 수 있게 된다.

단순히 서비스 카운터 인원을 줄이는 것만으로는 남은 담당자들의 부담이 늘어나기만 할 뿐이다. 그래서 사전에 서비스 카운터의 담당자의 움직임을 관찰하는 것이 필요하다. 서비스 카운터에서 다루는 빈도가 높은 상품권이나 선물용 인사엽서 등의 보관 장소를 재점검하여 찾으러 가는 낭비를 줄인다. 대부분의 작업을 자신의 손이 닿는 곳에서 해결할 수 있도록 비품의 배치를 바꾸고 작업을 편하게 만든 상태에서 적정 인원을 배치해야 한다.

점원의 다기능화로 고객불편 감소

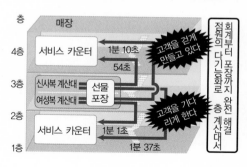

고객 증가로 인해 판매 비율 상승

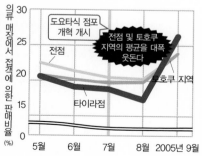

도요타방식의 현장 실천과정

넷츠 도요타 교토 판매점의 사례

현재 상황 분석을 통한 고객 파악
영업담당자의 세트 설문조사 실시

도요타자동차 판매점의 하나인 넷츠 도요타 교토(넷츠 교토, 교토시)의 나카츠지(中辻博一) 상무에게는 2004년 봄부터 큰 고민이 있었다. 자동차 보험가입 계약 건수가 전년도보다 크게 하락했기 때문이다. 2004년도 상반기(2004년 4월~9월)의 신규보험 계약 건수는 296건으로, 전년 같은 시기의 356건보다 60건이나 감소했다. 계약 성사 건수의 감소를 막고 실적을 향상시켜야 한다는 것을 알면서도 어디서부터 손을 써야 좋을지 몰라 해결책을 찾지 못한 채, 반년의 시간이 흘렀다. 그런 때에 도요타자동차 계열의 보험회사인 아이오이 손해보험의 업무개선팀이 제안을 해 왔다. "도요타생산방식을 토대로 한 보험영업 개선을 시작해 보지 않겠습니까?" 이 제안에 대해 나카츠지 상무는 선택의 여지가 없었다. 이 제안을 넷츠 교토의 야마모토 요시츠구 사장에게 의논하자 "즉시 시행하라!"는 답변을 받았다. 야마모토 사장도 보험매출 감소에

> **도요타생산방식을 영업개혁에 활용하기 위한 4가지 조건**
>
> **1** 개선활동의 원점은 항상 고객의 소리
> **2** 무리 없이, 불균형 없이, 낭비 없이 판매할 수 있는 구조 실현
> **3** 영업담당자나 관리자가 문제를 발견하기 쉽도록 눈으로 보이는 관리
> **4** 고객이 바라는 시간에 맞춘 행동(JTT)

큰 위기의식을 가지고 있었던 것이다. 이렇게 해서 약 4개월에 달하는 넷츠 교토의 '도요타식 경영개혁'이 시작되었다. 그리고 이 기간동안 닛케이정보 스트리티지는 넷츠 교토의 경영개혁을 밀착 취재했다.

4개월 동안 회사의 변화

영업개혁을 지휘하는 나카츠지 상무가 최초의 업무개선 대상으로 지목한 현장은 넷츠 교토의 기간 점포인 '고조카도노점'이었다. 기간점포인 고조카도노점에서 실적을 올려 단번에 모든 점포에 전개하려는 것이었다. 고조카도노점은 최근 1~2년 동안에 영업담당자가 여러 명 교체되어 결과적으로 판매경험이 부족한 젊은 사원들의 비율이 늘어난 곳이다. 보험지식이 부족한 영업담당자도 많아 나카츠지 상무의 "보험의 제안 수준이 전반적으로 내려간 것을 부정할 수 없었다"는 말처럼 기술면에서 베테랑 사원과 젊은 사원 사이의 격차도 크게 벌어지는 문제가 있었다. 나카츠지 상무는 이런 사실을 고려하여 고조카도노점을 개선 대상으로 선택한 것이었다.

영업개선은 넷츠 교토 같은 자동차 판매점에만 해당되는 것이 아니라

모든 기업에게 있어 공통된 내용이기도 하다.

결론부터 말하자면 넷츠 교토를 통해 알게 된 도요타생산방식 철학을 영업개선에 활용하는 비결은 네 가지로 집약할 수 있다. 그 중에도 가장 중요하고 도요타방식의 원동력이 되는 것이 첫 번째 항목이다. 개선활동의 원점은 항상 고객의 목소리라는 것이다. 고객의 의견이 현장개선의 근본이 된다는 것에 있어 업종과 업태의 차이는 없다. 그렇게 때문에 더더욱 긴 세월 제조현장에서 본보기로 삼아 온 도요타생산방식이 영업개선에도 활용되는 것이다.

잠시 도요타의 '간판방식'을 생각해 보자. '간판'이란 각 공정에 대한 작업지시서를 말하는데, 이것은 공장에서 고객과 가장 가까운 포지션의 제품 출하공정을 기점으로 하여 차례대로 전 공정에 걸쳐 이동한다. 도요타는 출하공정의 바로 다음에 있는 고객을 늘 염두에 두면서 공장개

설문조사를 통해 보험을 권유받지 못했다고 인식하는 고객의 반응 분석

고객 설문조사
Q. 상담할 때 영업담당자가 자동차 보험을 권유하지 않았습니까? (응답자수 215)

- 권유받았다 33.7%
- 기타 15.3%
- 안내도 권유도 받지 못했다 22.9%
- 안내는 받았지만, 권유받지는 못했다. 20.9%
- 고객이 먼저 문의했다. 9.3%

영업담당자에게 권유받지 못했다 53.0%

고객 설문조사
Q. 자동차보험 제안에 만족하셨습니까? (응답자수 177)

- 매우 만족 5.6%
- 만족 32.9%
- 어느 쪽도 아니다 45.2%
- 다소 불만 2.8%
- 기타 12.4%
- 불만 1.1%

보험제안에 만족하지 않는다 49.1%

고객과 영업담당자의 생각 차이

영업담당자 설문조사
Q. 고객상담할 때, 보험견적을 내고, 반드시 보험 제안을 합니까? (응답자수 11)

- 반드시 한다 9.1%(1인)
- 거의 한다 27.3%(3인)
- 가끔 한다 54.5%(6인)
- 하지 않는다 9.1%(1인)

고객과 영업담당자와의 생각 차이 63.6%

혁을 추진해 왔다. 이 사고방식은 영업개선에도 충분히 활용된다. 업무 개선을 선도하는 아이오이 손해보험의 담당자는 도요타에 반년 동안의 파견기간을 통해 도요타생산방식의 고객중심 발상을 배우고 있다. 그리 고 그것을 넷츠 쿄토를 비롯한 도요타 판매점에 전수하고 있는 것이다.

고객을 모르면 개선은 시작되지 않는다

도요타식 영업개선에서 가장 처음 실시하는 것은 현장의 분석이다. 현장의 실태를 모르면 어디서부터 개선을 시작해야 할지 알 수 없게 된 다. 실제로 자기 점포의 고객이 무엇을 원하는지, 자기 자신이 지금 어 떤 상태인지, 매일 그곳에서 일하는 사람들도 놀랄 만큼 제대로 파악하 고 있지 못하다. 개선을 위해서는 먼저 그런 점을 솔직히 인정하고 신속 하게 고객의 의견을 듣기 시작해야 한다. 그것이 현 상황을 분석할 수 있는 첫걸음이다. 넷츠 쿄토는 설문조사를 통해 고객을 파악해 나가는 것부터 시작했다. 여기서 중요한 것은 고객 설문조사와 함께 개선현장 에서 근무하는 영업담당자에게도 설문조사를 실시한 것이다. 현상분석 의 최대목적은 고객과 영업담당자간의 인식차이를 분명하게 파악하는 것이다. 두 가지 설문조사의 결과가 분석되고 나서야 비로소 현 상황을 제대로 바라볼 수 있게 된다. 여기서 말하는 현 상황이란 고객과 영업담 당자 사이의 '쌍방의 갭'이라고 생각하면 될 것이다.

모든 기업들이, '고객의 관점으로'라든지 '고객의 입장에서'라는 구 호를 외치며 일을 하면서도 실제로는 각 담당자가 자기 방식대로 이야 기를 진행하는 경우가 많다. 넷츠 쿄토도 그런 문제점은 마찬가지였다. 이에 대해 나카츠지 상무는 "우리 사정대로 상담을 진행해 버린다. 고

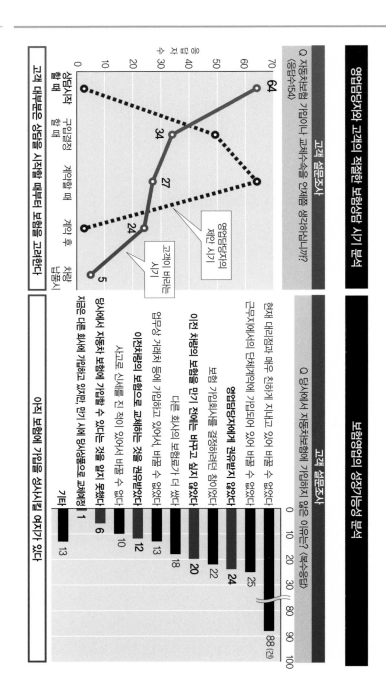

영업담당자와 고객의 직접한 보험상담 시기 분석　　보험영업의 성장가능성 분석

고객 설문조사

Q 자동차보험 가입이나 교체수속을 언제쯤 생각하십니까?
〈응답수154〉

응답자수: 0 10 20 30 40 50 60 70

64　34　27　24　5

상담시작할 때　구입결정 계약할 때　계약후　서류 넘김시

영업담당자의 제안 시기

고객이 바라는 시기

고객 대부분은 상품을 시작할 때부터 보험을 고려한다

고객 설문조사

Q 당사에서 자동차보험에 가입하지 않은 이유는? (복수응답)

0 10 20 30 80 90 100

현재 대리점과 매우 친하게 지내고 있어 바꿀 수 없었다 — 88 (건)
근무지에서의 단체계약에 가입되어 있어 바꿀 수 없었다 — 25
영업담당자에게 권유받지 않았다 — 24
보험 가입회사를 결정하려던 참이었다 — 22
이전 차량의 보험 만기 전에는 바꾸고 싶지 않았다 — 20
다른 회사의 보험료가 더 쌌다 — 18
업무상 거래처 등에 가입하고 있어서, 바꿀 수 없었다 — 13
이전차량의 보험으로 교체하는 걸 권유받았다 — 12
사고로 신세를 진 적이 있어서 바꿀 수 없다 — 10
당사에서 자동차 보험에 가입할 수 있다는 걸 알지 못했다 — 6
지금 다른 회사에 가입하고 있지만, 만기 시에 당사상품으로 교체했다 — 1
기타 — 13

아직 보험에 가입을 성사시킬 여지가 있다

객의 생각과 우리 회사의 영업 활동이 일치되고 있지 않았다"라고 반성했다. 도요타식 경영개혁은 그런 반성으로부터 시작하는 것이다. 고조카도노점은 11월 말에 고객에게 설문조사지를 발송했다. 대상은 과거 1년간(2003년 11월부터 2004년 10월)에 고조카도노점에서 자동차를 구입한 사람과 보험계약을 체결한 총 1179명의 고객이었다. 그리고 설문지에 대해 2주 후에 405명의 응답을 받을 수 있었다. 응답률은 34.4%였다. 여기서 응답률이 높고 낮음에 따라 영업담당자가 평상시에 고객과 어느 정도의 관계를 형성하고 있는지 추측할 수 있다. 고조카도노점에 4개월간 상주하며 영업담당자와 함께 업무개선에 착수해 온 아이오이 손해보험의 고토리(小鳥敏幸) 판매점 영업추진부 개발지원그룹 계장은 "자동차를 팔기만 하고 모른 척 지내는 것이 아니라, 판매한 후에도 고객과 연락을 주고받는 관계를 유지한다면 고객 설문조사의 응답률은 저절로 올라간다"라고 지적한다. 응답률이 30%를 넘은 것은 사실 나쁜 수치는 아니다. 하지만 개선하면 더욱 좋아질 수 있는 바탕이 마련되어 있다는 증거이기도 하다. 한편, 고조카도노점에서 일하는 영업담당자 11명을 대상으로 한 설문조사를 12월초에 실시했다. 영업담당자의 실태를 외면하지 않고 실상을 그대로 알아보기 위해 무기명으로 솔직한 대답을 하도록 했다.

고객 설문조사 결과를 보고 나카츠지 상무나 고조카도노점의 영업담당자는 놀라움을 금할 수 없었다. 고객의 53%가 '영업담당자에게 보험 권유를 받지 못했다'고 응답했고, 49%의 고객이 '보험 제안에 만족하고 있지 않다'는 것을 알게 되었기 때문이다. 지금까지 이렇게 불만이 많다는 것은 영업담당자 그 누구도 상상하지 못했던 일이었다.

이처럼 영업담당자 대상 설문조사를 통해 보험 제안이 충분하지 않았

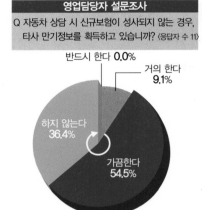

타사 보험 가입자의 정보 획득과 활용에 대한 설문조사

영업담당자 설문조사
Q 자동차 상담 시 신규보험이 성사되지 않는 경우, 타사 만기정보를 획득하고 있습니까? 〈응답자 수 11〉

반드시 한다 0.0%
거의 한다 9.1%
하지 않는다 36.4%
가끔한다 54.5%

타사 만기정보를 획득하지 않는 경우가 많다
90.9%

영업담당자 설문조사
Q 획득한 타사 정보 만기시에, 고객에게 접근(안내나 제안)하고 있습니까? 〈응답자 수 11〉

가끔한다 27.3%
하지 않는다 72.7%

타사 만기 시에 고객에게 접근하지 않는 경우가 많다
100%

던 사실이 수면위로 떠올랐다. 보험 제안은 각 영업담당자의 역량에 맡겨진 채, 63%(7명)가 상담할 때 제대로 하고 있지 않은 것으로 나타났다. 고객이 불만을 느끼는 것도 당연한 일이었다. 이런 상태로는 보험 계약 건수가 늘어날 리 없다. 우선은 모든 상담에 있어서 철저하게 보험을 제안하는 것이 필요하다는 점을 새삼 깨달았다.

고객과의 생각 차이를 줄인 눈높이 영업전략

고객과 영업담당자 간 생각의 차이가 현저하게 드러났던 것은 상담 당시, 보험을 생각하는 시기였다. 고객의 대부분은 가입이 의무화된 자동차 보험에 대해 상담 시작 당시부터 의식하고 있는 것에 비해, 영업담당자는 우선 차를 팔아야겠다는 생각이 앞서서 보험 제안을 계약이 이루어지는 시점까지 보류하는 경향이 있음을 알 수 있었다. 이런 방식으로는 고객과 의사소통이 잘 되지 않을 뿐만 아니라 상담 끝에 가서 보험에 대한 설명을 들어도 고객의 머릿속에는 보험에 대한 기억이 남지 않게 된다.

고조카도노점에서 보험에 가입하지 않은 이유를 질문해도, '영업담당자가 권하지 않았다'(24건)라는 응답이 상위를 차지했다. 보험 제안을 받은 '기억이 없다'는 사람이 매우 많다는 것을 잘 알 수 있다. 물론, 제대로 보험 제안을 해도 계약이 성사되지 않을 수도 있다. 그렇다고 포기하면 안 된다. 고객이 현재 가입하고 있는 타사의 보험정보를 획득했는지 여부에 따라 그 이후 상황은 크게 달라진다. 1년마다 갱신해야 하는 자동차 보험은 길어도 1년 후에 또다시 영업 기회가 돌아온다. 갱신

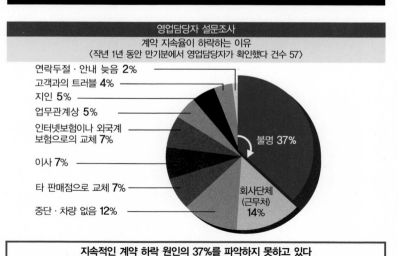

보험 계약이 지속되지 않는 이유 분석

영업담당자 설문조사

계약 지속율이 하락하는 이유
〈작년 1년 동안 만기분에서 영업담당자가 확인했다 건수 57〉

연락두절 · 안내 늦음 2%
고객과의 트러블 4%
지인 5%
업무관계상 5%
인터넷보험이나 외국계 보험으로의 교체 7%
이사 7%
타 판매점으로 교체 7%
중단 · 차량 없음 12%

불명 37%

회사단체 (근무처) 14%

지속적인 계약 하락 원인의 37%를 파악하지 못하고 있다

전에는 고객의 보험에 대한 관심이 다시 높아져, 고객이 바라는 시기에 영업할 수 있다. 그럼에도 불구하고, 고조카도노점에서는 타사 보험정보의 획득이나 보험 만기 시 고객에 대한 안내나 제안이 철저하게 이루어지지 않았다. 모처럼 보험 가입을 성사시켰는데도, 이듬해에는 계약이 지속되지 못하는 원인에도 주목했다. 또한 계약해지의 37%는 이유를 못 찾아낸 채 방치되고 있음을 알 수 있었다. 이렇게 해서는 계약이 해지되는 이유를 알 방법이 없다. 중간에 계약을 파기하는 이유를 반드시 고객에게 물어보고 기록을 남기는 습관은 영업담당자 전체가 익혀야만 한다. 이러한 상황분석을 통해 고조카도노점이 개선해야 하는 점이 확실히 드러났다.

불안감을 없애는 영업담당자의 스킬

얼마 전, 넷츠 도요타 교토 고조카도노점의 영업담당자에게, 이틀 전에 차를 납품 받은 고객이 "사고를 일으켰다"는 연락을 해왔다. 구입한 지 얼마 안 된 새 차에 사고가 나서 고객은 당황한 기색이 역력했다. 이 고객은 상담을 시작했을 때부터 자동차 보험은 다른 점포에서 가입할 예정이라고 말했다. 하지만 고조카도노점의 영업담당자가 "사고발생시 대응창구를 포함해서 차와 보험 모두 저희 점포에 맡겨 주십시오"라고 차량관련 창구의 일원화를 설득했고 결국 고객도 이에 동의했다. 차량 납품이 이루어진 지 겨우 이틀 만에 일어난 사고로 고객은 충격을 받았지만 상담했을 때 설명했던 대로, 신속하게 대처해 줘서 고맙다는 감사의 인사를 전해왔다. 영업담당자는 고객의 신뢰를 얻어낸 것이다. 얼마만큼 순조롭게 사고에 대처했는가에 따라 자동차 판매점의 향후 평가

는 달라진다. 고조카도노점은 보험 판매를 강화하는 일환으로써 2004
년 12월부터 사고대처 등에 대한 학습모임을 계속해 왔다. 자동차를 판
매하기만 하고 방치하는 것이 아니라, 차량납품 이후에 일어나는 일에
대해서도 확실한 관리를 함으로써 고객의 마음을 사로잡을 수 있다는
것을 알았다.

미흡한 사고대처에 대한 개선 노력

보험판매 업무개선에 앞서 넷츠 교토가 실시한 고객 설문조사에서
놀라운 결과가 나왔다. 실제로 고객의 51%가 '과거에 사고경험이 있
다'고 응답한 것이다. 그러나 이 실태를 영업담당자는 모르고 있었다.
뒤집어 말하면, 이만큼 사고가 많이 발생했는데도 불구하고 고조카도
노점에는 연락이 오지 않은 경우가 많았다는 의미이기도 하다. 고객에
게 그다지 신뢰할 수 있는 존재가 아니었다고 받아들일 수도 있다. 한
편, 고객은 '사고가 일어나면 맨 처음 차를 산 영업담당자에게 연락을
하고 싶다'고 생각한다. 긴급 상황이기 때문에 낯익은 영업담당자에게
의지하고 싶어 하는 것이 고객의 심리다. 하지만 지금까지의 고조카도
노점은 고객이 원하는 사고 대처를 완벽하게 했다고 말하기 어렵다. 11
명의 영업담당자 중 7명(63%)이 "사고가 나도 자기 자신이 직접 담당하
지 않는 경우가 많았다"고 털어놓았다. 성가신 사고대응에는 되도록이
면 관여하고 싶지 않은 것이 솔직한 심정인지라 다른 담당자에게 떠넘
기거나 곧장 보험회사로 돌려 버리는 경우도 있다.

이 부분을 해결하지 못하면 상담할 때 자신 있게 "사고에 대한 것은
맡겨 주십시오"라고 말할 수 없다. 사고 대처에 대해 불안감을 느끼는

영업담당자가 무리해서 설명한다 해도 알기 쉽게 전달되기는 힘들며, 고객은 이런 영업담당자의 불안한 표정을 놓치지 않는다. 애당초 자신이 없다면 "맡겨 주세요"라는 말은 쉽게 나오지 않는다. 이래서는 보험계약 건수가 늘어날 리도 없다. 이런 이유로 이번 업무개선에서는 사고대처법과 상담방법에 대한 것을 주제로 했다.

자신감 없이는 설명할 수 없는 챌린지 맵

영업담당자에게 요구되는 보험판매 업무는 세 종류로 나뉜다. 신규계약 확보, 보험계약 유지, 사고 대처. 고조카도노점의 영업담당자가 이 세 가지 업무를 얼마만큼 제대로 처리할 수 있는지, 부족한 부분은 무엇인지, 업무개선을 시작하기 전에 그것을 확실히 파악해야 한다. 가장 먼저 영업담당자의 강점과 단점을 파악하고 업무개선에 주어진 한정된 시간을 단점극복에 집중적으로 할애해야 한다.

아이오이 손해보험은 업무개선 시에 반드시 '챌린지 맵'이라는 영업담당자의 기술 확인표를 준비하고, 담당자 전원의 능력을 실시간으로 체크한다. 항목은 난이도별로 '새싹 마크(낮은 레벨)', '블루면허(중간 레벨)', '골드면허(높은 레벨)'의 3단계로 구분하며, 총 46개 항목에 이른다. 사고대응의 경우에는 우선 사고연락 접수를 자력으로 할 수 있는 능력이 요구된다. 이렇게 해서 각 항목을 영업담당자 자신이 직접 평가하고 그 결과를 사무실에 붙여 놓는다. 이때 챌린지 맵에는 '할 수 있다/ 자신 있다' 항목을 파란색, '못한다, 모른다/ 불안함을 느낀다'는 항목을 붉은색으로 표시한다. 어디까지나 자기 자신이 평가한 것이므로 붉은색이 많다고 해서 상사에게 부정적인 평가를 받는 것은 아니다. 챌린지 맵의

목적은 영업담당자 본
인이 자신의 약점을
확인하는 일이다. 파
란색과 붉은색 항목을
담당자별로 살펴보면
역시 보험 기술에 큰
차이가 있음을 알 수
있다. 그 차이가 영업
담당자별 신규보험 성

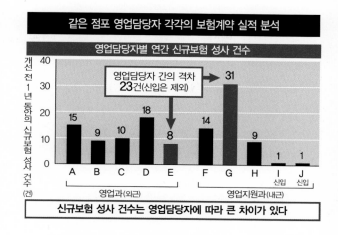

사 건수에도 나타난다. 고조카도노점의 영업담당자는 '무리 없이, 불균
형 없이(고르게), 낭비 없이 보험을 판매할 수 있는 상황이 아니었다. 그
리고 챌린지 맵은 그런 상황을 반영했다' 고 회고했다

챌린지 맵을 이용한 자기평가는 매월 초에 지속적으로 실시했다. 그
달의 챌린지 맵을 비교해 보면, 영업담당자의 부족한 부분이 개선되고
있는지를 금방 알 수 있다. 지난달에 붉은색이던 항목이 다음 달에 하나
라도 파란색으로 바뀌어 있으면, 업무개선 노력이 영업담당자에게 자
신감을 주었다고 판단할 수 있는 것이다.

주 1회 학습모임으로 약점 극복

챌린지 맵으로 각자의 약점을 파악하면, 그것을 중점적으로 보충하
는 개선활동이 가능해진다. 고조카도노점에서는 점장인 나카모토(中元
義憲), 집행임원 카도노 영업부장과 아이오이 손해보험의 업무개선팀이
매월 챌린지 맵을 확인하면서 영업담당자를 대상으로 하는 학습모임의

주제를 정한다. '제안력 강화 미팅'이 학습모임의 업무개선 주제이다. 실전에 가까운 역할 연습을 통해서, 단기간에 영업담당자의 불안감을 덜어준다. 12월에 시작한 학습모임은 3월까지 17회를 진행했으며, 4월 이후에도 계속되었다. 이 학습모임에서 어느 날은 아이오이 손해보험에서 사고대응 전화창구를 담당하는 운영자를 실제로 초청해서 전화 역할 연습을 실시했다. 보통은 전화 너머에 있는 상담자와 얼굴을 맞대고 사고의 초기대응에서 어떤 이야기를 하면 좋은지 실제로 연기를 통해 확인했다. 영업담당자는 대응 순서나 사고를 당한 고객에게 하는 질문내용 등을 확인한다.

이것은 고객에게 보험제안을 할 때와 비슷하다. 매번 두 명 정도의 담당자에게 평상시에 자신이 하는 보험제안을 재현하게 하고 전원이 그들의 대화방법을 검토한다. 신참 사원은 상담에 능숙한 선배의 대화방법을 보고 기술을 배운다. 지금까지 고조카도노점에서는 이런 모임이 준비되어 있지 않았다. 학습모임은 영업담당자가 '무리 없이, 불균형 없이, 낭비 없이' 보험을 제안하기 위한 환경을 만든다. 학습모임을 통한 대화방법 습득과 함께, 제안에 필요한 자료와 보험료 시산이 가능한 컴퓨터도 마련했다.

학습모임은 매주 금요일 오후 6시부터 시작한다. 이 날짜에도 의미가 있다. 자동차 판매점은 토요일 상담이 절정이기 때문에 전날인 금요일은 이튿날의 이벤트 준비나 고객에 대한 권유, 전화연락 등으로 분주하다. 굳이 바쁜 날에 학습모임을 여는 것은 '학습모임을 통해 배운 것을 잊어버리기 전에 다음날 실천하도록 하기 위해서다. 이 점에 대해서는 나카모토 점장이 "이렇게 함으로써 기술이 제대로 정착된다"고 설명했다. 바쁜 금요일에 학습모임을 실시하는 것에 대해 반대하는 의견도 있었지만,

나카모토 점장은 결정된 날짜를 그대로 밀고 나갔다. 그 대신 시간은 오후 7시까지 1시간으로 정하고, 주제도 매번 한 가지로 압축했다.

나카모토 점장이 겨냥한 부분은 적중했다. 학습모임 이튿날 영업담당자가 자신감을 갖고 고객에게 보험을 권하는 모습이 눈에 띄었다. 불안감을 씻어 버리고 신참사원이 옆에서 본 것을 흉내 내서 선배처럼 제안을 시도한다. 이렇게 해서 보험계약이 성사되었을 때는 전원이 그 사람을 칭찬하여 더욱 의욕을 높여준다. 그래서 학습모임에 참가하길 잘했다는 생각이 들게끔 만든다. 첫머리에 소개한 차량 납품 이틀 후에 사고가 난 고객에 대한 적절한 사고대응도 실제로는 학습모임으로 인한 성과였다.

문제를 방치하지 않는 풍토 실현
모든 개선활동의 시작은 시각화

"자동차 보험의 신규계약 성사 건수가 늘어나지 않고 있어. 고객이 가입한 타사의 보험정보도 알아내지 못하고 있는 것 같군. 이런 상태로는 월초 목표를 달성하지 못할 것 같은데 무슨 힘든 일이라도 있나?' 넷츠 도요타 교토의 고조카도노점에서는 오늘도 유타니(油谷直彦) 영업지원과(課) 주임이 동료 영업담당자에게 보험판매 진척상황을 '청취'하고 있다. 유타니 주임은 업무개선 리더인 '벨류 체인 프로모터'다. 프로모터의 역할은 영업담당자 한 사람 한 사람과 매일 보험에 대한 상담을 하고, 평상시에 보험판매 의식을 고쳐시키는 일이다. 젊은 유타니 주임은 상대가 베테랑 선배사원이라고 해도 그의 이야기를 주저 없이 청취한다. 고조카도노점에서는 개선활동을 시작하고 2개월이 경과한 시점부터 영업담당자 전원의 보험성사 건수나 제안상황을 시각화한다. 유타니 주임은 매일 모든 사원들의 보험 진척상황을 확인하고는 모든 수치들을 떠올리면서 열심히 청취한다. 실정을 잘 알고 있기 때문에 누구와도 자연스럽게 이야기를 시작할 수 있다.

과정과 성과가 보이는 게시판 만들기

유타니 주임이 청취하기 전에 반드시 확인하는 것은 사무실 벽에 붙어 있는 '상황 관리 게시판'이다. 체크 항목을 관리 게시판에 집약해 놓자 확인 작업이 간편해졌다. 게시판에는 두 종류가 있다. 한 가지는 자동차 수주상황이나 상담상황, 보험이나 자동차 론(Loan : 대출) 등의 제안상황, 넷츠 교토가 독자적으로 제공하는 지원 서비스 등의 소개 상황을 표시한 것이다. 다른 한 가지는 고객의 보험 만기일을 한눈에 알 수 있도록 한 것이다. 이달에 만기를 맞는 고객을 만기일 순으로 정렬하여, 매일 '만기일 기준 막대'와 '수속 완료 기한일 기준 막대'를 아래쪽으로 그려서 확실하게 기한을 지킬 수 있도록 시각화했다. 그리고 그것이 고조카도노점의 새로운 규칙이 되었다. 관리게시판을 보면 작업의 지연 여부를 즉시 알 수 있기 때문에 유타니 주임은 영업담당자에게 그 이유를 중점적으로 들을 수 있다. 고조카도노점에 관리게시판이 설치된 것은 2월 초의 일이다. 관리게시판이 설치된 후부터는 점장인 나카모토 집행임원 영업부장과 유타니 주임을 비롯한 관리 담당자 전원이 조회나 일상 회의를 모두 게시판 앞에서 진행하게 되었다. 관리게시판을 살펴보고 그 자리에서 그 날 해야 할 일이나 목표와 현재 상황과의 차이를 보충할 방법을 의논한다. 나카모토 점장은 "관리게시판 덕분에 영업담당자와 이야기하기 편해지고 대화가 늘었다"고 밝힌다. 커뮤니케이션의 증가는 업무개선이 가져온 커다란 효과이기도 하다.

문제를 부각시키는 아이디어 창출

아이오이 손해보험의 업무개선에 관리게시판은 필수적인 존재다. 현장에 있는 누구나 현상을 파악할 수 있게 하는 장치로 관리게시판은 대단한 위력을 발휘한다. 관리게시판은 현장 사람들이 스스로 만든다. 개선에 필요한 도구를 본인들이 직접 만드는 것도 도요타의 기본이다. 그렇게 하면 개선작업의 주체가 자기자신이라는 의식이 생겨난다. 도요타식 기업개혁에 반드시 등장하는 시각화의 목적을 한마디로 표현한다면 '문제점을 부각시키되 그냥 지나치지 않고, 그 자리에서 개선해 나갈 수 있는 풍토를 조성하는 것'이라 할 수 있다. 문제점을 알면 그것부터 개선하기 시작하면 된다. 시각화에 의해, 현장 스스로 개선습관을 기르게 한다.

고조카도노점의 경우에는 나카모토 점장이나 유타니 주임이 관리게시판의 보험판매 중간경과를 확인한다. 그리고 고객에게 보험 제안을 늦게 하거나 하는 등의 이상(異常)이 발견되면 바로 '정상'으로 돌아오도록 본인에게 적극 요청한다. 이런 일일 관리가 고조카도노점에 도입되었다. 관리게시판을 보면 내일 이후의 일정도 알 수 있다. 업무개선을 추진하는 나카츠지 상무는 "미래가 보이면 영업담당자의 업무부담을 분산시킬 수 있다. 당황하지 않고 확실하게 업무를 처리하기 위해 시각화로 작업의 평준화를 도모한다"고 말한다. 영업담당자간에도 관리게시판을 통해 서로의 업무 진척상황을 확인할 수 있다. 나카모토 점장은 동료와 비교를 통해 "신규계약 건수의 부족 등 현 상황에 대한 인식이 가능하며, 좋은 자극이 되기도 한다. 무엇보다 전원이 관리게시판을 보면서 다 함께 문제를 깨닫는 것이 가능해진다. 전원이 함께 보면 놓치는 부분도 없어지는 장점이 있다"라고 설명했다.

성과 파악이 어려운 게시판의 개선

관리게시판은 이미 고조카도노점에 없어서는 안 되는 도구가 되었지만, 이 지점에서는 한 차례 관리게시판을 개선해서 다시 만들었다. 처음에 만든 게시판은 체크 항목이 너무 많아 오히려 전체를 알아보기 힘들었다. 항목이 많으면 바쁠 때는 기입내용이 누락되는 되는 경우가 생긴다. 그런 상태로는 확실한 개선이 불가능하다. 그래서 나카모토 점장은 게시판을 다시 만들기로 하고 항목을 지금처럼 압축했다. 핵심은 진척을 알 수 있도록 하고, 개별적인 문제는 매일 청취하거나 회의로 해결하면 된다. 관리게시판은 문제점을 깨닫게 하는 역할을 하는 것이다. 처음에 만든 관리게시판은 또 한 가지 문제점이 있었다. 관리담당자가 매월 목표나 경과를 확인하는 것에 너무 역점을 둔 결과 중요한 자동차 수주 성과가 부각되지 않는 것이었다.

영업담당자에게 있어서 매일 열심히 일한 것을 단적으로 보여주는 영업성적 그래프는 영업 활동에 큰 동기부여를 한다. 고조카도노점에도 이전부터 자동차 수주 대수를 표시하는 그래프가 있었고 그 내용도 관리게시판에 집약되었다. 그러나 맨 처음에 만든 관리게시판은 고객을 나타내는 막대가 세로방향으로 되어 있지 않은 탓에 수주 실적을 알아보기 어려웠다. 이런 방식으로는 영업담당자의 노력한 성과가 잘 전달되지 않는다. 자칫 잘못하면, 관리게시판 도입은 현장에서 '우리들은 감시당하고 있다'는 부정적인 인상을 줄 수 있다. 이런 단점을 보완, 방지하기 위해서라도 나카모토 점장은 관리게시판을 영업담당자의 노력과 업무진척 상황 모두를 균형 있게 표시할 수 있는 것으로 개선했다.

업무개선은 모든 것을 시각화

실제로 지금까지 소개한 고객과 영업담당자의 설문조사에 의한 현상황 분석과 챌린지 맵에 의한 영업담당자의 기술 확인, 역할 연습에 의

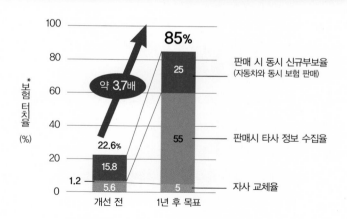

보험계약이 성사된 상황을 나타내는 독자적인 목표도 도입

보험*터치율 (%)

약 3.7배

85%

22.6%
15.8
1.2
5.6

개선 전

25 ── 판매 시 동시 신규부보율
(자동차와 동시 보험 판매)

55 ── 판매시 타사 정보 수집율

5 ── 자사 교체율

1년 후 목표

*보험터치율은 아이오이 손해보험이 고안한 독자지표
판매한 자동차 대수에서 차지하는 보험 성사건수로 계산
고객에게 보험에 관한 타사 정보를 수집한 건수까지 포함하는 것이 특징

한 학습모임, 이 모두는 시각화의 일환이다. 따라서 전부 현 상황의 문제점을 부각시키기 위한 아이디어다. 시각화를 위한 장치의 공통점은 그래프나 표, 색을 활용해서 시각적으로 호소하라는 것이다. 현상을 한 눈에 보고 알 수 있도록 하는 것이 시각화의 목적이므로, 눈으로 보고 알 수 있는 관리가 가장 효과적이다. 특히 그래프로 만들면 현장의 성과나 변화가 더욱 시각적으로 파악된다. 자신들이 처한 상황이 업무개선을 통해 확실하게 나아지고 있음을 보여줄 수 있다. 목표대로 진행되고 있지 않다면 그 사실도 보이기 때문에, 바로 궤도를 수정하면 된다. 고조카도노점은 현 상황과 목표를 보다 명확하게 하기 위해 새로운 지표도 도입했다. 아이오이 손해보험이 독자적으로 고안한 '보험터치율'이 바로 그것이다. 보험 터치율은 수주한 자동차 대수에서 차지하는 보험 성사율을 말한다. 예를 들어 보험이 성사되지 않아도, 고객이 가입하고 있는 타사의 보험정보를 얻어내면 그것도 터치율로 환산하는 것이 특징이다.

1년마다 갱신하는 자동차보험 영업에서는, 고객의 만기일을 파악하는 것이 필수적이다. 타사보험의 만기일을 파악하고 있으면 갱신 전에 고객에게 접촉해서, 다시 제안할 수 있다. 다만, 보험의 타사 정보는 영업담당자가 평상시에 노력하고 의식해서 적극적으로 수집하지 않으면 얻기 어렵다. 고객 스스로가 적극적으로 타사 보험 이야기를 하는 일은 거의 없기 때문이다. 타사의 정보는 즉시 효과를 발휘하는 것이 아니기 때문에 때때로 정보수집을 게을리하기 쉽지만 적극적으로 정보를 축척하면 1년 이내에 반드시 도움이 된다. 그렇기 때문에 보험터치율이라는 새로운 지표를 준비하여 현 상황과 목표를 시각화하는 것이 더욱 중요하다.

개선이 없는 점포와 세 배 차이

"이번 업무개선은 우리 회사에 있어 중요한 전환점이 되었다. 아이오이 손해보험의 개선담당자의 상주가 끝나는 오늘부터 진정한 의미의 출발이다. 현 상황에 만족하지 않고 더욱 확실하게 고객을 향해 업무개선을 계속한다."

2005년 4월 22일, 교토 시내에 있는 호텔 회의실에서 열린 넷츠 도요타 교토의 고조카도노점의 보험 업무개선에 관한 '성과 보고회'의 시작은 넷츠 교토의 야마모토 사장의 한마디로 시작되었다. 보고회에 참석한 넷츠 도요타 간부와 고조카도노점의 영업담당자 등 30여 명이 이 말을 경청하고 있었다.

지금까지 2004년 12월부터 2005년 3월까지 4개월에 이르는 고조카도노점의 보험판매에 관한 업무개선을 소개했다. 여기까지는 고객과 영업담당자의 설문 조사에 의한 현재 상황 분석이나 챌린지 맵에 의한 기술 확인, 역할 연습을 중심으로 한 보험판매 학습모임, 상담진척과 보험 만기일의 시각화 등, 고조카도노점이 도입한 도요타식 업무개선 기법을 중심으로 설명했다. 결과적으로 고조카도노점은 4개월 동안 얼마만큼 변하고 어떤 영업 결과를 냈는지 성과보고회를 통해 더욱 분명해졌다.

월 30건의 초과 목표 달성의 기적

결론부터 말하면, 고조카도노점은 업무개선을 시작하기 전에 세웠던 높은 목표를 달성하는 눈부신 성과를 올렸다. 업무개선작업을 4개월 동안 지속한 후, 점포가 달라졌다는 것을 증명해 보였다. 2005년 1~3월은 전년 같은 시기에 비해 신규보험 성사 건수가 22건 증가하고 3개월 동안 62건의 신규계약을 성사시켰다. 3개월 동안 누계로 60건이 넘는 계약을 성사시킨 것에는 커다란 의미가 있다. 누계 60건은 고조카도노점이 가장 이상적인 목표 수치로 생각해 왔던 숫자였기 때문이다.

고조카도노점은 업무개선을 시작한 2004년 12월에 2005년 신규보험 성사 건수 목표를 240건으로 정했다. 이는 2004년 실적에서 99건 증가

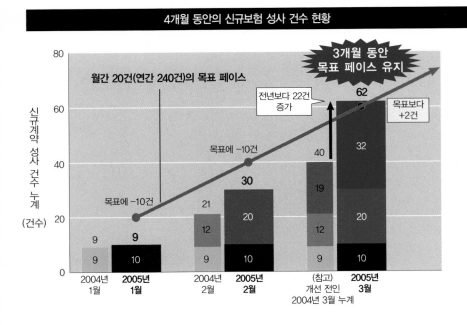

4개월 동안의 신규보험 성사 건수 현황

한 것으로, 전년 대비 170%에 해당
한다. 계획 당시에는 스스로 의구
심이 들 정도로 높은 장벽이었다.
1년 동안에 240건을 성사시키려면
단순히 계산해도 월간 20건의 계
약을 성사시켜야 한다. 또한 이는
영업담당자 전체 인원을 감안해 베
테랑에서 신입까지 모든 사원이 매
월 최소 2건씩 신규계약을 성사시

■▮▮ '성과 보고회'에 넷츠 교토 임원이나 고조카도노점의 영업담당자
가 모두 참가. 왼쪽 끝에 선 채로 보고를 듣는 야마모토 사장

켜야 달성 가능한 수치가 된다. 2004년까지 나온 고조카도노점의 실적
을 고려한다면 목표달성은 쉽지 않을 것으로 보였다.

월간 20건을 성사시키는 추세라면, 분기점이 되는 3월말 누계는 60
건이 된다. 이 큰 목표를 고조카도노점은 달성해 냈다. 영업담당자의 자
신감으로 연결된 것은 3월달 실적이었다. 목표달성을 이루고, 이후 3월

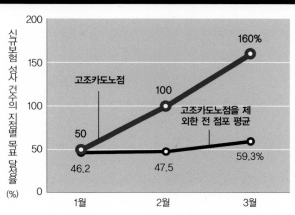

에는 1~2월의 부진을 만회하는, 월 32건의 신규보험이 성사되었다. 월간 목표인 20건을 한 달 만에 12건이나 웃도는 결과를 기록하며 누계 60건이라는 목표 건수를 달성한 것이다. 지금까지 소개해 온 다양한 업무개선활동이 마지막 1개월 동안 단번에 꽃피운 셈이다. 사실 고조카도노점의 영업담당자들은 불안감과 초조함에 사로잡혀 있었다. 역할 연습 중심의 학습모임을 시작하기는 했지만 처음에는 의사소통 등 여러 면에서 자리를 잡지 못한 탓에 월간 목표의 절반인 10건밖에 성사시키지 못했기 때문이었다. 그러던 것이 2월에 들어서면서 학습모임을 통해 얻은 커뮤니케이션 등이 결실을 맺기 시작하면서 목표인 20건을 달성하기에 이르렀다. '업무개선을 계속한다면 결과는 반드시 따라온다' 는 말을 실감할 수 있는 상황이 됐다. 단지, 1월에는 목표보다 10건이 적게 계약을 성사시켰던 영향으로, 1~2월의 누계는 30건을 기록하여, 목표보다 10건 부족하기 때문에 3월에 30건 이상 성사시켜야만 한다. 한 달에 30건은 고조카도노점에서 단 한 번도 달성해 본 적이 없는 수치였다. 그것을 바로 고조카도노점은 달성해 낸 것이다.

5개월 동안 영업담당자의 자신감은 두 배로 증가

고조카도노점이 성장했다는 것은 넷츠 교토의 다른 점포와 비교해 봐도 확연히 알 수 있다. 고조카도노점이 업무개선을 시작한 지 얼마 되지 않았던 1월 한 달 동안은 영업담당자 1인당 신규보험 성사 건수가 2건을 기록하여, 개선 대상이었던 지점의 목표 달성율 면에서 고조카도노점과 그 외 다른 점포들 간의 평균에도 거의 차이가 없었다. 어떤 점포든 목표의 절반(50% 내외)에 해당하는 계약을 성사시키는 것이 고작이었다. 2월에 고조카도노점이 목표를 달성(100%)한 것에 비해, 다른 점포의 달성율은 목표치의 절반에도 미치지 못했다(47.5%). 급기야 3월에는 약 세 배의 차이를 보이고 말았다. 이는 고조카도노점의 업무개선 효과가 어느 정도였는지를 잘 말해준다. 영업담당자의 성장을 뒷받침한 것은 매월 실시한 챌린지 맵에 의한 '보험판매 기술 체크'의 변화다.

현장리더를 통한 다른 지점으로의 개선효과 확산

넷츠 교토의 과제는 고조카도노점의 업무개선을 신속하게 다른 지점에 확산하는 것이다. 그렇지 않으면 고조카도노점과 다른 지점의 격차가 벌어져, 3년 후인 2007년에 넷츠 교토 전체에서 연간 1000건의 신규 보험 계약을 이루어야 하는 목표 달성이 어려워진다. 이에 넷츠 교토는 아이오이 손해보험의 상주지원이 끝난 4월에 즉시 '수평전개추진본부'를 설치하고 우선 각 지점에서 학습모임을 시작했다. 개선사업 전개의 관건은 현장에서 개선추진 역할을 하는 '벨류 체인 프로모터'의 육성이다. 현장에서 리더가 탄생하지 않으면 도요타의 개선활동은 반드시 실패한다고 해도 과언이 아니다. 그만큼 현장리더를 육성하는 것은 도요타식 업무개선에서 중요한 부분이다. 더 심하게 말하면, 도요타는 현장의 리더를 육성하기 위해 늘 개선을 지속해 왔다고 봐도 무방하다. 이런 면에서 보자면 고조카도노점이 업무개선에 성공할 수 있었던 것은 현장에서 리더가 탄생했기 때문이다. 나카모토 집행임원은 벨류 체인 프로모터(현장리더)로 임명된 유타니 영업지원 주임의 성공에 주목한다. 고조카도노점에서 유타니 주임이 성장한 것처럼 각 지점에도 리더가 필요하다.

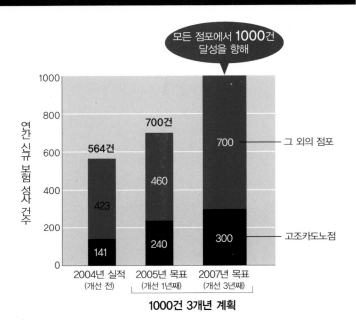

2007년 넷츠 교토점의 1000건 목표 달성 상황

모든 점포에서 **1000**건 달성을 향해

연간 신규 보험 성사 건수

564건

423

141

700건

460

240

700 ── 그 외의 점포

300 ── 고조카도노점

2004년 실적
(개선 전)

2005년 목표
(개선 1년째)

2007년 목표
(개선 3년째)

1000건 3개년 계획

부서 격차 해소와 타사정보 획득 과제

고조카도노점에도 과제는 있다. 향후 모든 점포에서 업무개선을 전개할 때, 고조카도노점의 유타니 주임이 다른 지점에 지원하러 갈 수도 있다. 그렇게 되면, 본거지인 고조카도노점의 인원이 부족해 질 수 있다. 나카모토 점장은 "우리 지점에서 두 번째 세 번째 현장리더가 나오지 않으면, 힘들게 뿌리내린 지점의 업무개선 성과가 좌절 될 것이다"라고 분석하고 이미 다음 리더 육성에 나섰다. 앞에 소개한 지표인 '보험 터치율'도, 현 상황에는 목표치와 동떨어져 있다. 보험 터치율은 개선 전에 비해 3월에는 전체적으로 10포인트 이상 상승해서, 33.3%가 되었

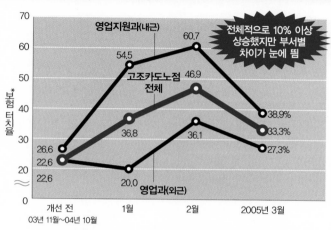

보험터치율의 상승과 미흡한 대처 분석

영업지원과(내근)

전체적으로 10% 이상 상승했지만 부서별 차이가 눈에 띔

고조카도노점 전체

60.7

54.5

46.9

38.9%

36.8

36.1

33.3%

26.6

22.6

22.6

20.0

27.3%

영업과(외근)

개선 전
03년 11월~04년 10월

1월

2월

2005년 3월

보험*터치율

*판매한 자동차 대수에서 차지하는 보험 성사 건수. 타사 정보 획득 포함

다. 물론 향상되기는 했지만 가장 바쁜 시기인 3월에는 보험 터치율이 하락하면서 85%라는 목표치에는 매우 모자란다. 특히 신규보험 계약을 성사시키지 못했을 때 필요한 타사보험 만기정보 획득은 아직도 모자란 상태이다. 고조카도노점은 연간 240건의 계약 성사 목표 중, 60건을 타사 만기정보를 이용한 만기일 이전 판매활동으로 성사시키고자 했다. 고객이 바라는 시점에 행동하는 '저스트 인 타임'의 발상을 토대로 한 만기일 이전 영업이다. 그렇다고 해도 경험상, 타사 만기정보를 사용한 보험판매의 성공률은 10% 정도에 불과하다. 거꾸로 계산해 보면, 60건을 성사시키기 위해서는 약 열 배인 600건의 타사 만기정보를 수집해야 한다. 타사 만기정보 수집의 중요성은 앞으로도 더욱 커질 것이다.

외근 위주의 '영업부'와 내부영업의 '영업지원부'로 나눠 실적을 추적해 보면, 두 부서에 차이점이 있음을 알 수 있다. 예를 들어, 자동차 수

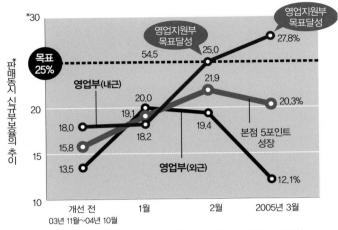

영업부와 영업지원부의 실적 비교

*30

영업지원부
목표달성

27.8%

영업지원부
목표달성

54.5   25.0

목표
25%

21.9

영업부(내근)

20.0

20.3%

19.1

18.0

18.2

19.4

본점 5포인트
성장

15

15.8

영업부(외근)

13.5

12.1%

10

개선 전   1월   2월   2005년 3월
03년 11월~04년 10월

판매동시 신규부율의 추이

*판매시 동시 신규부율 = 동시 신규 성사 건수 / 자동차 수주 대수

주와 동시에 보험에도 가입하게 만든 비율을 나타내는 '판매시 동시 신
규 부보율'은 영업지원부가 목표의 25%를 2~3월에 달성했던 데 비해 영
업부는 3월에 12.1%를 기록해, 목표치의 절반에 못 미쳤다. 이 격차가
영향을 미쳐 전체적으로는 개선 전에 비해 5포인트 향상에 그치는 결과
를 낳았다. 부서 격차를 줄이는 활동이 4월 이후의 과제가 되었다.

업무개선은 현장이 주역

넷츠 도요타 교토의 고조카도노점은 2004년 12월부터 2005년 3월까지 4개월간 보험판매의 업무개선을 실행했었다. 고조카도노점은 도요타식 영업개혁이 본궤도에 올라 1~3월 누계를 기준으로 전년 동일 기간보다 22건 많은 62건의 보험판매를 달성했다. 연초에 세웠던 연간 목표 240건(전년대비 170%)에 따라 월간 20건씩 계약을 성사시켰다. 지금까지 아이오이 손해보험에서는 두 명의 담당자가 고조카도노점에 상주하면서 지원해 왔지만 4월 이후부터는 독립적으로 운영했다. 다른 지점에 대한 업무개선의 수평 전개도 자력으로 추진할 필요가 있다. 넷츠 도요타 교토의 야마모토 요시츠구 사장에게 고조카도노점의 업무개선을 성공적으로 이끌어 낼 수 있었던 이유와 업무개선을 계속하고 있는 4월 이후의 상황 및 향후의 수평 발전방안에 대해 물었다.

"고조카도노점이 업무개선에 성공할 수 있었던 포인트는 네 가지였습니다. 첫째는 이번 업무개선은 현장 사원들이 자기들 스스로의 힘으로 직접 업무를 바꿔가겠다고 생각한 것입니다. 나는 항상 '한 사람 한 사람이 모두 변화의 주역이다'라는 말을 계속해 왔습니다. 누가 시켜서 하는 것이 아니라, 자기들 스스로가 바꿔가겠다는 의식개혁이 무엇보다도 중요했다고 새삼 느낀 셈이죠."

"하지만 그것만으로는 부족합니다. 회사가 진정으로 업무개선을 하고자 의사표시를 한다면 무

넷츠 도요타 교토의
야마모토 사장

엇인가 확실히 보여줘야 된다는 필요성을 느낀 것입니다. 이것이 두 번째 포인트입니다. 작은 점포에서 업무개선작업을 시험하지 않고 기간점포인 고조카도노점에서 시작하겠다고 선언한 것은 그 때문입니다. 맨 처음부터 배수진을 쳤습니다. 기간점포에서 실패하면 미래가 없다는 생각을 전 사원이 하게 만들고 싶었습니다. 나아가 업무개선을 담당하는 임원을 따로 둬서 경영책임도 확실히 했습니다."

"세 번째 포인트는 기법 그 자체입니다. 아이오이 손해보험이 도입한 도요타식 개혁기법은 뛰어난 방법론이라고 굳게 믿었습니다. 우리 회사도 도요타 계열의 판매점으로, 지금까지 개선활동을 계속해 온 셈이지만 이번 기법은 처음 체험한 부분이 많고 큰 수확이기도 했습니다."

"업무개선을 시작하면 상사는 바로 빠른 결과가 나타나길 원하고 순

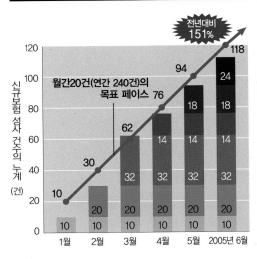

업무개선 시작부터 6개월간의 신규보험계약 성사 건수의 변화

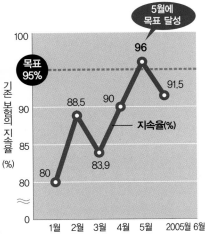

5월의 계약 지속율 95% 초과달성 현황

서를 빨리 앞당겨 추진하고 싶어 하기도 합니다. 그러나 그렇게 되면 일시적인 결과는 좋아진다 해도 현장에서 개선활동은 제대로 정착되지 않습니다. 모처럼 뛰어난 기법을 배우는 만큼 결과를 기다리는 마음 때문에 업무개선 단계를 건너뛰거나 생략하지 않고 확실하게 한 단계씩 밟아나갈 수 있게 해달라고 아이오이 손해보험에 부탁했습니다. 이것이 네 번째 포인트입니다."

고조카도노점이 도입한 수많은 기법 중에서 야마모토 사장은 업무진척 관리게시판의 효과를 강조했다.

"게시판을 만들어 모두가 같은 것을 보고, 같은 단어로 이야기하게 되었습니다. 컴퓨터로 정보공유를 하는 것보다는 아날로그적이지만 이해하기가 쉽습니다. 나도 사무실에서 게시판을 보면서 사원에게 말을 겁니다. 상사와 부하의 편리한 커뮤니케이션 도구인 셈입니다. 그뿐만이 아닙니다. 관리게시판을 보고 있으면 고객의 모습이 보입니다. 이것은 정말 놀라운 일이었습니다. 고객이 보인다는 생각이 들었을 때 관리게시판의 중요성을 다시 한 번 절실히 느낄 수 있었습니다."

야마모토 사장은 이번 업무개선 달성을 통해 회사의 문제점이 드러났다고 밝혔다.

"우리 회사의 약점은 하나의 테마에 몰두하는 자세가 결여되어 있다는 점입니다. 이번 업무개선을 통해 그 점을 확실하게 깨달았습니다. 영업담당자가 같은 목표를 향해서 협력하고 움직임으로써 신규보험 성사 건수나 기존 보험의 지속율이 단기간에 이만큼 성장하는 것을 눈으로 확인할 수 있었습니다. 지금까지는 보험계약 지속율이 떨어져도 '어쩔 수 없다'고 단순히 외면해왔습니다. 하지만 업무개선으로 그런 일들은 사라졌습니다. 이런 상태라면 고조카도노점은 향후에 더욱 좋아질 것이라고 생각합니다."

아이오이 손해보험의 상주 지원이 끝난 2005년 4월 이후 이 회사의 진가가 시험대에 오르기 시작했다. 4월은 3월의 대량계약 반동도 있어 목표보다 6건 부족한, 14건까지 계약 건수가 감소했다. 그러나 곧 궤도 수정을 해서 5월에는 18건, 6월에는 목표치를 초과한 24건으로 그 체제를 재건했다. 야마모토 사장은 자력으로 업무개선을 지속할 수 있는 열쇠는 현장리더 만들기와 인사평가와의 연동이라고 말한다.

"업무개선을 수평적으로 전개하는 데에는 현장리더의 육성이 필수적입니다. 그렇다고 해서 사장이나 점장이 현장리더를 지명하는 것이 아니라 젊은 사원이 스스로 자진해서 입후보하도록 합니다. 본인의 능력을 살펴봤을 때 성공할 확률과 실패할 확률이 각각 50/50라면, 나는 당사자에게 GO! 사인을 줍니다. 자신감을 갖고 현장리더가 되보라고 말입니다."

"50%의 성공확률이 있다면 당사자의 능력으로는 합격점입니다. 그 다음은 경영진의 뒷받침 여하에 따라 성공확률이 60%도 되고 70%도 될 수 있습니다. 그래도 실패한다면 책임은 부하를 지원하지 못한 경영진에게 있습니다. 최근에 생각한 것은 개선제안과 본인의 평가를 연동시키는 일입니다. 높은 현장의식을 유지해서 지속적으로 개선 제안을 하려면, 역시 그 제안을 본인평가에 반영해야 할 것입니다."

현장 좌담회

처음에는 어려움을 겪으면서 4개월 동안의 업무개선과정을 극복하고 성장한 고조카도노점의 영업담당자 세 명이, 도요타식 경영개혁 체험담에 대해 솔직한 이야기를 나눴다. 학습모임 내용을 상담에 활용한 성공적인 체험과 아이오이 손해보험의 상주지원이 끝난 직후의 슬럼프 등 업무개선에 따라 현장에서 울고 웃었던 이야기를 허심탄회하게 전해주었다.

– 업무개선 중에 솔직히 힘들다고 생각했던 시기가 있었나요?

유타니(油谷) 가장 힘들었던 것은, 업무개선 기간 중이라기보다 아이오이 손해보험의 상주지원이 끝난 4월이었습니다. 그때는 날마다 동료의 업무진척상황을 확인하는 등 현장에서의 '청취'를 평소보다도 더 엄격하게 실천했습니다.

다케다(武田) 3월에 우리들이 갖고 있는 힘과 기술을 모두 다 써버렸습니다. 거기다, 2~3월의 차가 잘 팔리는 성수기가 지났기 때문에 4월에는 3월의 여파가 단숨에 밀려왔었습니다. 사실 아이오이 손해보험의 담당자가 가고 난 후에도 하는 일은 똑같았습니다. 우리들끼리도 잘 할 수 있다고 생각했습니다. 그런데 계약이 성사되질 않으니까 당연히 애가 탔었습니다.

　유타니 곧바로 점장님과의 의논을 통해 4월 한 달의 목표달성을 기준으로 할 것이 아니라, 4~6월 3개월을 기점으로 체제를 재건하자는 의논을 했습니다. 챌린지 맵을 통해 어떤 항목부터 우선적으로 지원해 나갈 것인가를 검토하고, 지금까지 보험 계약 건수에 대한 것을 다루던 학습모임 메뉴를 자동차 상담 전반으로 확대하여, 부족한 분야를 극복해 나가기 시작했습니다. 서둘러 노력한 보람이 있어, 6월에는 월간 목표인 20건을 넘겼습니다.

– 2004년 12월에 업무개선 개시가 결정되었을 때, 어떤 생각을 했습니까?

유타니 지금까지도 고조카도노점에서는 보험판매를 재정비하고자 여러 방법을 동원해 왔습니다. 하지만 눈에 띄는 성과가 나오지 않았었습니다. 그래서 아이오이 손해보험에 대한 이야기가 나왔을 때 이번에도 잘 안되는 게 아닐까 하는 불안함을 갖고 있었습니다. 하지만 좋은 기회인 것 같다는 생각도 했습니다. 저는 업무개선을 추진하는 벨류 체인 프로모터(현장리더)가 되었기 때문에, 큰 부담감을 느꼈던 것이 사실입니다. 지금도 매우 부담감을 느끼고 있습니다.

다케다 나는 다른 지점에서 전근해 온 지 얼마 안 된 상황이었습니다. 고조카도노점은 개성이 강한 사람이 많아서 정말로 전 사원이 같은 방향으로 업무개선을 해 나갈 수 있을 것인가에 대해 의문이 들기도 했습니다. 그래서 그런지 3월에 32건을 달성했을 때의 기쁨은 매우 컸습니다. 나도 사상 최고치인 한 달에 5건의 계약을 성사시켰는데, 3월에 다른 사람이 보험을 성사시키자 그것만으로도 매우 기뻤습니다.

누구 한 명이 눈에 띄게 많은 계약을 성사시킨 것이 아니라 모든 사원들의 계약 건수가 뚜렷하게 상승세를 보여서 총 30건을 웃도는 상황이었습니다.

다치구치 2004년 12월 시작 당시, 입사 1년차 신입이었던 저는 누구보다도 불안했습니다. 고객과 보험 이야기를 할 때는 항상 선배와 동행해야 했습니다. 그런 제가 업무개선에 잘 적응할 수 있을지 상당히 걱정이 되었습니다.

– 역할연습 중심의 학습모임을 체험해본 감상은?

유타니 역할연습을 할 때는 선배의 강한 시선이 느껴졌습니다. 후배들의 질문도 이전보다 열 배 정도 늘어났고 질문수준도 점점 높아졌기 때문에 나도 질 수 없다는 생각을 했었습니다.

다치구치 선배의 말솜씨를 배우고, 상담 중에 사용할 만한 우화 등을 알아내려고 학습모임에 필사적인 자세로 참여했을 정도니까요.

다케다 동료의 상담 진행방법이 나와 어떻게 다르다는 것도 알게 되는 등 좋은 공부가 되었습니다. 학습모임이 있는 금요일 밤은 토요일 이벤트 준비와 주말 차량납품 준비로 바빴지만 그런 가운데서도 참가할 만한 가치가 충분히 있었습니다.

유타니 내가 하면 잘할 수 있을 것 같던 내용도 동료나 선배의 역할연습을 보게 되면서 아직 많이 부족하다는 것을 느끼게 됩니다. 다시 생각할 수 있는 기회를 제공해 줘서 좋았습니다.

– 진척상황 관리게시판이 생기면서 자신이 항상 감시당하고 있다는 부정적인 의식은 없었습니까?

다케다 전체 진척 상황을 알 수 있게 되어 나만 숫자가 낮으면 '위험하다' 는 생각을 하게 됐습니다. 내 경우에는 다행이 그것이 좋은 쪽으로 작용했습니다.

다치구치 업무개선 시작과 같은 시기에 나는 선배에게 고객 100명의 보험계약을 이어받았습니다. 그러자 잇달아 만기일이 되었습니다. 게시판에 움직임이 전부 나타나기 때문에 동료들에게 '동작이 느리다'는 핀잔을 들었습니다. 하지만 그런 말을 들을 수 있었기 때문에 더 분발해야겠다고 생각했었습니다. 챌린지 맵의 자기 신고도 마찬가지입니다. 나는 '할 수 없다'는 항목이 많았는데 그걸 모두에게 들켰습니다. 나는 태도를 바꿔서 '잘 모르니까 가르쳐 주세요'라고 말했습니다. 나의 부족한 부분을 보고 점장님과 유타니 주임님이 학습모임 메뉴를 상담해 주었습니다.

유타니 나는 매일 게시판을 보고 각자에게 상황을 들었습니다. 지금까지는 주1회 정도 청취해 왔기 때문에 현재 상황을 매우 잘 파악할 수 있었습니다. 말을 하지 않아도 게시판을 보면 모든 사람의 현재 상황을 알 수 있었습니다.

–어떨 때 업무개선 효과를 느꼈습니까?

다케다 차량 납품 이틀 후에 갑자기 사고를 낸 고객이, 상담 중에 추천했던 보험 때문에 감사하다면서 나를 '여신(女神)'이라고 불렀습니다. 정말 기뻤습니다. 사고 대처요령을 공부한 것이 이렇게 빨리 도움이 되리라고는 생각지 못했습니다.

다치구치 2월경 어떤 고객에게서 '이렇게 상담 초기단계에서 보험 이야기까지 자세하게 설명해 줄 것이라는 생각은 못했다' 며 고맙다는 말씀을 해 주셨습니다. 정말 기뻤습니다. 선배에게도 '상담을 잘 했다'고

칭찬 받았습니다. 단지, 고객중심의 흐름으로 상담을 진행하지 않고 자기 주관대로 보험 상담을 한 경우가 있어서 그 점에 대해서는 선배에게 주의를 받았습니다.

다케다 손님 중에는 보험에 너무 많이 가입한 사람도 상당수 있습니다. 그래서 학습모임에서 배운 지식을 활용해 '손님이 현재 가입하고 있는 보험을 좀 봐 드릴게요'라고 말을 꺼냈습니다.

그러자 고객이 좋아했습니다. 이런 흐름으로 고객이 가입하고 있는 다른 회사의 보험정보를 얻어내는 경우가 많다는 것을 알게 되었습니다. 여유가 없는 고객에게 이익이 되는 플랜을 제안함으로써 보험을 지속할 수 있게 만든 경우도 있었습니다. 이것도 학습모임의 성과입니다. 그것이 4월 이후 90%대의 지속율로 이어졌습니다.

3월에 모두가 하나가 되어 보험성과 향상을 위한 노력을 지속하여 결과적으로 보험 제안이 상담에 자연스럽게 녹아 들어갈 수 있었습니다. 우리들의 좋은 '습관 기르기'가 자리를 잡아가기 시작한 것입니다.

도요타식 개선으로 점원 능력을 최대한 활용

유니의 사례

현장에서 일하는 사람들이 스스로 생각하고 행동할 수 있는 환경을 마련하려는 바람은 모든 소매업자들의 공통적인 중요 과제다. 단순하게 작업을 효율화하거나 인건비 등의 경비절감을 목표로 삼는 것이 아니라, '인간의 생각하는 힘이 현장에서 최대한 활용되는' 시책이 필요하다. 제한된 근무시간 속에서 점원의 능력을 최대한 활용하기 위해 2005년 3월부터 도요타식 개선을 시작한 유니는 점원들의 잠재적인 개선능력을 이끌어 내는데 성공하여, 최초로 개선에 착수한 나고야의 '애피타

개선팀에서 독립선언을 한 유니 애피타 도가이츠점의
다나카 점장과 자율적으로 시작한 개선 제안 제도

도가이츠점'의 경우 전년대비 두 배 증가한 매출신장을 기록했다. 한편, 본부에서는 '개선' 프로젝트 담당자로 야마구치 집행임원이사를 파견하고, 12명으로 구성된 개선팀을 통솔하게 했다. 이 팀은 첫 3개월 동안의 대부분을 시간제 근로자나 파트타임 점원에게 도요타식 개선의 의의를 이해시키는 데 할애하여 전 직원들의 참가를 촉구했다. 야마구치는 "처음 3개월은 인내의 시간이었다. 초조함을 느꼈지만 전 직원들의 참여를 호소하는 시간이었기 때문에 더욱 현장이 이를 받아들이게 만들고 직원들의 생각하는 힘을 끌어낼 수 있었던 것 같다"라고 회상한다.

도가이츠 점장인 다나카에 따르면 점원은 컨설팅 의뢰로 도요다자동직기에서 파견된 세 명의 개선담당자를 현장에서 공공연히 '검은 배'라고 불렀다고 밝힌다. 야마구치 이사조차 도요타식을 '다른 문화와의 접촉'이라고 느꼈다고 한다. 낯선 도요타 용어나 스톱워치로 측정한 현장수치를 근거로 하는 판단 등에는 개선팀조차 당황했다. 더구나 현장에서 일하는 점원들은 도요타라는 검은 배에 두려움을 느꼈다. 그래서 개선팀은 정리·정돈 등과 같은 활동을 통해 점원의 불안함을 불식하고 일하기 편한 환경을 마련하여 점원의 능력 발휘가 가능하게 하는 개선목표를 3개월에 걸쳐 점원들에게 설명했다. 현장의 이해를 얻게 된 후부터는 점원들이 점차 개선에 관한 제안을 하게 되고 그것이 이익증가로 이어졌다. 정리·정돈을 중심으로 한 개선활동은 쇼핑하러 오는 고객에게도 호평을 받고 있다. 일례로 계산대 주변을 정리·정돈한 후에 계산대 개수를 줄여 넓은 통로를 확보한 결과 고객들은 '다니기가 편해졌다'며 긍정적으로 평가했다. 게다가 계산대 주변의 시야가 좋아져 고객은 비어 있는 계산대를 찾기도 쉬워졌다. 통로가 넓으면 점원도 고객을 접대하기가 편해진다. 이 때문에 계산대 개수를 종래보다 두 대 줄였음에도 불구하고 특별히 혼잡한 상황은 벌어지지 않았다. 결과적으로 도가이츠점은 고객만족도가 향상되는 한편 계산대 대여료나 계산대 운영에 드는 인건비도 줄일 수 있었다.

이 결과에 놀란 유니 경영진은 2006년 3월에 개선팀을 12명에서 38명으로 증원했다. 이 인원은 새로운 점포를 개설할 때 구성하는 인원에 필적하는 숫자이다. 점포를 한 개 늘리는 것과 같은 인력을 투입해서라도 기존 점포의 현장에 생각하는 능력을 뿌리내리게 만드는 것이 우선 과제라고 판단한 것이다. 3월부터는 새로 개설하는 네 개 점포에 개선팀을 상주시키고 있다. 2006년 3월 22일에는 도가이츠점의 다나카 점장이 개선팀에서 독립하는 것을 의미하는, '독립선언'을 발표했다. 스스로 개선 리더를 겸임해 전원이 참가하는 개선제안 제도를 새롭게 구축했다. 지금까지 1년 동안 점원 스스로가 생각하는 능력이 밑바탕이 되어 점원들 사이에는 다양한 아이디어가 나왔다. 예를 들어 어떤 점원은 독자적인 레시피로 된 판매방법을 제안해서 이를 다나카 점장이 채택하자 의류나 일용품 매장에서 일하는 다른 점원들도 응원차 방문하기도 했다. 개선활동이 현장의 결속력까지 이끌어낸 것이다.

품질향상과 효율을 동시에 추구
아쿠스의 사례

1초, 1엔 단위로 동작의 낭비나 운반의 낭비 또는 정체로 인한 낭비를 제거해 온 제조업과는 달리, 지금까지 유통업자들의 점포나 물류센터는 낭비투성이었다. 무엇보다 인해전술로 유지해 온 업계인 만큼 도요타의 시각으로 보면 업무개선이 가장 늦은 현장으로 비춰질지도 모른다. 그렇게 업무개선작업이 전혀 이루어지지 않은 유통업계에도 결국은 도요타식 기업개혁의 메스를 대게 되었다. 이는 가격하락이 가속되어 수퍼마켓이나 할인마트 등의 경영자들에게 위기감이 확산되었음을 나타내는 것이라고 할 수 있다. 소매점은 제조업과 달리 매장에서 직접 고객과 마주하게 된다. 작업 효율을 추구한 나머지 매장에 진열된 상품의 품질이 떨어지거나, 점원들의 고객접대 수준이 하락하면 그야말로 본말이 전도되는 상황이 연출된다. 그렇게 되면 고객은 더 멀리 달아나 버리고 만다. 개혁을 추진한다고 해도 품질이나 고객접대 수준을 떨어뜨리지 않고 작업효율을 향상시키는 것이 중요하다.

효율과 품질향상의 동반 추구

품질과 효율 추구는 상반된 주제라고 생각하기 쉽지만 도요타식 기업개혁은 이 두 가지를 동시에 가능하게 한다. 점원이나 작업원이 일하기 편한 환경을 정비하면 실수가 줄어드는 등 품질이 향상되고 손님접대에 더욱 시간을 할애할 수 있다. 이러한 도요타식 기업개혁의 효율에 앞서 관심을 가진 소매점이 홋카이도 최대 수퍼마켓인 아쿠스이다. 아쿠스는 매장에 진열된 식품의 품질과 신선도를 향상시키면서 물류센터의 작업효율을 높이는데 성공했다.

식품의 품질과 신선도에서 도내 최고를 목표로 한 아쿠스의 요코야마 사장은 업계 내에서는 저비용 운영에 힘쓰는 경영자로 널리 알려져 있다. 이 요코야마 사장이 도요다자동직기에 물류시스템 설계와 컨설

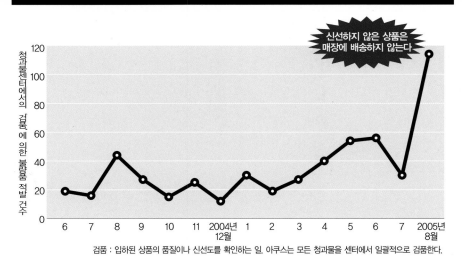

도요타방식을 통한 작업효율과 작업품질 향상과정

검품 : 입하된 상품의 품질이나 신선도를 확인하는 일. 아쿠스는 모든 청과물을 센터에서 일괄적으로 검품한다.

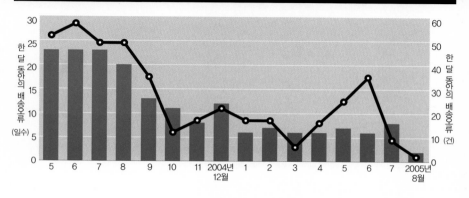

도요타방식을 통한 매월 배송오류 일수 및 건수 감소과정 분석

팅을 의뢰하여 2004년 4월에 가동한 것이 아쿠스의 청과물센터이다. 센터를 구축한 것은 좋은 품질의 청과물을 필요할 때 필요한 수만큼 배달하는 저스트 인 타임을 실현하기 위해서다. 점포에 진열된 야채는 모두 청과물센터에 모았다가 이곳에서 품질검사인 '검품'을 받은 후에 분배되어 필요한 수만큼 각 점포로 배송한다. 검품으로 찾아낸 품질이 떨어지는 상품은 출하에서 제외한 후, 다음날 거래처에 교환을 요구한다. 점포에는 결코 질이 떨어지는 상품을 배송하지 않는다. 청과물류를 센터 한곳에 집약하고 거기에 모인 소수정예의 감정전문 사원 세 명이 검품을 실시한다. 분류작업도 센터가 독점하여 효율을 향상시켰다. 이러한 물류설계에 도요다자동직기가 관여하고 있다. 아쿠스가 키워 온 유통 노하우와 도요타의 개선 노하우가 청과센터에서 하나가 된 것이다.

불량품 적발과 배송오류 개선

앞 쪽의 그래프를 살펴보기 바란다. 이는 가동한 지 1년 반된 청과물 센터의 실적이다. 주목할 것은 검품으로 인한 불량품 적발 건수가 시간이 지나면서 점점 늘어나고 있는 점이다. 2005년 8월에는 114건에 달했다. 2004년 8월에 44건이던 것이 1년 만에 70건으로 늘어났다. 2005년 8월에 입하된 청과물의 작황이 나빴던 것은 아니다. 라루즈 경영본부 신선식품 유통센터장인 마이다는 "최근 1년 동안 열심히 검품해 온 증거다. 특히 복숭아 등과 같은 계절의 영향을 많이 받는 상품은 철저하게 검품하는 습관을 길렀다"고 말했다.

일단 개선하기로 결정한 목표를 이루기 위해서 최대한 노력하는 것이 도요타식이다. 청과물센터의 효과는 품질이나 신선도 향상에 그치지 않았다. 센터의 기본기능인 배송의 정확도도 향상시켰다. 청과물센터의 매월 배송오류 일수는 10분의 1, 배송오류 건수는 25분의 1 이하로 감소했다.

이 정도의 결과에 마이다 센터장은 만족하지 않았다. 배송오류가 급격이 줄어든 것을 기뻐하는 센터 작업원에게 '배송오류는 제로가 되는 것이 당연하다. 작업원들의 의식이 아직도 매우 낮다'는 공문을 돌릴 정도였다. 마에다 센터장은 아쿠스의 저스트 인 타임이 완성될 때까지 고삐를 늦추지 않았다. 점포에서 필요로 하는 상품이 필요한 시기에 도착되지 않는 것에 대해서는 단 한 건도 적당히 넘어가지 않았다. "배송오류로 도착되지 않은 상품이 그 계절의 중점 상품이었다면 어떤 상황이 벌어질까? 매장이 제대로 돌아가지 않고 고객에게 외면당하고 말 것이다"라는 마이다 센터장의 말처럼 이 관점이야말로 고객지향형 현장개

■▌ 도요다자동직기의 협조로 신설한 홋카이도 이시카리시의 청과물센터 　　■▌ 도요타식 업무개선을 적용한 2005년 9월에
　　　　　　　　　　　　　　　　　　　　　　　　　　　　　　　　　　신설된 델리카 센터

선을 위한 것이다.

　또 한 가지 관심을 가질 만한 성과가 있다. 청과물센터의 인원이 계속 줄어들고 있는 것이다. 개설 시에 103명이었던 인원은 현재 그 절반 이하인 51명으로 줄어들었다. 이것은 도요다자동직기에서도 매우 놀랐던 일이다. 아쿠스는 다른 센터에서도 도요타식 개선 노하우를 전개하기 시작했다. 2005년 9월에 가동을 시작한 지 얼마 안 된 델리카 센터 건설에는 도요다자동직기가 어드바이저로 참가했다. 부식(副食) 수량이나 품목변동에 따라 레이아웃을 변경할 수 있는 점 등은 도요타식 기본방식을 답습하고 있는 것이다.

변화대응력으로 이익감소 요인 타파

캐논전자의 사례

자신의 두 배 가까이 되는 커다란 대형 복사기를 가뿐하게 조립한다. 손에 전동식 공구를 드는가 싶더니 순식간에 너트를 조였다. 그런 움직임 속에서 낭비되는 동작이란 전혀 찾아볼 수가 없다. 복사기를 비롯한 영상 사무기기를 생산하는 이바라기현 아니시키시에 있는 캐논전자의 아미 사무소(당시)의 시간감각은 일반인들과 완전히 다르다. 천장 주변에 걸린 '1초를 기준으로'라는 슬로건이 그것을 상징한다. 작업원들은 바로 초 단위에 도전하고 있는 것이다(현재는 도리데 사무국으로 통합).

2000억 엔을 절약한 인간의 기술

아미 공장은 1999년 10월에 컨베이어 벨트 방식에서 한 명의 작업원이 여러 공정을 담당하는 셀 생산방식으로 전면적인 교체를 감행했다. 셀 방식은 생산수량을 유연하게 변경하는 것이 가능하기 때문에 여분의 재고를 보유할 필요가 없다. 2003년 12월 시점에서 영상 사무기기의 재고 회전 일수는 2001년 11월에 비해 약 40%나 줄어들었다. 셀 생산방식의 도입으로 대형설비가 필요 없어진 데다 생산 효율이 종래보다 30~40%나

향상됐기 때문에 설비비나 인건비 억제
로 연결되었다. 이런 여러 성과들을 쌓
아올린 결과, 회사 전체적으로 약 5년
동안 2190억 엔의 비용절감 효과를 보
았다.

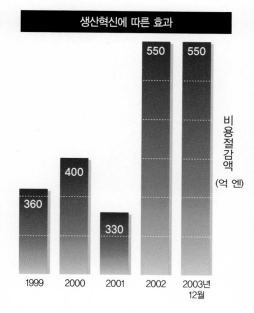

생산혁신에 따른 효과

비용절감액 (억 엔)

550 550 400 360 330

1999 2000 2001 2002 2003년 12월

캐논전자는 경영혁신의 일환으로
생산 프로세스를 근본적으로 개혁하는
'생산혁신'을 실시했다. 이를 통해 경
영환경의 변화에 뒤지지 않는 '변화
대응력'을 키워 꾸준한 이익증가를 이
루고 있다. 이미 시장이 성숙된 단계임
에도 불구하고, 팩스와 프린터 등을 포
함한 사무기기 사업 전체의 영업이익률이 최근 5년 동안 대폭적인 성장
세를 보였다. 2003년도에는 전기 대비 2.9포인트 개선되는 결과가 나타
났다. 변화대응력을 뒷받침하는 것은 공장의 작업원들이다. 이들은 공
장에 남은 공간이나 동작, 물류나 운반, 생산 설비에서 발견되는 낭비를
철저하게 제거한다. 1초의 낭비도 허용하지 않고, 오직 효율을 추구하
는 '개선' 집단으로 변화한다.

의욕을 끌어내는 '할 수 있어' 구호 외치기

'(생산현장에서는) 전체작업 시간의 5000분의 1만이 부가가치를 만들
어 낸다'고 말한다. 혁신 작업과 함께 시작한 '생산혁신 연수(研修)'에서
는 이러한 내용을 작업원들에게 전달하고 낭비를 제거하는 의식을 고

■■■ 한 사람이 대형 복사기를 조립하는 셀 생산 광경. 오츠카의
오른쪽 팔에는 '마이스터'라는 마크가 빛나고 있다.

취시켰다. '90°(도) 돌아보는데 0.6초', '한 걸음 이동하는데 0.8초' 등의 세부 기준까지 만들고, 슬로건 대로 '1초 단위'로 작업과정을 빈틈없이 다시 확인하도록 한 것이다. 의식개혁이 개선집단이 되는 첫걸음인 것이다.

왜 낭비를 없애야 하는지를 머리로 이해하는 것만으로는 부족하다. 이것이 실천으로 이어지기 위해서는 단순한 이해에서 나아가 '낭비를 없애고 효율을 높이겠다'는 작업원의 의욕을 향상시킬 필요가 있다. '오늘이야말로 난 할 수 있다!', 오전 7시 30분경, 작업원들은 공장 앞마당에서 큰 소리로 이렇게 외친다. 이것은 생산 혁신 연수 과정의 일환인 모랄 업(의욕향상) 훈련의 한 방법이다.

'해 보자! 해 보자! 해 보자!', '해 보고 나서 생각하자!' 등의 '할 수 있어 외치기'라고 부르는 이 행동은 섬뜩한 분위기마저 감돈다. 정해진 문구나 각자의 행동목표를 외치는 내용이지만 작업원들은 얼굴까지 찌푸리면서 자신의 의욕을 온몸으로 힘껏 표출한다. "사람은 부끄러움을 잘 느끼기 때문에, 자신이 생각한 바를 좀처럼 말하지 못할 때가 있다"고 이시이 히로시 공장장은 말한다. 소극적인 태도로 개선 제안은 이루어지기가 힘들다. 모랄업 훈련을 통해 작업원들의 적극성을 끌어내는 것이다.

하루, 일주일, 한 달 단위로 개선

생산혁신 연수기간은 약 6개월이다. 이 기간에는 의식개혁 외에 개선을 실천하는 능력을 키우는 연수과정도 있다. 7~8명으로 구성된 그룹으로 나뉘어, 실제로 직장을 매일 개선해 나간다. 각 그룹에는 '코디네이터'라고 부르는 지도원이 있다. 한 달에 한 번, 그룹 전체를 주도하는 역할을 맡은 '닥터'가 '이 직장에는 이러 이러한 점에 아직 개선의 여지가 남아 있다'는 등의 지적을 하면, 개선작업에 착수하고 그 결과를 평가한다.

생산혁신에 따른 비용절감액은 2003년도에는 550억 엔으로 5년 전에 비해 50% 이상 늘어났다. 해를 거듭하면서도 비용절감 규모를 확대할 수 있었던 것은 개선작업이 직장 내에 정착되었기 때문이다. 개선작업을 실시한 직후에는 큰 효과가 나더라도 차츰 그 기세가 수그러져 버리는 경우도 많다. 하지만 캐논전자의 경우는 달랐다. 작업원들이 개선의 손을 늦출 수 없었던 것은 일상적인 업무 속에서도 개선을 기억하게 만드는 장치가 있었기 때문이다. 그 중 한 가지가 개선작업의 진척상황을 정기적으로 확인하는 제도다. '영상 사무기기 회의', '아미공장 혁신 회의', '아침 품질장터' 등 각 직장의 과제를 지적하여 개선책을 검토하려는 노력을 열거하자면 '한이 없다'(이시이 공장장)고 말할 정도다. 일례로 영상 사무기기 회의는 3개월에 한 번 이시이 공장장이 스스로 닥터가 되어 아미 공장을 포함한 국내외 관련거점을 방문한다. 문제점을 지적하고, 개선 목표를 정한다. 각 거점의 간부나 생산혁신 추진부서 등으로 이뤄진 개선그룹이 개선작업에 관한 결과를 닥터에게 보고한다. 2004년 2월부터는 약 한 달간에 걸쳐 중국에 있는 캐논 쑤저우 공장에서

개선작업을 실시한 결과 가공품 절감 등에서 효과가 나타났다. 물론 더욱 자주 개선상황을 살펴보고 있다.

공장 내에 걸린 1초 시점 슬로건이다. 낭비제거가 개선의 시작이다. (사진 내용 왼쪽부터: 20CM 1초, 한 걸음 0.8초, 90도 뒤돌아보기 0.6초, 1초 시점, 동작의 낭비, 운반의 낭비, 정체의 낭비)

공장장은 한 달에 한 번, 부장은 일주일에 한 번, 그리고 과장은 매일 상황을 확인하는 방법을 통해 리더가 실제로 직장을 순찰하면서 개선점을 지적한다. 공장장도 매일 아침 7시 45분부터 '아침 품질장터'라고 부르는 회의에서 전날의 상황을 파악한다. 실질적으로는 매일 공장장을 포함한 관리사원 전체가 업무에서 낭비되는 점이 있는지 여부를 파악한다. 이로 인해 작업원들 사이에는 '개선하자'는 의식이 자연스럽게 뿌리내리게 되는 것이다. 2년 정도 전부터는 적극적으로 다른 회사와의 교류작업을 시작했다. 다른 회사가 우리 회사보다 나은 점을 찾아서 개선에 활용하는 것이 그 목적이다. 매달 한 번, 다른 회사의 공장을 방문한다. 또 반대로 매주 두 번은 다른 회사에서 아미 공장을 견학하러 온다. 특히 자동차 관련 기업의 공장에서 많이 찾아온다고 한다. 자동차 업계라고 하면 도요타자동차의 '도요타생산방식'이 매우 유명하다. 캐논전자도 pec의 야마다 소장에게 컨설팅 의뢰를 통해 도요타생산방식을 배우고 생산혁신을 추진했다. "다른 업종에서 배운 것은 많지만 우리들이 본격적으로 개선작업을 시작한 지는 아직 6년 밖에 지나지 않았다. 같은 내용을 실천한다고 해도 몇 십 년 동안이나 계속하는 기업과는 그 철저함의 정도가 다르다"면서 개선의식이 자리를 잡았다고는 해도, 도요타처럼 개선작업을 더욱 철저하게 지속하고자 노력하겠다고 이시이 공장장은 말한다.

시각화를 통한 개선 촉진

개선작업을 지속하기 위해서 근무시간 활용법도 바꿨다. 작업종료 예정시간보다 빨리 그 날 목표생산 대수를 채우면, 남은 시간은 '개선타임'에 쓰도록 한 것이다. 개선타임을 만든 목적은 작업효율이 얼마만큼 올라갔는지를 작업원 스스로가 확인할 수 있도록 하는 것이다. 작업원은 매일 목표생산 대수에 도달한 시각을 실적으로 기록한다. 이렇게 하면 지난번 기록에 비해, 얼마만큼 작업효율이 향상되었는지 알 수 있다. 개선타임에 지혜를 짜냈던 '낭비제거'의 성과가 수치로 뚜렷하게 확인되는 것이다. 이 과정을 통해 작업원은 더욱 단시간에 제품을 만들기 위해 의욕을 불태운다고 한다.

"개선의 성과를 눈으로 확인할 수 있게 해 주는 것이 중요하다. 육상경기 선수같이 기록을 향상시키기 위해 노력한다"고 이시다 공장은 설명한다. 지금까지는 남은 시간에 한 대라도 더 만들기 위해 노력해 왔지만, 결과적으로는 제조중인 상태로 다음 공정으로 넘어간 것뿐이었다. 작업효율이 어느 정도 향상되었는지를 확인하기가 매우 힘들었다. 공장 내에서는 때때로 여러 대의 대차를 연결한 운반차량이 옆을 지나간다. 실제로 종래에는 대차 한 대씩만 지나갔다. 그래서 부품이나 가공품을 운반할 때 몇 번씩이나 반복해서 왕래해야 했기 때문에 낭비가 생겼던 것이다. 그런데 어느 작업원의 아이디어로 대차를 연결시키는 장치를 만들면서 한 번에 화물을 실어 나를 수 있게 되었다.

▌▌ '생산은 히트상품 만들기' 라며 작업원 육성에 힘을 쏟는 이시이 공장장

최고의 작업 효율이 생기도록 작업원 스스로가 각자 생각해서, 부품 하치장소 등을 정해가는 것도 셀 생산방식의 특징이다. '이런 도구가 있으면 더 효율적으로 작업할 수 있다'는 등의 아이디어가 있으면 직접 설계하고 재료를 사 와서 만들어낸다. 셀 생산방식은 컨베이어 벨트 생산방식과 달리 작업원의 셀프 서비스에 의해 이루어지는 것이 많다. 개인의 노력 여하에 따라 작업효율이 달라진다. 그것이 또한 작업원의 의욕으로 이어지는 것이다.

실제로 아미 공장의 오츠카는 이렇게 말한다. "셀 생산에서는 점점 작업 속도가 빨라진다. 있는 힘껏 최선을 다해도(생산효율이 한계상황에 부딪치지 않기 때문에) 괜찮은 것이 셀 생산방식의 좋은 점이다. 몸은 좀 힘들지만 낭비를 줄여 머리로 이런 저런 잡생각을 하지 않아도 열심히 일할 수 있게 되니까 오히려 편하다."

작업원의 직접 만든 생산설비나 도구, 부품 배치방법을 캐논전자에서는 '지혜테크'라고 부른다. 아미 공장에서는 연간 100가지 지혜테크 만들기를 목표로 삼았다. 1년에 한 번 투자효율이나 아이디어가 우수한 작품을 표창하는 '지혜테크대전'을 개최한다. 수상작품 제작자에게는 50만 엔의 보상금이 주어진다. 표창이라는 인센티브도 개선의욕을 불러일으키는데 한 몫 하고 있다.

물건만들기를 이끄는 마이스터 제도

캐논전자의 셀 생산방식에서는 작업원의 기능에 따라 담당하는 공정 수를 결정한다. 혼자서 제품을 통째로 제작하는 작업원이 있는가 하면, 여섯 명이 팀을 이뤄 하나의 제품을 완성하는 경우도 있다. 나아가 여러 가지 기종을 조립할 수 있는 작업원도 육성하고 있다. 이렇게 능력이 각기 다른 작업원을 임시로 배치하고, 급격한 수요변화에도 견뎌낼 수 있는 최고의 다품종 소량생산방식을 실현하고 있다.

작업원의 능력을 향상시키기 위해서 시작한 것이 '마이스터 제도'이다. 1999년에는 우선 영상 사무기기 부문에 도입하고 2001년에는 회사 전체적으로 전개했다. 매년 한 번 높은 기술을 보유한 작업원을 '마이스터'로 지정한다. 공정시간 등에 따라 여러 등급이 있다. 예를 들면, 최상위인 'S급(스페셜 마이스터)'는 총 2시간 이상 걸리는 모든 공정기술을 습득하고 있어 혼자서 한 가지 제품을 처음부터 끝까지 전부 조립할 수 있다. 앞에 등장한 오츠카도 수퍼 마이스터 중의 한 명이다. 2003년 11월에 발매된 컬러복사기 '캐논 Color image Runner iR C6800'은 부품 개수가 약 2만 5000개에 달한다. '부품 개수가 (도요타자동차의) 카롤러에 맞먹는 수준이라는 것은 이 제품도 가까운 장래에 혼자서 조립할 수 있는 수퍼 마이스터가 탄생할 가능성이 있다는 것이다(이시이 공장장). 회사 전체에서 1년에 다섯 명이 선발되는 S급 마이스터는 사장에게 직접 인

▌▌▌ 세 곳을 연결하는 캐치파레트는 지혜테크 중 하나이다. 운송 효과가 한번에 세 배로 상승했다.

정서와 보상금을 받고 그 외에도 사장과 함께 식사를 할 수 있는 기회가 주어진다. 마이스터를 지정할 때는 시험이라는 형식을 취하지 않고, 사무국 담당자가 현장을 직접 방문해서 공장장이 추천한 후보자의 작업을 눈으로 직접 확인한다. 성과를 올리기 위해서는 능력보유 여부가 아니라 그 능력을 실천하여 성과를 내고 있는지 여부가 중요하기 때문이다. 마이스터 제도는 작업원 한 사람 한 사람이 갖고 있는, 창조정신과 도전정신을 이끌어 내려는 측면이 강하다. 새로운 공정을 익히면 '다음에는 더 많은 공정을 혼자서 해낼 수 있도록 노력해야 겠다'는 의식이 싹트게 된다.

IT혁신을 위한 도요타방식

마쓰시타 전기산업의 사례

"IT 혁신이라는 것은 한 번 중단하게 되면 거기서 정지되어 버리고 만다. 향후에도 마쓰시타 그룹은 전체적으로 연간 400억~500억 엔의 투자활동을 지속할 것이다." 나카무라 사장(당시, 현재 회장)은 2005년도 결산발표 석상에서 거액의 IT 투자를 지속하겠다고 선언했다. 마쓰시타 전기는 이미 IT 투자금액 회수가 궤도에 올라 있는 상태이다. 2005년까지 5년 동안 1733억 엔을 투자하고 1784억 엔의 효과를 냄으로써 이미 투자효과가 투자액을 웃돌았다. CIO(최고정보책임자)인 마키다 임원이 '약진21은 성과를 수확해 나가는 시기'라고 강조한 것처럼 2006년도까지 6년 동안 투입한 2103억 엔에 대한 투자효과는 2276억 엔으로 그 이익은 173억 엔을 훨씬 상회하고 있다. 나카무라 사장이 향후에도 지속적인 투자하겠다고 발표한 최대 이유는 이 프로젝트가 일회성에 그칠 것을 우려했기 때문일 것이다. 약진 21의 큰 주제로 'IT의 생활화'를 내건 이유가 여기에 있다.

IT 생활화를 위한 포석은 이미 마련되기 시작했다. 그 중심이 되는 것이 '업무 프로세스의 시각화'와 '인재 만들기'다. 마쓰시타 전기는 14개의 도메인(사업회사)을 보유하고 있으며 사업영역도 넓지만 공통화를 적용할 수 있는 업무도 많다. 업무를 표준화시키면 중복업무가 사라지는 등 비용절감 효과도 커지는 것을 기대할 수 있다. 마쓰시타 전기는 이러한 작업을 실현하기 위해 정보시스템과 업무의 '재고조사'를 추진하고 있다. 이것이 2010년 완성을 목표로 하는 'CITA(Corporate IT Architecture)' 사업이다. 마키다 CIO가 '역 주변 재개발'을 예로 든 것처럼, 지금까지 각 사업부는 제각기 구축했던 시스템을 정리하고 공통적인 정보시스템 기반을 사용하기로 한 것이다. 지금까지의 해왔던 업무를 '회사 전체 공통 업무', '사업소 고유 업무', '도메인 공통 업무' 세 가지로 나누고 표준화 작업을 추진하고 있다. 회사 전체에서 공통적으로 통제를 가하는 것은 자재조달과 고객만족(기업의 사회적 책임), 제조판매 연계 등 여섯 가지 영역이다.

업무를 통제하기 위한 IT 시스템

예를 들어, 자재조달을 통해 통제하는 것은 전자 견적, 범용품 집중계약, 납품사양 서류의 공통화, 간접 부자재의 집중계약이다. 오랫동안 사업부 제도를 시행한 마쓰시타 전기는 각 사업부에서 제각각 자재를 조달하고, 저마다 자신들이 가장 싼 가격으로 자재를 구입하고 있다고 생각했다. "담당자가 경험과 감각에 의존해 추진해 온 업무를 찾아내고, IT를 통해 업무 프로세스 공개를 제한한다"고 마사키 CIO가 말했듯이 업무 프로세스를 IT를 통해 통제함으로써 표준화를 도모해 갈 것이다.

업무 프로세스를 통제하는 모델을 만들 때에는, 자재조달에 관한 내용이라면 우선, 정보시스템 부서와 자재조달 본부에서 한 달에 걸쳐 KGI(중요성과 지표) 분석을 통해 이상적인 업무형태와 실천 수단을 탐색

2006년 투자효과의 누계 분석

| 창생21 (2001~2003년도) 투자:1153억 엔 / 효과:836억 엔 | + | 악진21 (2004~2006년도) 투자:950억 엔 / 효과:1440억 엔(예상치) | = | 합계 (2001~2006년도) 투자:2103억 엔 / 효과:2276억 엔(예상치) |

2003년도 1년간 효과 ➡ 2005년도 누계로 효과 ➡ 6년 동안 173억 엔의 흑자 기록

분류	항목	악진21의 내용과 효과	투자액*1	효과*1
SCM 관련	민생 SCM	기본상품 보충형 SCM 도입. 구매나 부품 중심으로 매뉴 현인트라넷과 정보 공유 노력 등	612억 엔	1130억 엔
	DEVICE판매 SCM	각 사업소의 판매회사의 POI 정보 일원 관리		
	조달혁신	원재료 외에 가공부품 등 집중 제어 대상 확대. 건전 재료 집중제어과 VMI 도입 등		
상품개발 관련	DPIM(개발프로세스 혁신)	작년에 플러즈마TV 개발착수에서 시장투입까지 소요 기간을 40%로 단축하고 개발 효율화 도모	267억 엔	286억 엔
	디지털 생산	3차원 CAD 설계 방법 도입. 개발효율이 극대화		
CRM 관련	민생 CRM	콜센터에 도착된 고객 의견을 전 사원이 그 다음날 공유할 수 있는 '고객 의견 포털' 등	113억 엔	11억 엔*2
	해외 CRM	세계 동시발매를 위한 상품 판속 정보 데이터베이스 구축 등		
	고객만족 혁신	고객만족의 일원화를 위해 2006년 4월에 종합콜텐츠센터 설립		
기타	I-EPOCH 등 간접업무	메일 서버를 장악과 IP전화 도입 및 오피스 기기 집중 관리	475억 엔	357억 엔
	중국 IT 혁신	그룹에서 자료조달을 일원화하고 중국에서 제조판매 서업을 지탱하는 IT 기반 구축		
	환경경영 혁신	부품 재료에 함유된 화학물질을 관리하는 시스템 등		
	WEB 광고	파나소니 브랜드의 정보 발신기지 '채널 파나소닉'		
	정보기반			
	기타		266억 엔	

* 1 투자액과 효과는 2001년~2005년도 합계 * 2 매출증가는 제외

한다. 나아가 기존 업무 프로세스를 분석하고 표준 업무 프로세스를 작성한다. 그리고 이 업무 프로세스와 정보시스템이 일치하는지를 검증한다.

이러한 내용을 시안으로 만들어 의논한 후에는 통제 모델안을 작성한다. 마사키 CIO가 의장을 맡고, 업무 프로세스 결정 권한을 가진 46명으로 구성된 CITA회의에서 회사 전체의 통제모델로 결정한다. 물론, 회사 전체 통제대상에는 속하지 않는 생산이나 개발 분야의 표준화 작업은 다른 방법으로 추진해 나간다. CAD변환 시스템 등 공통적으로 이용 가능한 부품(어플리케이션)을 만들고 조합함으로써 시스템을 구축한다. 이에 대해서 정보기획 그룹의 고바야시 류이치 경영 IT설계총괄담당은 "이른바 SOA(서비스 지향 구조)발상으로 제작한다. 어떤 식으로 조립할 것인가는 각자 판단해서 결정하면 된다"고 설명한다.

이로 인해 법령개정 등이 있거나 모든 도메인이 각각 대응하지 않아도, 공통부품 수정작업만 하면 정보가 유출되지 않고 대처할 수 있게 된다. 사업재편이 있었을 때도 유연한 대응이 가능하다. 마키다 CIO가 목표로 삼는 '경영은 분산, IT는 집중'이라는 형태를 취하고 있는 것이 바로 CITA인 것이다.

중간계층의 의식개혁 강화

IT혁신을 생활화하기 위해서 인재 만들기에도 힘을 쏟고 있다. 개혁 풍토가 조직에 뿌리내릴 수 있는지 여부는 리더를 어떻게 양성하는가에 따라 달려 있다. 약진21에서는 작업이 순탄치 않았던 경우가 있었다. 가장 최대 원인은 투자판단을 하는 각 도메인의 경영진들이 IT에 대한

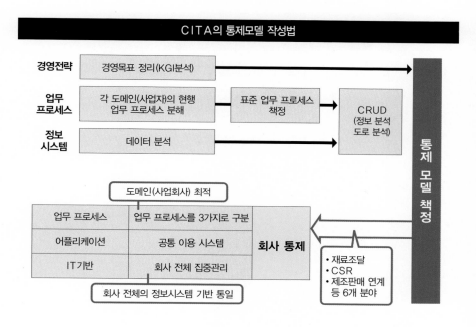

CITA의 통제모델 작성법

경영전략	경영목표 정리(KGI분석)		
업무 프로세스	각 도메인(사업자)의 현행 업무 프로세스 분해	표준 업무 프로세스 책정	CRUD (정보 분석 도로 분석)
정보 시스템	데이터 분석		

통제 모델 책정

도메인(사업회사) 최적

업무 프로세스	업무 프로세스를 3가지로 구분
어플리케이션	공통 이용 시스템
IT기반	회사 전체 집중관리

회사 통제

회사 전체의 정보시스템 기반 통일

• 재료조달
• CSR
• 제조판매 연계 등 6개 분야

이해가 부족한 데 있었다. 이때는 시스템 투자라고 파악하고, 경영진이 참가하지 않은 채 정보시스템 담당자에게 일임해 버렸지만 약진 21에서는 IT 투자에 대한 이해를 높이는 연수제도를 추진했다. 이때 경영진을 대상으로 삼은 것이 IT 혁신경영 간부 세미나다. 투자권한을 가진 사업소장급 사람들을 이틀 동안 외부에 못 나가게 하고, IT 혁신에 어떻게 착수해야 하는지를 배우게 하는 것이다. 이 세미나는 지금까지 2년에 걸쳐 14번을 개최하고 207명이 수강했다. 이러한 사업소장급 대상 연수는 마쓰시타 전기에서는 처음 시도하는 것으로 약 90%의 사업소장들이 이미 수강을 마쳤다.

해마다 연초 첫 번째 회의는 본부장인 나카무라 사장이 IT혁신에 대한 생각을 직접 말하는 것으로 시작한다. 그 후에는 생산이나 경영 등 다른 업무를 담당하는 4~6명이 그룹을 만들어 '리드타임이 길다', '어째서 재고가 많은가' 등 가상 부서의 경영과제나 해결책을 고민한다. 또한 2004년 12월부터 현장에까지 직접 가서 실시하는 '출장 연수'에 착수하여 현장리더들의 의식개혁을 촉구하고 있다.

도요타식 개선의 도입

실제로 마쓰시타 전기의 주요 공장에는 도요타식 개선작업이 시작되었다. 2005년에 회사 전체에 개선활동을 전개하기 위한 제조공정 혁신센터를 설치했다. 소장에는 도요타자동차 출신 다케우치가 취임했다. 예를 들어 냉장고를 제조하는 구사츠 공장의 경우에 종래에는 생산라인의 속도를 올리는 것이 생산성을 향상시킨다고 생각하여, 한 대당 작업 시간을 11초로 정했었다. 하지만 작업분석을 실시한 결과, 속도가 빠른 탓에 작업을 완료하지 못하고 다음 담당자가 또 같은 작업을 반복하는 낭비가 발견되었다. 그래서 라인을 두 개로 만들고 22초 동안 이동하도록 했다. 계산상으로는 같은 생산성을 확보할 수 있다. "부가가치를 창출하는 시간을 늘리는 것이 바람직하다"라는 다케우치 소장의 조언을 받아들인 것이다. 작업속도를 늦춤으로써 생산성이 향상되고 20초로도 지금까지와 같은 양의 작업을 할 수 있게 됐다. 즉 생산성이 10% 향상된 것이다.

공장의 현장은 본인의 개선방식에 얽매이지 않고, 도요타식이라는 다른 문화도 도입함으로써 새로운 분위기를 조성하고자 활동하기 시작한 것이다. IT혁신에 관한 전체 프로젝트는 도요타자동차에서는 수십 년에 걸쳐 쌓아 올린 개혁풍토를 단기간에 확립하려 한 것이라고 말할 수 있다. IT를 활용함으로써 개선풍토 마련을 위한 시간을 절약한 것이다. 그러나 IT만 도입한다고 효과가 있는 것은 아니며, 현장개선이라는 두 개의 바퀴가 동시에 굴러갈 때 커다란 효과를 낼 수 있는 수 있다. 2006년 6월에 나카무라는 오츠보 후미오 전무에게 사장 역할을 넘겼다. 강력한 카리스마로 경영개혁을 이끌어 오던 나카무라의 뒤를 이어, 2010년에 경영 이익율 10% 달성에 성공할 수 있을 것인가? 그 열쇠를 쥐고 있는 것은 지속적인 개선의식을 가지고 있는 33만 명의 직원들이다.

ROI에 나타나지 않는 효과가 조직을 강하게 만든다

마키다 다마에 • 정보시스템 담당임원 IT 혁신본부 부본부장. 1969년 4월 마쓰시타 전기산업 입사. 94년 아메리카 마쓰시타전기로 파견. 97년 9월 귀국 후 정보시스템 담당 겸 정보기획부 부장으로 취임. 2000년 4월부터 코퍼레이트 정보시스템사 사장. 같은 해 7월에 IT혁신 신(新)본부 부(副)본부장. 2003년 6월 임원 취임.

5년째를 맞은 'IT 사내 혁신 프로젝트'는 투자효과가 처음으로 누적 투자액을 웃도는 수준에 이르렀다. 약진 21(2001년도~2003년도)은 제조나 개발 등 다양한 노력을 기울였으나 투자액 대비 성과는 70% 정도였다. 앞서 착수했던 사업장의 성과가 주를 이뤘기 때문이었다. 약진21의 추진기간은 성과를 수확하는 시기라고 생각했다. 마쓰시타 전기는 사업영역이 매우 복잡한 조직이기 때문에 투자영향이 나타나기까지는 시간이 걸린다. 약진21을 통해 사업재편 등 개혁에 착수해온 후발 사업소를 선별하여 회사 전체적으로 효과를 높인다. 이때 투자 효과액은 손익계산서 상에서 효과가 있었던 수치를 중심으로 모은다. 매출증가의 요인은 다양해서 단순한 효과로는 파악하기 힘들기 때문에 참고정보로만 활용한다. 경영자가 안심할 수 있을 만한 대략적인 투자효과 측정은 필요하지만 그것이 전부는 아니다. 너무 한 부분에만 집착하면 개혁 속도가 떨어지기 쉽다. 최저수준만 달성하면 된다는 인식이 필요한 것이다. 그보다도 ROI(투자수익률)에 나타나지 않는 효과야말로 대단히 중요하다고 생각한다. 예를 들어, 상품화를 목표로 착수한 개발혁신 프로젝트에서 플라즈마 TV(비에라)의 개발 리드타임이 40% 단축됐다. 이에 따라 1년에 두 번 신제품을 발매할 수 있게 됐다. SCM이나 CRM 등 다양한 프로젝트가 하나가 되어 처음으로 큰 효과를 낸다. IT로 개발력 향상을 도모했으나 경영상의 수치로는 그 효과를 알아보기가 어렵다. 하지만 조직은 강해지고 이는 회사가 보유한 힘이 되었다. 암묵적인 지식을 형태를 가진 지식으로 바꾸려는 노력을 추진함으로써 조직의 힘을 키운 것이다.

　미국법인으로 옮기던 시절에, 프로세스와 함께 IT를 변화시킬 필요성을 느꼈다. 정보시스템 부문에서는 10년 전부터 생각했던 아이디어였다. 경영은 분권화하고 IT는 집중화를 도모함으로써 사업재편 등 시대의 흐름에 신속하게 대처할 수 있게 된다. 이것은 가볍고 빠른 마쓰시타 전기를 실현하기 위해 필수적이다. 최근 5년 동안, 각 사업소 경영자들의 의식은 크게 달라졌다. 회의를 할 때도 정보시스템 담당을 데리고 와서 인사만 하면 된다고 생각했던 경영자도 있었으나 지금은 투자에 관한 의논을 하게 되었다. 새로운 사장으로 취임한 오츠보 후미오 전무와도 이야기를 나눴다. IT 혁신을 사장이 직접 관할하는 사업으로 추진할 것이 확실하다. 남겨진 과제는 IT 혁신의 글로벌 전개다. 경영자들은 해외투자가 성장엔진이라고 말해왔지만 아직도 해외의 IT 투자는 부족한 상태다. 경영개혁이 계속되는 한 IT 혁신은 지속될 것이다.

도요타식으로 중국을 이긴다

후지제록스의 사례

"우리들은 앞으로 어떻게 될까요?" 2003년 10월 후지제록스 국내 공장에서 일하는 근로자들은 전에 없던 불안감에 휩싸였다. 제록스는 그룹 생산량의 90%를 중국 현지 공장으로 이전하겠다는 결단을 내렸기 때문이다. 이 시점에도 생산량의 60%는 상해나 선전(深洲) 공장으로 옮겨진 상태였으나 중국 이전을 가속화함으로써 비용경쟁력을 향상시키려고 했다. 이 회사는 경쟁기업에 비해 인건비가 낮은 중국이나 동남아시아에도 뒤쳐져 있었다. 몇 년 이내에 국내 생산율은 전체의 10%까지

개선 전 vs 개선 후

후지제록스는 2003년 10월부터 그룹이 힘을 합쳐 생산거점의 중국 이전을 추진했다. 몇 년 이내에는 중국에서의 생산비율이 전체의 90%까지 상승할 계획이다. 현재까지 70% 이상이 중국에서 생산되고 있다. 이 상태로 간다면 장래 국내 생산비율은 10% 이하로 떨어져 버린다. 연 15% 비율로 제품가격이 하락하는 디지털 복합기 시장에서 살아남기 위해서는 가격인하 속도를 따라잡을 수 있도록 비용 체질을 키워야 한다. 중국과 비용 면에서 열세에 있게 되면, 일본내 생산은 계획했던 것 이상으로 축소될 가능성도 있다.

제록스의 일본 국내 공장이나 생산 자회사는 필사적으로, 2004년 가을부터 도요타생산방식을 도입하기 시작했다. 저명한 컨설턴트를 공장에 영입하여, 생산혁신에 도전했다. 시범 공장이 된 스즈카 후지제록스(미에현 스즈카시)는 최근 1년반 만에 생산성이 두 배로 증가되고, 재고가 절반으로 줄어드는 등 큰 효과를 나타내고 있다.

내려갈 것이다. 국내공장의 폐쇄나 축소는 피할 수 없다. 제록스의 주력공장이었던 가나가와현의 에비나 사업소는 이미 생산기능의 대부분을 중국으로 이전하였으며 일부를 생산 자회사인 스즈카 후지제록스 (SFX)가 인수했다.

주력제품의 생산 정책

핵심부품 생산만은 국내에 남기고 싶다. SFX의 츠카모토 타쿠조 사장과 생산총괄 본부장인 하야가와 키미토 이사는 매일 이런 생각을 했다. 이대로는 중국의 기세에 밀려 현장의 사기가 떨어지고 말 것이 확실했기 때문이다. 그런 상황에 있을 때, 같은 생산 자회사에서 제록스가 2001년 10월에 NEC로부터 매수한 니가타 후지제록스 제조(니가타현 가시와자키시)가 2002년 7월부터 착수한 생산혁신에 관한 이야기를 듣게 됐다. 두 사람은 즉시 니가타로 날아갔다. 거기서 츠카모토 사장과 하야가와 이사는 도요타생산방식을 눈으로 직접 확인했다. "지금까지 몰랐던 것을 깨닫는 계기가 되었다. 살아남기 위해서는 이 방법밖에 없다는 생각이 들었다"고 츠카모토 사장은 회고했다. 1982년에 설립되어, 과거에는 최첨단 공장으로 표창까지 받은 SFX는 상품제작에 대한 높은 자부심을 갖고 있다. 그런데도 "지금까지와 같은 식으로는 국내에 머물 수 없다. 전혀 다른 방식으로 공장을 변화시켜야 한다"고 츠카모토 사장은 생각했다. 그러기 위해서는 도요타의 생산방식이 가장 적당하다고 생각하기에 이르렀다. 니가타 후지제록스를 지도한 사람은 이와키 생산시스템 연구소의 컨설턴트인 이와키 대표이사다. 이와키는 도요타생산방식의 창설자인 오노에게 직접 비결을 전수받은 인물이기도 하다.

츠카모토 사장은 즉시 이와키와 면담을 했다. "기업은 사회공헌을 위해 만들어진 것입니다. 국내에서 부품을 조달하고 국내에서 조립하며 국내에서 판매하기 위한 것이라면 도와 드리겠습니다"라는 이와키의 다짐을 받았다. 츠카모토 사장은 "그 말에 공감했다"고 회상했다. 2004년 9월에 SFX에 온 이와키는 현장을 살펴보자마자, 지금 당장 생산라인을 바꾸라고 말했다. 이 말을 듣고 츠카모토 사장 이하, 그 자리에 있던 모든 사람들은 몹시 놀라 얼굴색이 변했다. 오랫동안 현장에서 근무한 하야가와 이사가 봐도 라인 변경은 사전에 도면을 받고 휴일에 하는 것이 상식이었다. 그런데 이와키는 지금 당장 바꾸라고 진지한 얼굴로 반복했다. SFX는 허겁지겁 레이아웃 변경작업을 시작했다. 이와키의 지도방법은 일관되게 현지 현물 방식을 적용한 것이다. 츠카모토 사장이나 다른 임원에 대해서도 일이 생길 때마다 "현장을 직접 보신 적이 있나요?"라고 매섭게 물었다. '도큐멘트(서류) 컴퍼니'를 표방하는 제록스에 대해 한 치의 양보도 없이 "도큐멘트는 필요 없습니다. 모든 것이 현지 현물 방식으로 이뤄져야 합니다"라고 제안했다. 현장에 이상한 점이 있으면 그 자리에서 바로 고쳤다. 이와키의 입장에서 보면 SFX라인은 지나치게 길다. 이와키는 출구 가까이에 있는 공장 끝부분을 손가락으로 가리키며 "저 구석 쪽을 향해 라인을 계속 줄이세요"라고 말했다. 작

광학유닛라인은 셀 생산방식을 중단하고, 독자적인 릴레이 생산방식으로 변경했다.

2004년 9월
• 셀 생산과 연속 생산 병행
• 구부러진 라인
• 전공정으로부터의 무리한 생산

도요타생산방식

2006년 3월
• 릴레이 생산(작업원의 다기능화에 의한 협조생산)
• 일직선 라인
• 사용된 양만큼 만드는 후 공정 인수

평균 가공 중 재고는 1/20으로 줄어듦

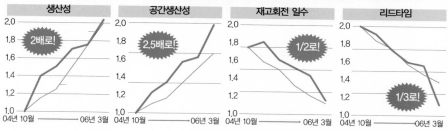

* 2004년 10월을 1로 했을 때의 상대비교

업원이 당황하면 "지금 안 하면 언제 할 건가요?"라고 재촉했다. 마침 그 자리에 있던 사람을 모두 모으고, 심지어는 츠카모토 사장까지 케이블을 들고 가동중인 라인을 단축했다. SFX에는 브라질 출신 근로자도 많았기 때문에 포르투갈어까지 써가며 작업원을 생산혁신 작업에 참여시켰다.

2004년 9월부터 2006년 3월까지 25번이나 지도회를 개최한 보람이 있어 SFX는 1년 반만에 다시 태어났다. 2004년 10월에 비해 생산성(비용에 대한 생산액)은 2.48배로, 공간 생산성(면적에 대한 업무량)은 2.48배로 늘어났다. 나아가 재고회전 일수는 약 절반으로 줄어 부품입고에서 제품판매까지의 전체 리드타임이 80%까지 단축됐다. 또한 이 기간에 에비나 사무소에서 SFX에 대한 생산기관 이전도 실시되었다. 이에 대해 "도요타 생산방식이 아니었더라면 작업 수용공간이 부족했을 것이다"라고 하야가와 임원은 회상했다. 그만큼의 업무를 수용하고 내재화할 수 있었던 것이다. 츠카모토 사장은 대단한 반응을 보이며 "상당부분을 국내생산으로 할 수 있다는 자신감이 생겼다"며 자신 있는 태도를 보였다. 목표는 2006년 중에 생산성과 공간 생산성을 2004년 10월의 세 배로, 재고 회전

일수와 리드타임을 3분의 1로 만드는 것이다. 하야가와 임원은 '모든 사람이 한마음이 되면 목표를 달성할 수 있다'고 말했다. SFX의 눈부신 성과를 보고 제록스의 아리마 토시오 사장도 '국내생산을 더욱 지속하는 방향으로 검토할 계획'이라는 발언을 하기에 이르렀다.

셀 생산의 중단과 릴레이 생산

SFX는 최근 1년 반 동안 제품 조립방식을 크게 변화시켰다. 현장에서 상징적이었던 것이 셀 생산의 중단이다. 디지털 복합기 업계에서는 캐논 전자의 셀 생산방식이 유명하다. 셀 생산은 캐논이 약진할 수 있었던 원동력으로 유명하다.(캐논 사례 참조) SFX도 일부에서 셀 생산방식을 도입하고 연구해 왔으나 '현장에 강한 흐름을 만들겠다'는 이와키의 지도하에 셀 생산은 중단하고 연속 생산방식으로 돌아왔다. SFX에서는 이 방법이 전체적인 효율을 향상시킬 것이라고 판단했기 때문이다. 지금은 이 라인의 일부가 SFX독자적인 '릴레이 생산'으로 발전했다. 릴레이 생산이란 각 작업원이 자신의 작업을 처리하면서, 앞뒤 사람들의 작업이 지연될 경우에는 그 사람들의 작업까지 맡아서 전체적인 작업속도를 떨어뜨리지 않는 조립기법을 말한다. 육상경기의 릴레이 선수가 다른 선수들과 협력하면서 바통을 넘겨주는 것과 닮았기 때문에 SFX에서는 이것을 '릴레이 생산'이라고 부르고 있다.

앞뒤 사람을 돕기 위해서는 작업원 사이의 간격을 단축하고 일직선으로 서서 조립중인 제품을 한 개씩 후 공정에 있는 사람이 맡는 '1개 흐름' 라인으로 바꿔야만 한다. 낱개로 제품을 이동시키면 도중에 불필요한 재고가 쌓이지 않는다. 릴레이 생산에는 도요타의 협동정신이 숨 쉬고 있다. 혼자서 묵묵히 한 개의 유닛을 조립하는 셀 생산과는 달리 팀워크가 요구된다. SFX는 릴레이 생산으로 수요변동이나 결원으로 인한 어려움에도 유연하게 대처하고 있다. 광학유닛 라인에서는 평균 제작 재고가 20분의 1로 줄어드는 등 비용 면에서 효과가 뚜렷하게 나타났다. 릴레이 생산을 실천하려면 작업원의 다기능화가 필수적이다. 앞뒤 작업까지 습득하지 않으면 서로 협력하는 것은 불가능하기 때문이다. 그런 면에서 본다면 셀 생산 도입은 쓸데없는 일이 아니었다. 셀 생산으로 여러 가지 공정을 익힐 수 있는 다기능화가 현장에서 실현됐기 때문에 SFX는 릴레이 생산으로 바꿀 수 있었다.

SFX는 현재 간판을 이용해 현장정보를 전달하면서 릴레이 생산능력을 키워 공장 내의 역내물류를 한참 변경하고 있는 중이었다. 더욱이 공급사슬 경영 SCM(Supply Chain Management) 전체에서 효율을 향상시키기 위해 전후에 '조달물류'와 '제품물류' 개선도 시작했다. 그 중에서도 가장 중요한 것이 가와카미의 조달물류이다. SFX의 디지털 복합기는 원가의 80%를 부품 재료비가 차지한다. 이 때문에 하야가와 이사는 "생산개혁은 부품업체와 함께 추진해야만 성공할 수 있다. 간판을

물류를 세 분야로 나눠 SCM전체를 개선한다

조달물류	구내물류	제품물류	
부품업체	스즈카 후지제록스		
매입처 맵(Map)을 작성하여 지역별로 **정시 루트 편**	간판을 사용한 **릴레이 생산**	고객 기업	루트 편
공장 → 부품 매장	→ 포장	고객에게 가까운 제품 허브 거점	판매망

✓ 사장이 현장의 의견에 귀기울이면서 적극적으로 도요타생산방식을 선도한다.

✓ 조달거래처에서 고객 거래처까지 SCM전체적으로 JIT를 도입

✓ 유행에 휘둘리지 않고 자기 회사에 맞는 기법을 채택한다.

✓ 인건비가 저렴하다는 이유만으로 안이하게 해외생산을 밀어붙이지 않는다.

돌리거나 재료비를 포함한 배송 비용을 줄이기 위해, 매입처 지역별로 루트를 정비하는 중이다. 다행히도 SFX가 있는 동해 지구에는 도요타와 연관된 매입처가 수없이 많다. 이러한 부품업체에게 오히려 많은 것을 배운다"라고 했다.

불량률 제로를 고집하는 센타이 공장
고바야시 제약의 사례

"현장바닥에 가공 중인 제품들이 잔뜩 떨어져 있었습니다. 이전 공정 직원이 열심히 만든 부품들이 낭비되고 있었던 것입니다." 고바야시 제약의 최대 생산거점인 자회사 센다이 고바야시제약의 단바 다카시 사장은 도요타그룹 출신의 컨설턴트에게 이런 지적을 받고 충격에 휩싸였다. 가공중인 제품이 바닥에 떨어져 있는 것은 흔히 있는 일로 지금까지 이상하다고 느낀 적이 없었기 때문이었다. 컨설턴트는 숨 돌릴 틈도 없이 "현장에 리더가 보이지 않습니다"라는 말을 이었다. 단바 사장은 본인이 평소에 부족하다고 느꼈던 부분을 컨설턴트가 단숨에 간파하는 데 대해 할 말을 잃었다.

도요타 출신들이 만든 OJT 솔루션스(나고야시)의 컨설턴트는 고바야시 제약의 히트상품인 화장실 세정제 '액체 블루렛 오쿠다케'의 생산라인을 진단했다. 고바야시 제약의 주력상품을 생산하면서도 제조 비용부담이 커서 이익을 내지 못하는 센다이 고바야시에서도 문제의 라인이었다. 하지만 컨설턴트는 이 라인은 향후 개선여부에 따라 얼마든지 좋아질 수 있다고 했다. "이 공장에는 불량률 제로를 고집하는 분위기가 느껴지지 않습니다." 컨설턴트는 단바 사장에게 이렇게 잘라 말했

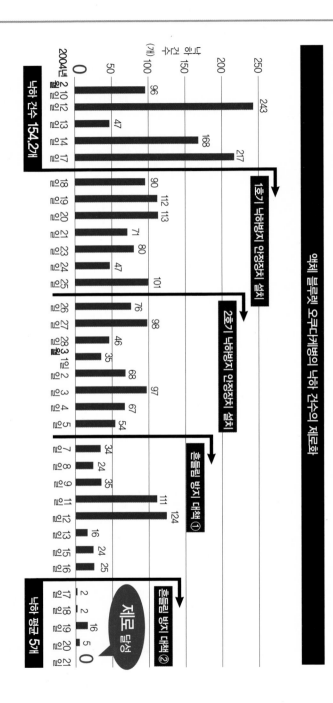

다. 이 말 한 마디가 단바 사장의 가슴에 비수가 되어 꽂혔다. 그 이후로 '불량률 제로를 고집한다'는 말이 센다이 고바야시의 구호가 되었다.

센다이 고바야시는 지금까지 독자적인 개선활동을 추진해 왔다. 연간 3만 6000건이나 되는 사원들의 제안서에는 현장개선안도 다수 포함되어 있다. 현장에서부터 실력을 키운 고바야시 제약의 나가하라 토모하루 집행임원은 "고바야시 제약에는 이전부터 개선풍토가 마련되어 있었다"고 말한다. 그러나 도요타에 비하면 너무 허술했다는 것이다. 이에 대해 "도요타의 개선현장을 직접 목격하고, 우리가 아직도 많이 부족하다는 것을 통감할 수 있었다"고 나가하라 토모하루 집행임원은 회고한다. 도요타의 관점으로 고바야시 제약을 보았을 때 가장 문제로 부상하는 것은 애써 추진한 개선작업이 정착되지 못하고 시간이 지남에 따라 원점으로 돌아와서 같은 과제를 또 다시 개선하려고 한 점이었다. 단바 사장은 개선의식이 정착되지 않는 것이 불량률 제로를 목표로 삼지 않았기 때문이라고 자책했다. "이전보다 좋아지면 된다는 생각으로 개선작업을 추진하면 곧바로 원점으로 돌아오게 된다. 그런 식으로는 개선제안 건수는 늘어도 과제가 근본적으로 해결되지 못하게 되어 상황이 진전되지 않음을 깨달았다"고 단바 사장은 말했다. 불량률 제로가 생활화되지 않으면 개선을 위한 노력에 진전이 없다.

'고바야시 K경영학교' 등 수많은 사내교육을 경험하고 센다이 고바야시의 사장에 오른 단바 사장은 '강한 도요타를 배운다'며 독학으로 도요타를 연구해 왔다. 동작이나 운반작업 중의 낭비부터 전기세나 수도요금에 이르기까지 공장에서 발생되는 모든 낭비에 대해 사원들이 지적할 수 있는 시스템을 만들고 2002년 8월에는 직접 '낭비F' 표찰을 생각해 내기에 이르렀다. 낭비의 현장을 발견하면 전용 용지에 그 내용을 적고 복도에 걸어두는 것이다. 이것이 'F붙이기'라고 하는 것이다. 표의 개수는 사원들이 발견한 개선 포인트의 수량이며, 개선이 끝난 표찰은 떼어버린다. 이것을 'F떼어내기'라고 한다. 독자적인 비용 환산표까지 준비하여 찾아낸 낭비가 연간 얼마만큼 손실로 이어지는지 계산하게 만든다. 이것이 낭비의 시각화다.

'낭비F' 표찰을 통한 낭비발견 능력키우기

낭비F 활동이 왕성한 라인에서는 9개월간 154개의 낭비F표찰이 걸렸고, 그 중 80건의 개선작업을 마쳤다. 이 작업은 일정한 성과를 거뒀지만 단바 사장은 이에 만족하지 않았다. 본사의 고바야시 유타카 사장에게 간곡히 부탁해서 도요타 출신이 직접 전수하는 컨설팅을 받을 수 있도록 했다. 뛰어난 네이밍(Naming) 능력이나 사람들의 눈을 끄는 '매장' 만들기로 정평이나 있는 고바야시 제약이지만 한편에서는 신상품 생산을 외부에 위탁하는 경우도 있어 지금까지 고바야시 제약의 생산현장

■▮▯ 액체 블루렛 생산라인. 비디오 분석을 통해 포장 공장의 낭비를 줄여, 생산능력의 17% 향상

이 주목받는 일은 거의 없었다. 일용잡화의 가격하락이 계속되어 자체생산을 단행한 상품은 제조비용절감이 문제가 되었다. 어려운 환경에서도 수익을 증대시키려면 능숙한 마케팅 전략뿐만 아니라 생산부문의 개혁이 필요했다.

센다이 고바야시부터 고바야시 제약의 생산방식을 바꿔야겠다는 단바 사장의 생각이 2004년 2월부터 도요타생산방식을 도입하는 것으로 발전했다. 2005년 3월기(1월~3월기)에 고바야시 제약은 그룹 전체적으로

15억 5000만 엔의 제조비용을 절감했는데 그 원동력이 된 것이 센다이 고바야시의 도요타식 개혁노력이었다. 단바 사장은 6개월 동안의 컨설팅 기간 중에 현장직원 4명을 리더로 육성하기 위해, 그들을 도요타생산방식 추진 전임자로 임명하고 컨설턴트와 계속 동행하게 하여 도요타방식의 핵심을 배우게 했다.

가공중인 제품이 자주 바닥에 떨어지는 액체 블루렛 라인은 개선을 시작한 지 8개월이 지나자 놀라울 정도로 크게 달라져서, 생산라인의 근로자 수는 그대로인 채로 분당 생산능력이 종래보다 17%까지 향상되기에 이르렀다. 불량률도 거의 제로에 가까워져서 적자에서 탈출하는 데 성공했다. 컨설턴트는 개선활동 첫날 병이 바닥에 떨어지는 건수가 제로가 될 때까지 끝까지 개선해 나갈 것을 지시했다. 병이 떨어지는 진원을 밝혀내기 위해 불량률이 제로가 될 때까지 끝까지 생각하는 습관을 기르도록 했다. 액체 블루렛의 빈 병은 매우 가벼워서 사소한 충격이나 진동에도 바닥에 떨어진다. 흔들림을 방지하는 등의 아이디어를 짜낸 결과 개선작업을 시작한 지 약 2개월 후에 일일 낙하 건수를 제로화하는 데 성공했다. 많은 날은 243건이나 떨어졌던 것을 감안하면 극적인 개선활동이라 할 수 있다. 지금까지 떨어진 병은 폐기처분해 왔다. 내용물을 채운 후 병을 운반하는데 사용하는 흰 박스를 병과 분리하

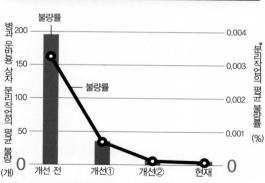

병과 운반용상자 분리작업과정의 불량률 개선

*분리작업의 평균불량률 : 1일간 분리하지 못한 개수/ 1일 생산 개수
개선① 병과 운반용 상자의 불규칙적인 형태 개선
개선② 병 적재 후 낙하요인 개선

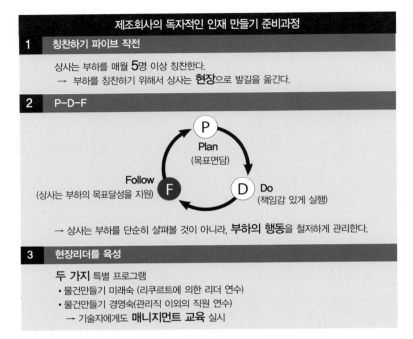

제조회사의 독자적인 인재 만들기 준비과정

1　칭찬하기 파이브 작전

상사는 부하를 매월 **5명** 이상 칭찬한다.
→ 부하를 칭찬하기 위해서 상사는 **현장**으로 발길을 옮긴다.

2　P-D-F

P
Plan
(목표면담)

Follow
(상사는 부하의 목표달성을 지원)
F

D　**Do**
(책임감 있게 실행)

→ 상사는 부하를 단순히 살펴볼 것이 아니라, **부하의 행동**을 철저하게 관리한다.

3　현장리더를 육성

두 가지 특별 프로그램
• 물건만들기 미래숙 (리쿠르트에 의한 리더 연수)
• 물건만들기 경영숙(관리직 이외의 직원 연수)
→ 기술자에게도 **매니지먼트 교육** 실시

는 공정에서 박스와 분리되지 못하고 통과하는 불량상태를 제로화하는 개선작업을 시작했다. 병과 박스에서 비정상적인 모양을 수정하는 등의 작업을 통해 개선 전에 0.00325%였던 불량률이 0.000074%로 거의 제로에 근접했다. 최종적으로는 불량률 제로가 목표다.

맨 마지막의 포장공정에서는 작업원 가까이서 일상적인 움직임을 1시간 이상 비디오 촬영한 후 초 단위로 분석했다. 도요타에서는 상식이 된 비디오분석도 센다이 고바야시에서는 처음 실시되는 것이었다. 낯익은 광경 속에는 여기저기서 낭비가 발견됐다. 비디오 분석으로 깨닫게 된 동작과 운반의 낭비를 제거한 것이 현재의 포장라인이다.

눈에 띄지 않는 제조현장의 근로자를 칭찬하라

■■ 나가하라 토모하루 집행임원

제조현장에서 일하는 사람들은 대체로 주목받는 일이 없다. 그렇게 때문에 나는 더욱 그들의 노력을 칭찬하고 싶다. 그러한 시스템이 제조회사 독자적으로 실시한 '칭찬하기 파이브 작전'이다. 현장의 상사는 매월 적어도 다섯 명의 부하를 칭찬한다. 부하는 자신이 한 업무를 인정받음으로써, 자신의 존재감을 느낄 수 있게 된다. 그로 인한 자신감이 개선활동에는 필수적이다.

칭찬하는 입장에 있는 상사는 부하의 업무를 모르는 상태로는 칭찬할 수가 없다. 따라서 현장을 자세히 살펴보게 된다. '칭찬하기 파이브'는 상사의 의식을 개혁하는 운동이기도 하다. 현장에서 근무하는 상사는 목표관리 제도를 토대로 부하들이 연초에 세운 각자의 목표를 달성하기 위해 철저하게 노력하도록 지시한다. 제조회사에서는 그것을 'P-D-F(Plan · Do · Follow)'라고 부른다. 인재를 책임있게 지원하고 육성한다. 현장의 리더에게는 기술뿐만 아니라, 부하 관리 능력도 필요하다. '물건만들기 경영숙'이 '물건만들기 미래숙' 등의 교육제도를 독자적으로 준비하는 것은 관리 능력 양성을 위해서다.

PC판 도요타생산방식으로 생산성 향상
NEC Personal Products의 사례

PC를 제조하는 NEC Personal Products(도쿄, 시나가와)의 요네자와 사업장이 도요타생산방식을 활용한 생산혁신 작업에 착수했다. 법인대상 PC 분야에서는 수주부터 납품까지의 리드타임이 단축되고 재고량이 대폭적으로 감소했다. 리드타임은 1997년 시점에 열흘 걸리던 것이 2005년에는 사흘로 단축되었으며, 재고량은 절반으로 줄어들었다. 매장에서 판매되는 PC도 생산계획에서 출하까지 걸리는 기간이 2.5주에서 1주로 짧아졌다.

PC의 연간 성수기에 따른 수요변동

이러한 개혁의 배경에는 극심한 PC의 수요변동이 있다. 보너스가 지급되는 시기 등 1년에 세 차례 있는 성수기로 인해, PC출하량은 최대 두 배까지 차이가 벌어진다. 이에 따라 상품의 출하주기도 3~4개월로 단축되어 시장변화에 따라 제품을 생산할 필요성이 나타났다. 그래서 수요변동에 대응할 수 있도록 컨베이어 벨트 생산체제에서 60개의 작업테이블을 이용하는 셀 생산체제로 전환했다. 이 생산체제에 2000년부터 도요타생산방식의 발상을 주입했다. 공장 내에 '표준시간'을 30분으로 설정하고 부품재료 보관소에서 조립라인으로 옮기는 '미즈스마시(물뱀이라는 곤충의 이름을 딴 부품 운반용 기구)'가 30분 이내에 공장을 일주하여 부품을 공급하

요네자와 사업장의 생산라인

도록 했다. 이와 더불어, 사업장에 부품재료를 공급하는 거래처 업체에서도 공장에서 사용될 양만큼을 적시에 납품하는 JIT 방식을 채택했다. 또한, 실시간으로 진척 상황을 파악할 수 있도록, JIT 방식으로 부품을 납품하거나 보충하는데 활용하는 간판에 IC태그를 장착했다.

생산라인의 조립실적은 종래에 1시간 단위로 집약되던 것이, IC태그를 이용함으로써 실시간으로 파악할 수 있게 됐다. 생산 공정마다 IC태그의 정보를 판독하여, 기간시스템인 'VCM'에 집약시킨다. 생산 진척 상황의 '시각화'를 실현할 수 있기 때문에, 더욱 신속하게 생산계획을 세울 수 있게 됐다. 만약 진척상황이 생산계획을 따라가지 못하는 공정이 있으면, 반장급인 사원이 단말기에 자동적으로 그 내용을 메일로 통지한다. 이에 따라 생산라인의 재편성대책을 신속하게 마련하는 것이 가능해졌다. 이에 대해 SCM개선 추진부 와카츠키 신이치 그룹 매니저는 "모든 라인의 생산 진척상황을 화면상으로 확인할 수 있기 때문에 변경지시가 용이해졌다"고 말했다.

IC태그 활용을 통한 효율성 향상

생산 라인에서도 IC태그를 활용하고 있다. 종이로 된 작업지시서에 IC태그를 장착한 것이다. 기업대상 PC는 CPU 등의 부품이나 인스톨하는 소프트웨어의 차이에 따라 두 가지 종류의 모델이 있다. 그 중 80%는 생산 대수가 10대 미만인 다품종소량생산 모델이다. 지금까지는 종이로 된 작업지시서를 파일에 정리해 왔지만 서류가 바뀌는 등의 오류가 발생하는 경우가 있었다. 그래서 새로운 생산체제에서는 장착할 부품 등의 작업내용 정보를 IC태그에 입력했다. 조립 담당자가 IC태그를 판독기에 갖다 대면, 화면에 지시내용이 나오는 시스템이다. NEC에서는 IC태그를 활용해 보다 높은 효율성 향상을 목표로 삼고 있다. 2006년 겨울을 정점으로 판독기의 기능범위가 확대되는 UHF식 IC태그를 활용할 예정이다. 이 방식을 통해 납품된 상품이 게이트를 통과하는 것만으로도 검품작업을 마칠 수 있게 된다. 이미 2006년 3월부터 UHF식 IC태그를 활용한 실험을 끝마쳤으며 부품재료 승인이나 제품 출하에 이용하고 있다.

현재는 큰 성과를 올리고 있는 NEC이지만 지금까지의 개혁 작업이 순조롭기만 했던 것은 아니었다. 2003년 겨울에는 '개혁과정의 피로감'이라 할 수 있는 정체기에 빠졌다. 전체적인 사내활동으로써 개혁을 현장에 정착시키기 위해서 매일 모든 임원이 현장을 둘러보는 '현장 순찰'을 200회 이상 실시했다. 와카츠키 그룹 매니저는 이에 대해 '개혁을 추진하는 데는 현재 상황을 부정하는 힘을 기

■▮▌ SCM개혁추진부의 와카츠키 신이치 그룹 매니저

르는 것이 중요하다. 목표를 착실하게 달성하기 위해서는, 간부가 흥미를 가지고 있음을 겉으로 나타내는 것이 중요하다'고 설명했다. 또한 도요타생산방식이 뿌리내리게 하기 위해 인재 만들기에도 힘을 기울이고 있다. 도요타식 노하우를 각 현장의 리더에게 가르치는 '생산혁신 연수'를 실시하는 것이 그 예이다. 지금까지 75명이 연수에 참여했다. 이러한 노력을 통해 현장개혁정신이 기업풍토로 뿌리내릴 수 있을 것이라고 생각한다.

조립공정의 리드타임 단축
다이킨 공업의 사례

"작업자는 라인을 중단할 수 있는 권리가 있으며, 양질의 상품을 만들 의무가 있다." 이것은 다이킨 공업 공조생산 본부의 기무라 시게루 제조부장이 도요타자동차의 긴야 히로시 고문에게 배운 말이다. 긴야 고문은 2006년 6월까지 도요타자동차의 기술 감사로 근무했다. 기술 감사란 도요타식 기술과 생산을 담당하는 최고의 칭호를 가진 인물을 의미한다. 도요타의 긴야 고문은 몇 개월에 한 번씩 다이킨의 시가 제조소를 방문해서 생산현장을 지도한다. 다이킨은 도요타식 생산개혁을 완성시키기 위한 갖은 노력 끝에 긴야 고문을 공장에 영입할 수 있었다.

기무라 제조부장에 따르면, 긴야 고문이 가장 중시하는 것은 생산라인의 '직행률'이라고 한다. 직행률이란 라인에 부품재료를 투입하고 난 후에 최종 조립공정까지 문제없이 진행되며, 지체 없이 무사히 출하되는 비율을 말한다. 다이킨의 직행율은 라인에 따라 편차가 있기는 하지만, 기무라 부장의 말에 의하면 '98~99%'에 달한다. 충분히 높은 비율이라고 생각할 수도 있지만, 긴야 고문의 주장에 따르면 나

공정 생산본부의 기무라 시게루 시가제조부장. 그도 예전에 다이하츠 공업 공장에서 도요타방식을 배운 바 있다.

머지 1~2%야 말로 철저하게 신경을 써야 하는 부분이다. 라인에서 문제가 발생하는 요인이 무엇인지 밝혀내고 문제를 제로화하려면 어떻게 해야 하는지 그 방법을 찾아내도록 지시하고 있다.

문제해결 방법을 찾는데 중요한 것이 첫머리서 말한 '문제가 발생하면 곧바로 라인을 세운다'는 것이다. 다이킨은 그것을 긴야 고문에게 다시금 배웠다. 예를 들어, 라인에서 불량품이 나온다면 그 자리에서 라인을 중단하고, 원인을 찾아내서 같은 불량품이 다시는 나오지 않도록 한다. 이런 과정을 통해 좋은 품질의 제품을 만들어 내는 것, 이것이 바로 도요타방식의 핵심이다. 불량품이 발생하는 과정에서는 뭔가 비정상적인 움직임이 생길 가능성이 있다. 사소한 것이라고 생각할 수 있지만, 이러한 불확실한 이상을 방치하면 불량품을 만들어 낼 뿐 아니라 작업원의 사고로도 이어질 수 있다. 현장의 안전을 확보하고자 하는 의미에서도 이상이 발견되면 라인을 중단시켜야만 한다.

작업원 입장에서는 머릿속으로는 도요타식 발상이 이해된다고 해도 라인을 중단시키는 데는 용기가 필요하다. 왜냐하면 라인 가동률이 떨어지는 것이 걱정되기 때문이다. 현장에서 일하는 사람들은 오랜 세월 동안 라인 가동률을 높임으로써 생산성 향상을 도모해 왔다. 그렇게 배워왔기 때문이다. 그래서 라인을 중단하는 데는 반감을 가지게 된다. 그럼에도 긴야 고문의 지도에 따라 "라인을 중단시키는 의미를 현장에 알리거나, 작업원과 대화를 계속함으로써 겨우 이해시킬 수 있었다"고 기무라 제조 부장은 밝혔다.

물론 라인을 중단시키기는 것만으로는 생산효율이 떨어지고 만다. 신속하게 원인을 파악하고 재발 방지대책을 생각하며, 해결할 수 있는 시스템이 필요해진다. 다이킨은 품질관리부서나 조달부서 등이 한자리에 모여서, 부서의 벽을 넘어 재발 방지책을 검토하는 미팅을 매일 아침마다 열고 있다. 작업원 전체가 한 자리에 모여 신속하게 의논할 수 있기 때문에, 개선의 속도가 향상된다.

매일 아침에 갖는 '생산성 미팅'에서는 전날의 생산계획이 목표에 미치지 못했을 경우, 그 원인에 대해 서로 의논한다. 라인이 정지된 이유는 무엇인가, 어떤 원인이 있을 수 있는가 등을 부서별로 의논하여 재발 방지책을 그 자리에서 정한다. 방지책의 진척상황도 매일 아침 미팅에서 확인한다. 빠른 주기로 PDCA(계획 · 실행 · 검증 · 행동)을 반복함으로써, 같은 이유로 라인이 정지되지 않도록 대책을 강구한다. 이것이 도요타식 가르침이다. 세우는 것은 결국 세우는 원인을 제거하는 개선 니즈를 제공한 것이다.

도요타방식을 바탕으로 한 현장

사실 다이킨의 도요타식 생산개혁은 그 역사가 길다. 1980년대부터 도요타생산방식을 도입해 독자적인 PDS(다이킨 생산방식) 정착을 위해 노력해 왔다. 그 밑바탕에는 도요타그룹의 일원으로써 다이킨과 같은 간사이 지방에 공장을 둔 다이하츠 출장학습의 영향이 있다. 다이킨의 작업자는 1977년에 다이하츠의 두 공장(이케다 공장, 류오 공장)에 현장연수를 다녀왔다. 기무라 제조부장도 젊은 시절, 3개월간 다이하츠의 자동차 생산라인에서 도요타생산방식의 기초를 배운 경험이 있다. 이러한 도요타 방식의 기초가 정립되어 있기 때문에, 긴야 고문의 지도내용을 더욱 적극적으로 활용할 수 있다. 현재 PDS는 다이킨 공업이 '하이 사이클(High Cycle) 생산'이라 부르는 도요타방식을 기초로 한 독자적 생산 방식으로까지 발전했다. 거기에 긴야 고문의 가르침을 추가적으로 이용하려는 것이다. 하이 사이클(High Cycle)생산은 현재 생산계획에 반영 가능한 리드타임을 3일로 단축시켰을 만큼 성숙단계에 와 있으며 지금도 계속적으로

■▮▮ 셀 생산방식을 도입한 에어컨 실내기 조립현장

발전하고 있다. 이 외에도 공장에서 가공중인 재고를 2001년도 실적에 비해 30% 감소시켰다. 리드타임이나 가공중인 재고를 감소시키는 한편, 에어컨 실외기 제조라인에서는 한 라인 당 80~100종류의 제품을 생산하는 다품종소량생산을 실현했다. 이로써 시가제작소는 성수기에 하루 6000대 이상의 에어컨을 제작할 수 있는 저력이 생겼다. 물론 하이사이클 생산을 발전시키기 위해서는 거래처의 능력향상도 필수적이다. 계절적 요인에 따라 수요차가 큰 에어컨 생산에 있어서는 자사의 능력뿐 아니라, 부품업체의 협력이 필수적이기 때문이다. 따라서 거래처의 생산개혁까지도 필요해진다. 이에 따라 다이킨은 자사의 해외생산기지를 지도하는 '생산강화 담당자'들이 거래처 지도에까지 나선다. 경우에 따라서는 거래처라인에 직접 참여해 지도할 정도다. 이처럼 다이킨은 도요타방식을 정착시키기 위해 끊임없이 노력하고 있다.

품질향상과 효율을 동시에 추구
야하타 나사의 사례

당일 배송률 99.8%, 배송오류율 0.02% 이하라는 수치는 나사 제조업체인 야하타 나사의 강한 면모를 나타내는 숫자다.

'철은 산업의 쌀이고, 나사는 산업의 소금과 같은 존재다'라고 말할 만큼, 나사는 업종을 불문하고 사용된다. 부품과 부품을 연결하는 나사는 제품의 강도를 유지시키는 데 중요한 역할을 하는 만큼 높은 품질이 요구된다.

야하타 나사는 품질이 높은데다 거래처가 원하는 때 원하는 양만큼 배송 가능한 체제를 구축하여 실적향상을 도모하고 있다. 야하타 나사는 도큐 한즈(도쿄 시부야)나 카마 같은 DIY백화점(Do It Yourself :실용적인 소품부터 가구에 이르기까지 다양한 아이템을 다루는 대형 쇼핑몰)외에 미츠비시전기 등의 제품조립업체와도 거래하고 있다. 8만 개나 되는 아이템의 상품들을 나고야 시내의 경우에는 당일배송, 그 외의 지역에도 오후 5시 이전에 주문한 경우에는 이튿날 배송 가능한 체제를 갖추고 있다.

거래처의 업무프로세스에 대한 맞춤 서비스 제공

DIY백화점 대상 사업은 DIY백화점의 역사와 함께 성장해 왔다. 야하타 나사가 DIY백화점을 대상으로 제품을 납품하기 시작한 것은 1975년부터이다. 당시에는 제품조립 업체와만 거래했으나 오일쇼크(1973~1974년, 1978~1980년 두 차례에 걸친 국제석유가격의 상승으로 인해 석유를 소비하는 국가들을 비롯한 세계적 혼란)의 영향으로 매출이 급감했다. 나고야 영업소 주변에 DIY백화점 체인인 카마가 1호점을 세운 것이 계기가 되어 거래가 시작됐다. 일본 DIY협회에 따르면 일본 최초의 DIY백화점은 1972년에 개점하는 등 아직 영업 초기단계의 무렵이었다. 그러나 그이후에 전국 각지에 DIY백화점 개장 붐이 일어나 거래처가 확대되었다. 현재는 "거의 모든 DIY백화점과 거래하고 있다"고 스즈키 켄고 사장이 말할 정도로 전국에 약 170개 사, 3500개 점포와 거래하고 있다. 3500개 점포에서 주문이 집중되는 월요일과 화요일에는 하루에 10만건, 연간 1200만 건의 주문이 몰려든다. 전국의 DIY백화점을 지원하는 당일배송 체제와 더불어 계속해서 밀려드는 거래처들의 어려운 요청을 수용하고 해결해 왔기 때문이다. "그 다음 문제를 해결하고 있는 사이에, 경쟁 업체들이 하나씩 사라졌다"라고 스즈키 사장은 말했다. 이때 어려운 요청이란, 각 DIY업체들이 야하타 나사에 대해 자사의 업무프로세스에 맞출 수 있도록 개선을 요구한 것을 말한다. 이러한 개선작업은 모든 회사에 공통적으로 적용되는 것이 아니라 각 DIY업체들의 개별적인 특징을 파악해서 추진해야 하는 것이 많다. 예를 들어, 도큐 한즈 시부야점에서 금속용품 매장담당인 이케다 타카히로 주임이 납품 포장방법 변경을 요청했다고 하자. 시부야점은 20개의 선반에 3800종

야하타 나사 물류센터. 50건씩 모아서 픽업한 상품을 자동분리기로 분류하여 고객별로 포장한다. 성수기에는 2대의 분리기로 대처한다.

류의 아이템을 진열한다. 엄청난 양의 상자를 일주일간 두 번 납품하는데 시부야점의 진열대 구성과는 상관없이 따로따로 포장된 상태로 물건이 왔다. 이 문제에 대해 이케다는 "상자를 개봉할 때마다 선반을 여기저기로 옮겨가며 물건을 진열하니까 업무효율이 떨어졌다"고 회고했다. 그래서 상자의 포장단위를 선반기준으로 변경했다. 똑같은 도큐 한즈라도 시부야점과 이케부쿠로점은 진열방식이 다르다. 요청을 받아들이려면 야하타 나사의 업무프로세스를 변경해야 한다. 처음에는 거절했지만 여러 번 부탁하니까 결국 승낙했다.

이렇게 거래처의 요청을 승낙할 수 있는 것은 야하타 나사의 영업담당자가 거래처를 자주 방문하기 때문이다. 이케다가 있는 도큐 한즈 시부야점에는 주 3회씩 방문을 한다. "소재나 용도 등 다른 회사에 비해 폭넓고 다양한 정보를 알고 있다. 무엇이든 상담이 가능하다"고 이케다 측은 평가한다. 자주 상담하는 내용 중 하나는 진열방식에 관한 것이다. 똑같은 목재용 나사라도 길이나 굵기에 따라 약 30종류가 있어, 한정된 선반에 무엇을 진열하는 것이 좋을지 정하기 어려운 경우도 있다.

DIY백화점 담당자도 나사만 담당하는 것이 아니기 때문에, 최신 판매동향을 전부 파악할 수는 없다. 야하타 나사는 전국의 DIY백화점과 거래하기 때문에 판매정보를 많이 가지고 있다. 현재 잘 나가는 상품이 무엇인지 등의 관한 정보를 제공받아 발주 시 판단자료로 이용할 수 있다. 바이어와 빈번한 의사소통을 함으로써 요청을 받아들이고 해결하여 신뢰를 얻었다.

도요타식 개선으로 하루 10만 건을 처리

각 거래처의 요청에 부응하면서, 하루 10만 건이라는 막대한 주문을 처리하려면, 인해전술만으로는 불가능하다. 그 받침대 역할을 하는 것이 정보시스템과 도요타식 개선활동이다. 1979년 컴퓨터 도입을 시작으로 86년에는 바코드를 이용한 생산관리 시스템을 가동하는 등 일찍부터 정보시스템을 활용해 왔다. 현재 주문의 65%는 EDI(전자 데이터 교환)를 경유하여 이루어지며, 창고로 출하지시가 내려지기까지의 과정이 자동화시스템으로 이루어져 있다. 나아가 2002년부터 YPS(Yahaya Production System)이라 부르는 개선활동을 도요타방식에서 배워 추진하고 있다. YPS로 추진중인 것은 창고내 표준화이다. 작업별로 표준시간이나 순서를 정함으로써 작업효율 향상을 목표로 삼고 있다.

예를 들어, 출하작업을 할 때는 1회당 작업시간을 9분, 1시간당 여섯 번으로 정한다. 우선 출하담당자는 출하용 상자 1개에 포장하는 출하지시용지를 3장씩 집는다. 용지는 가장 효율이 높은 출고순서로 출력한다. '10-1', 이런 식으로 통로나 수납용 선반에 번호를 매긴다. 각 건마다 각각의 위치에 번지가 있다. 그 번지를 토대로 담당자는 포장작업을 한다. 출하용 선반은 일방통행으로 배치해, 출하담당자끼리 부딪치지 않는 동선으로 최적화한다. 출하담당자가 아무리 많아도 한 건 처리할 때마다 전부 사람의 손을 빌려서는 부족하다. 각 지점별로 주문된 양은 50개 지점씩 간추려 출하담당자에게 출고시키고, 자동분리기로 분배하여 포장하는 체제를 마련했다. 또한 분리프로그램을 변경함으로써 도큐 한즈의 요청 등에도 부응할 수 있게 되었다.

DIY백화점 대상 출하를 담당하는 기후현 내의 DC. 하루 10만 건의 수주를 처리하기 위해 한 번에 확인할 수 있도록 연구했다.

전자저울을 활용한 1개 흘림 단위의 출하방식

DIY백화점 대상뿐 아니라 제품조립업체를 대상으로 하는 경우에도 거래처의 요청을 반영하여 지속적인 개선작업을 하고 있다. 조립업체에서는 100~200개의 나사가 들어 있는 상자 단위가 아닌, 1524개와 같은 낱개 단위의 거래를 원했다. 부품조립업체에 납품하면서 DIY백화점을 대상으로 할 때와 똑같이 상자 단위로 납품하면, 그 업체에 맞는 최적의 거래를 할 수 없다. '개수가 하나라도 틀리면 출하오류가 발생한다.' (상품기획 관리부의 카미마사미 집행임원)때문에 작은 나사의 출하작업 같은 섬세한 작업에 있어서도 확실하게 업무처리를 할 수 있는 방법이 필요하다. 그래서 출하작업용 카트에 PDA(휴대용 정보단말기)로 연동되는 전자저울을 장착했다. 무선 LAN을 경유하여 얻은 출하지시 정보를 전자저울에 송신하고 정확하게 측정하는 체제를 정비했다.

출하될 상자에 장착된 바코드를 판독하여 전자저울에 표시된 수량을 올려놓는다. 이미 개당 무게는 미리 등록된 상태다. 더불어, 조립업체가 주문하기 쉽도록 고객이 자사에서 이용하는 부품 번호로 주문할 수 있게 한다. EDI를 경유해 발주데이터가 도착되면 하야타 나사의 상품 코드에 서버가 자동으로 변환되는 시스템으로, 상품 코드에 신경 쓰지 않고 주문할 수 있다. 발송오류 건수 감소와 고객의 편의성 증대를 위해 카탈로그와 봉투에 QR코드를 인쇄했다. 고객의 사정에 의해 반품되는 경우가 전체의 70%를 넘는다. 구입할 때 상품의 용도나 재질을 충분히 확인하지 않는 것이 그 원인이라고 생각되었다. 그래서 매장 등에서 QR코드를 휴대전화로 조회하고, 제품의 재질 등의 상세정보를 야하타 나사 웹사이트에서 구입 전에 확인할 수 있도록 했다.

이제 DIY백화점 입장에서 보면 고객이 스스로 정보를 조사할 수 있게 되어 고객접대의 효율화를 도모할 수 있게 된 것이다. 불필요한 출하량을 감소시키면서 고객의 요청을 실현시켜 나가고 있다. 출하오류 제로를 목표로 하는 야하타 나사의 도전은 계속될 것이다.

멀리 돌아가더라도 철저한 일처리를 고집하다

스즈키 켄고 사장 1947년 나고야 태생. 66년 요코하마 국립대학 졸업. 같은 해 4월 후지쓰 입사. 71년 야하타 나사 입사. 87년 대표이사 사장에 취임하여 현재에 이름

지금까지 물류와 제품의 철저한 품질관리를 고집하며 힘써왔다. 물류는 품질과 비용의 영향을 많이 받는다. 나사 같은 섬세한 제품사업에는 출하오류가 따라오게 마련이다. 어떻게든 오류를 줄이고자 시스템을 정비하고, 컴퓨터에 손(전자저울이나 자동창고 등)과 눈(바코드)을 붙였다. 시스템 정비작업을 통해 저비용으로 센터를 운영하는 노하우도 생겨났다. 시스템을 적당히 정비하고 그 나름의 서비스를 하는 방법도 있다. 그러나 그것은 어떤 기업이든 할 수 있는 일이며, 가격경쟁이 시작되면 살아남을 수 없게 된다. 최고가 되기 위해서는 고객의 요청에 맞는 제대로 된 해결책을 제시해야 한다. 이 때문에 다양한 개선노력을 기울여 왔다. 해외 생산에 있어서도 품질에 많은 신경을 쓴다. 수입품이 출하되기 시작했을 당시 품질이 좋은지 나쁜지 알아 보는 것은 꽤나 힘든 일이었다. 그래서 품질을 보장할 수 있도록, 타이나 중국에 공장을 건설하고 ISO9000도 취득했다. 멀리 돌아가는 방법일 수도 있지만, 야하타 나사의 상표가 붙은 상품은 품질 면에서 문제가 없도록 만들고 싶었다. 향후에는 타이에서 중국, 중국에서 타이로 수출입하는 세계적인 SCM을 목표로 한다.

신코전기의 사례

신코전기는 도요타생산방식 철학을 도입해 생산혁신활동에 착수했다. 이 회사는 OA기기에 사용되는 마이크로 클러치에서 공항에서 쓰는 하이리프트 로더 등 대형 운송시스템까지 폭넓은 제품을 취급하고 있다. 하루에 수천 개를 생산하는 제품이 있는가하면 몇 개월에 걸쳐 1대를 만드는 제품도 있어 리드타임의 편차가 크다. 이에 대해 "제조품목이 다양해서 일률적인 생산방식으로는 아무것도 개선할 수 없다"고 혁신활동을 이끌어 온 전자정밀기계본부의 혁신추진실장은 말한다. 이 때문에 신코전기가 힘을 기울인 것이 각 현장에서 개선활동을 선도하는 '개선 마이스터'의 육성이다. 현장의 리더가 되는 인재를 육성함으로써 생산혁신을 강화하는 것이다.

마이스터의 개선활동 노력

개선 마이스터는 공장혁신 추진실이 중심이 되어 10개월에 걸쳐 육성한다. 이미 5년 동안 51명을 육성하여 2006년 7월부터 각 부서에서 모인 8명이 지도를 받고 있다. 개선 마이스터의 역할은 각 부서가 각각 현장에서 착수하고 있는 개선활동을 추진하는 일이다. 각 부서는 개선해야 할 항목을 찾아내는 '낭비제거 자주연구회'를 운영하고 있으며, 마이스터가 이 활동을 선도한다. 마이스터의 능력 향상을 위해 한 달에 한 번, 모든 마이스터가 한 현장을 모델로 서로 개선 제안을 하는 등 실력 향상을 위해 노력한다. 2006년도부터 교육 프로그램을 인쇄해 개선 마이스터 역할을 확대하는 등 새로운 노력을 시작한다. 지금까지 공장혁신 추진실에서 담당했던 기간공 및 새로 이동해 온 각 부서의 담당자들에 대한 교육까지 모두 개선 마이스터들에게 맡겨진다.

마이스터가 지도할 때 쓰는 교재는 공장혁신 추진실이 준비하고 연수 중에는 '부하를 가르치는 법'을 전수한다. 향후 마이스터가 될 가능성이 있는 인재들도 이해하기 쉽도록 사람들에게 설명하는 훈련을 함으로써 능력향상을 도모한다. 개선하고자 하는 의욕을 마이스터를 통해 모든 사원들에게 확산시킴으로써 생산혁신활동을 추진하는 것이다. 이런 혁신 활동은 이미 각 부서에서 성과가 나타나고 있다. 지금까지 약 1만 9000건의 개선제안 작업이 이루어졌고 21억 8900만 엔의 비용절감 효과가 나타났다. 그 중 하나가 산업기계용 클러치 제조부문의 개선이다. 수요는 호조세를 보여 생산능력이 월산 2000대였던 것에 비해 2500대로 수요가 늘어났다. 지금까지는 4명이 공정별로 조립작업을 해 왔기 때문에 가공중인 재고가 쌓여 있었다. 그런데 내압 등 검사기계 배치를 바꾸어 두 명이서 조립할 수 있도록 하고 가공 방법도 바꿨더니, 외주비용이 연간 720만 엔이나 절감되는 등 다양한 효과가 나타났다.

도요타식 개선으로 가격인하 경쟁 극복

일본 컴시스의 사례

NTT도자이의 일본의 광통신 서비스인 'B후렛츠' 시공공사의 하청을 맡은 일본 컴시스(도쿄 미나토)가 톱다운 방식으로 도요타식 개선활동을 추진하고 있다. 시마다 히로부미 사장이 진두지휘를 맡아 통신 건설공사 현장에도 도요타식 개혁이 뿌리내리고 있다. 시마다 사장은 NEC그룹의 전 사장을 컴시스의 도요타식 개선 스승으로 영입했다. NEC는 그룹 전체가 도요타식 개선에 착수하고 있으며, 전 사장은 NEC시절에 도요타그룹 출신 컨설턴트에게 약 10년 동안 그 노하우를 배운 인물이다. 그 경험을 이번에는 컴시스에 전수하는 입장이 되었다.

컴시스는 2005년 5월부터 2006년 가을까지 전체 39개 기지 중 11개 기

▊▎▍ 개선 전의 생산기지 사무실

▊▎▍ 정리 · 정돈 실시 후의 생산기지 사무실

 개선 전의 창고 　　　　　　　　　　 ▐▌▌ 정리·정돈 이후의 창고

지에서 개선활동에 착수했다. 그러자 개선을 시작한 지 반 년 후에, 전신주 주변 공사부문에서는 이전보다 평균 30%, 가정용 광케이블 공사부문에서 같은 기간에 20%의 생산성 향상효과를 나타냈다. 각 기지는 하루에 약 100건이나 되는 공사를 처리해야만 하는 바쁜 날들을 보내고 있었다. 그런 가운데 시작된 개선활동에 대해서는 "현장의 80% 이상의 인원이 반대했다. 하지만 지금은 현장사람들이 도요타식 개선효과를 인정하고 있으며 반대세력은 거의 줄어들었다"고 니와 다이산 사업개혁부 개선추진부장은 말한다.

광섬유 공사에 필요한 다양한 크기로 된 400여 개 품목의 부품을 보관중인 각 기지의 창고를 정리·정돈하거나, 사무실을 공장의 공정이 잘 보이는 레이아웃으로 변경하는 작업 등을 추진하고 있다. 이로 인해 일시적으로 발생하는 개선 비용에 대해 니와 부장은 "1년 안에 회수 가능할 정도로 큰 효과가 나타나고 있다"고 설명한다.

도요타식 개선 효과가 뚜렷하기기 때문에 컴시스는 2007년도 전반까지 모든 기지에서 활동을 시작할 계획이다. NTT 도자이는 2010년까지 3000만 가구에 광케이블을 보급시키려는 계획을 세우고 있으나 현재 컴시스의 연간 시공 건수로는 2010년까지 3000만 세대에 광케이블을 개통시키기 어렵다. 그래서 공사의 작업순서나 기지체제에 도요타식을 도입하여 근본적인 수정작업을 추진함으로써 시공 속도 향상을 도모하게 되었다. 동시에 NTT도자이가 재차 요구한 공사비용 인하에도 부응할 수 있는 체질을 키울 것이다.

4

현장 _ 도요타식 기업 개혁의 장점을 말한다

T·O·Y·O·T·A

도요타방식의 장점을 통한 개혁

도요타가 계속 지켜 나가야 할 것은 '철저함'의 실천
도요타의 성공비결은 사내 커뮤니케이션

도요타자동차의 우수성은 최근 여러 곳에서 언급되고 있다. 그러나 어떻게 하면 다른 회사가 도요타처럼 성공할 수 있는지에 대해서는 그다지 논의되고 있지 않다. 여기서는 강력한 도요타방식의 원천을 밝혀 내는 것에 그치지 않고, 어떻게 하면 강력한 도요타에 근접할 수 있을 것인가를 주요 테마로 소개하겠다.

도요타의 호조와 몰락하는 소니

성공적인 미국식 경영방식 도입의 상징적 존재였던 소니가 실적 하락과 함께 몰락의 조짐까지 나타나고 있다. 또한 다른 한쪽에서는 '일본식 경영 정신'을 확고하게 실천하는 대표적 기업 도요타가 변함없는 호조를 보이며 활기를 띠고 있다. 한마디로 '일본식 경영정신'이라고 말하지만 그 말의 의미는 사람에 따라 다르다. 이 부분이 불분명한 상태로는 무엇이 중요한 것인지 알 수 없다. 의미를 어떻게 파악하는가에 따라서 전혀 다른 내용이 같은 단어로 표현될 가능성마저 생긴다. 필자는 도요타와 소니의 결정적 차이는 사내 커뮤니케이션의 활성화 여부에 있다고 판단했다. 소니는 원래 자유로운 사풍을 가진 회사로 유명했고, 실제로 사내 커뮤니케이션이 매우 활발했다. 하지만 최근에는 그런 사풍이 퇴조되고 있는 분위기였다.

2001년 6월경 출간된 『도요타식 최강경영』(일본 닛케이신문사 발행)이라는 책의 머리말에는 '도요타라는 회사를 결코 좋아하지는 않는다' 고 언급되어 있다. 도요타는 어딘지 모르게 폐쇄적인 느낌이 강했고, 확실히 이익은 증가하지만 '사람의 행동을 초 단위로 측정하는 등 철저하게 합리화 추구에만 몰두한 비인간적인 회사' 라는 선입견이 있었다. 그리고 이런 도요타에 대해 부정적인 인식은 의외로 많았다.

그럼에도 불구하고, 필자는 『도요타식 최강경영』이라는 책에서 '도요타만큼 인간을 잘 파악하고 있는 회사는 많지 않을 것이다. 그런 의미에서 보면 가장 사람 냄새가 나는 회사다' 라는 결론을 내렸고 이러한 생각은 지금도 변함이 없다. 이 말을 좀 더 구체적으로 표현하자면 '도요타라는 회사는 일본식 경영철학이 가장 잘 구현되고 있는 회사' 라고 말하는 것이 적당할 것이다.

팀워크를 활성화하는 일본식 요소

필자는 '일본식 경영정신' 이란 사람 사이의 친밀한 관계와 활발한 의사소통으로 만들어지는 것이라고 생각했다. 활발한 의사소통은 상호

간의 협력관계에 큰 도움이 된다. 그리고 상호 협력은 팀워크가 제 기능을 발휘하기 위한 기본조건이다. 서로 의논이나 정보교류를 하는 것이 그 핵심이다. 평소의 깊은 친분을 바탕으로 속마음을 잘 파악하고, 상호 간에 보유한 정보를 서로 이해하는 것이 팀워크의 기능을 활성화한다. 하지만 고도 성장기가 끝나고 철저히 효율화를 추구하면서부터 많은 일본기업들은 일본식 경영철학을 지켜왔던 애프터 파이브 교제(업무 이후의 개인시간에 친목을 다지는 일)를 급속하게 줄이기 시작했다. 이처럼 사내 운동회나 사원여행 같은 행사도 사라지는 것이 당연하다고 생각하는 풍조 속에서도 완고하게 그런 전통을 지켜왔던 것이 도요타자동차였던 것이다.

말할 것도 없이 본래의 업무와는 상관없는 행사나 일과 후 회식자리 등으로 친목을 다지는 것은 정에 얽매인 일본식이고 낡은 인간관계라는 이미지가 있다. 그러나 일본식 경영철학을 바탕으로 한 팀워크의 활성화에 중요한 요소라는 점도 잊어서는 안 된다.

경영자와 상사, 동료에 대한 신뢰감

1960년대~70년대 대부분의 일본기업 사원들은 미국기업의 사원들에 비해 '경영에 대한 신뢰감'이 월등하게 높았다. 또한 이 경영에 대한 신뢰감이 사원들의 높은 충성심으로 나타났다. 하지만 이러한 경향은 90년대 거품경제 붕괴를 거치면서 상당히 다른 양상을 보이기 시작했다. 대부분의 일본기업에서 경영자에 대한 신뢰감이 떨어지고 있는 각종 징후들이 좋은 예라고 할 수 있다. 이에 반해, 경영진이나 상사에 대한 강한 신뢰관계를 여전히 유지하고 있는 것이 도요타의 특징이다. 경영자에 대한 강한 신뢰감이란 동시에 상사에 대한 강한 신뢰감을 의미하는 것이기도 하다. 사원들이 경영자에 대해 강한 신뢰감이 도요타의 성공적인 비즈니스 때문만은 아니다. 도요타에는 사람의 의욕을 꺾는 업무방식이 별로 없다. 예를 들어 사내에 어떤 제도를 만들 때도 본사에서 방침을 정하고 현장의 의향을 무시한 채 무턱대고 철저한 일처리만을 강요하는 방식은 절대 하지 않는다. 현장의 의견을 제대로 파악하고 그것을 회사방침에 반영하는 것을 당연하게 생각하기 때문이다. 또한 도요타 사원은 정해진 작업표준을 매우 성실하게 수행하는 것으로 잘 알려져 있다. 그것이 가능한 이유는 작업표준 자체가 상부로부터의 강요에 의한 것이 아니라 스스로 항상 개선하고자 했기 때문이다. 어떤 의미로는 현장에서 보물처럼 중요하게 여기던 것이기도 하다. 이처럼 사원들이 어떤 경우에, 어떤 보람을 느끼는지 잘 파악하고 있기 때문에 도요타가 '사람냄새 나는' 회사로 유명해진 것이다. 또한 이로 인해 경영자에 대한 신뢰감도 더욱 높아진다.

또 한 가지 이유는 동료에 대한 강한 신뢰감을 들 수 있다. 동료를 경쟁자처럼 생각하는 것은 어느 사회에서나 있을 수 있지만, 도요타에서는 동료를 '자신을 도와주는 존재'로 생각한다. 또한 자기 자신도 동료와 협력하는 것을 당연시한다. '내가 동료를 돕는 편이 낫다'는 것은 누구나 알고 있지만 상대가 자기 자신을 도와줄 것이라고는 생각하지 않기 때문에 자신도 도와주지 않는 악순환이 거듭되는 것이 일반회사들의 모습이다. 이러한 문제가 도요타에는 거의 생기지 않는다. 결국 도요타의 '경영자에 대한 신뢰감'과 '동료에 대한 신뢰감'이 도요타 기업문화의 가장 중요한 특징이다.

철저한 태도를 가능하게 만드는 조건

도요타의 성공비결 중에서 '철저함'이라는 것이 있다. 예를 들어 방대한 수량의 자동차 보급 부품은 매일 바뀌기 때문에 매일같이 철저히 관리하려면 대단한 노력과 끈기가 필요하다. 그리고 이것을 도요타만큼 철저하게 생활화하는 회사는 없을 것이다. 도요타에서는 어중간하게 실천하다 마는 업무가 없다. 도요타를 배우라고 하면 일반적으로 '무엇이든 철저하게, 빈틈없이' 처리하는 것을 의미한다고 생각하지만 한 가지 중요한 관점이 빠져 있다. 철저하게 일처리를 해야 한다는 '정신상태'를 갖는 것이 문제가 아니라 철저하게 일을 처리할 수 있는 '조건'이 확립되어 있는지를 생각하는 관점이다. 누구든지 혼자서 일을 처리할 수는 없다는 것이다.

도요타에는 경영자와 동료에 대한 신뢰감이 강하게 형성되어 있어, 주변 사람들로부터의 도움을 '당연한 것'으로 생각한다. 이 때문에 철저한 일처리가 가능한 것이다. 더불어 조직의 구성원이 '가치관의 축'을 공유, 팀워크도 철저한 일처리를 가능하게 하는 조건 중 하나다. 철

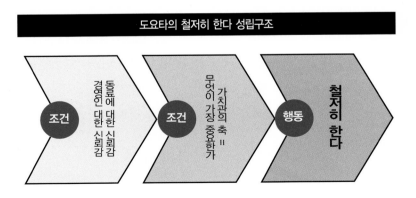

도요타의 철저히 한다 성립구조

조건 — 경영인에 대한 신뢰감 동료에 대한 신뢰감

조건 — 무엇이 가장 중요한가 가치관의 축 =

행동 — 철저히 한다

저하다는 것은 결코 정신상태의 문제가 아니라 반드시 철저한 일처리를 가능하게 하는 조건이 존재함을 잊어서는 안 된다. 팀워크의 활성화는 단순히 구성원들 간의 사이가 좋은 것만을 의미하는 것이 아니다. 상호간에 긴장감을 갖고 마주하는 자세가 항상 필요하다.

프로페셔널한 팀워크

가장 핵심이 되는 것은 '무엇이 가장 중요한 일인가'를 상호간에 명확하게 정해두는 일이다. 상대적으로 중요하지 않은 일은 타협하더라도, 핵심적인 사항은 흔들림 없는 자세로 자신의 주장을 관철시켜야 한다. 무엇이 중요하고 무엇이 중요하지 않은지 확실히 정해두기 위해서는 항상 상호간에 철저하게 마주하고 부딪치는 과정이 필요하다. 필자는 도요타가 지닌 가치관 중에 가장 중요한 것은 현지현물 정신이라고 생각한다. 그것은 사람의 이야기에 똑바로 귀를 기울이고, 사실을 눈으로 확인하며, 확인된 사실을 토대로 그 내용을 구성해서 시나리오를 그려나가는 일이다. 즉 서로 돕고 격려하는 가운데 '좋은 의미의 싸움'이 가능해지면, 비로소 목적을 향해 힘차게 나아갈 수 있게 된다. 이런 프로페셔널한 팀워크를 활성화시키기 위해 도요타는 항상 '이기기 위해서는 어떻게 하면 좋은가'를 출발점으로 생각한다. 무엇이 중요한지를 확인하고 제대로 준비를 갖춘 후에 시도해 보는 것이다. 그리고 무엇보다 중요한 것은 '시작했으면 철저하게' 하는 것이다. 이런 프로페셔널한 팀워크가 살아 있는 것이야말로 도요타가 도요타다울 수 있는 이유다.

자율적으로 문제가 해결되는 풍토

도요타란 회사에서 배울 점이 많은 것이 반드시 '도요타는 문제가 전혀 없는 회사다'를 의미하지는 않는다. 분명히 일반 회사가 안고 있는 '자유롭게 의견을 제시하기 힘들다' 등의 문제점은 상대적으로 적지만, 도요타 역시 많은 문제점이 있다. 그러나 '문제' 자체보다는 '해결되기 어렵다'는 것이 더 심각한 문제다. 도요타에서는 일반 회사들이라면 '어떤 문제도 없다'고 생각할 수 있는 상황에서도 새로운 문제를 발견하고 표면화시켜 그것을 해결하는 힘이 자연스럽게 길러지도록 한다.

2005년 여름, 도요타에 과장으로 근무하는 지인을 오랜만에 만난 자리에서 "도요타도 이대로 가면 10년 후에는 위험해진다"는 말을 들었다. 필자는 놀라서 "회사가 망한다는 뜻인가?"라고 반문했고 그 과장으로부터 "요즘은 정말 일이 너무 바빠서 예전에는 문제점을 발견한 사람이 반드시 솔선수범해서 문제해결을 위해 노력하고, 모두가 협력하는 것을 당연하게 생각했다. 하지만 지금은 좀처럼 그럴 시간이 나지 않는다. 문제가 있어도 해결점을 찾을 여유가 없는 것이다. 이런 상황이 10년 정도 지속되면 도요타는 어려운 상황에 처할 것이다"라고 대답했다. 최근 들어 사업영역이 전 세계로 확대된 탓에 도요타도 일시적으로는 현장에 여유가 없는 상황에 직면했을 것이다. 그러나 반대로 말하자면 도요타에서는 문제가 있으면 누군가가 반드시 해결하기 위해 움직이는 것을 당연하게 생각한다는 것을 그 과장을 통해 새삼 느낄 수 있었다. 문제가 해결된다는 것은 그 만큼의 조건이 회사 내에 정비되어 있다는 것을 의미한다.

문제를 문제로 인식할 수 있는 환경

도요타자동차가 '문제해결 중독회사'라고 불리는 것은 잘 알려져 있다. 문제를 계속 해결해 나간다는 것은 우선 문제를 인식할 수 있는 안테나가 사내에 당연하게 존재한다는 것을 의미한다. 많은 문제를 가진 회사의 중간 관리자나 임원들 중 대다수는 그런 문제들을 심각하게 인식하고 있지 않다는 공통점을 가지고 있다. 표면적으로 발견하기 쉬운 '적자상태에 빠져 있다' 등의 문제는 그렇다고 치더라도, '조직 안의 의사소통이 원활하지 않다' 등의 조직의 풍토나 체질에 기인하는 문제에 관해서는 특히 그 인식수준이 현저하게 낮다.

'우리 회사가 지금 어떤 상황에 처해 있나'를 판단하는 한 가지 지표로 '빙산의 모델'이 있다. 회사에서 빙산모델이 'a' 상태인 사원과 'b' 상태인 사원 비율에 대한 질문을 필자는 자주한다. 얼마 전 일본의 대표적인 모 대기업의 부장급에게 질문한 결과, 반 이상의 사람이 "5 : 5 정도의 비율일 것이다"라는 대답을 들었다. 그러나 이전에 이 회사의 젊은 사원들에게 같은 질문을 했을 때 9 : 1 정도의 비율로 'a가 많다'는 대답으로 부장급과 심한 인식 차이를 보였다. 문제의식이 있는 일반사원이 중간 관리직보다 실태를 제대로 인식하는 것은 자주 있는 일이다. 그리고 이러한 '문제점을 제대로 인식하지 않는 상사가 존재'하는 상황이야말로 문제의식이 강한 회사와 상사에 대한 불신을 증폭시키는 상황을 만든다. 물론 아무리 도요타라고 해도 간부 모두가 강한 문제의식을 갖고 있는 것은 아니다. 그러나 많은 상사들 중에는 반드시 사원의 문제의식을 수용해 주는 사람이 있고 문제해결을 위한 방법이 어딘가에 열려 있다는 것을 느끼게 하는 것이 도요타의 강점이다.

내적 동기에 의해 사람이 움직이는 문화

문제가 좀처럼 해결되지 않는 회사나 조직에서 공통적으로 나타나는 특징이란 어떤 것일까? 몇 가지 예를 들어 보자.

① '어차피 말해 봤자 소용없다' 라고 포기하는 사람이 조직의 대부분을 차지한다.

② 사장이 '이렇게 하고 싶다' 라고 생각한 것이 좀처럼 흡수 또는 실행되지 않는다.

③ 관리직 사원간에 대화가 부족하고 마음이 일치하지 않는다.

④ 상사의 말을 모두 '지시' 로 받아들여 작업수준이 형식적으로 실행되는 경우가 많다.

⑤ 지시받은 과제에 대해 '왜', '무엇을 위해서', '어떤 의미가 있나' 하고 다시 물어보지 않는다.

⑥ 활기가 넘치던 신입사원이 조직 속의 생활태도에 익숙해져서 약삭빠르게 변한하고 대부분 활기가 없어진다.

도요타의 큰 가장 특징은 무슨 일이든 '철저하게' 처리하는 것이다. 그러나 위와 같은 특징을 가진 조직에서 사고방식이나 기준, 규정 등을 철저하게 하는 것은 대단히 어려운 일이다. 대부분의 사람이 지시받은 일만을 억지로 하는 것이 당연시 되는 환경 속에서 매사 철저하게 일처리를 추구한다면, 사원관리에 막대한 노동력과 시간 등이 필요할 것이다. 도요타 현장에서는 작업표준을 '철저하게 지켜야 하는 대상'으로 여긴다. 작업표준을 지속적으로 개선하는 주체가 바로 자기 자신이기 때문에 철저한 업무처리가 가능하다. 도요타에서 일하는 사람들은 그 작업표준을 항상 스스로 개선해 나가야 한다는 것을 자각하고 있으며 거기에 자부심을 느끼고 있다. 본사나 엘리트직원이 강요한 작업표준이 아닌, 자신들 스스로가 지혜를 짜내고 고민해 만들어낸 것이기 때문이다. 따라서 이러한 작업표준을 소중히 생각하고 준수하는 것은 자신을 포함한 동료에 대한 약속으로 믿고 있는 것이다.

이런 도요타와 대조적인 사례가 대규모 탈선사고를 일으킨 JR니시니혼의 작업 매뉴얼이다. 이 매뉴얼은 기본적으로 본사직원이 억지로 강요해서 만들어진 것으로 판단된다. 현장에서 일하는 사람들에게 본사에서 일방적으로 정한 매뉴얼은 현실적이지 못한 부분이 있다. 하지만 납득하기 어려운 부분이 있어도 억지로 지킬 수밖에 없다. 그리고 현장에서 일하는 사람들의 관점에서 불합리한 면이나 실행이 어려운 메뉴얼의 규칙은 일하기 편한 방법으로 바꾸고 동료들 간에 묵인한다. 대규모 탈선사고 당시의 신문보도에 의하면 그러한 구도가 형성되어 있음을 엿볼 수 있었다. 과속한 기관사가 차장에게 "○○미터로 운전하는 게 좋겠어"라고 말해도 차장은 바로 그 말의 숨은 의미를 이해했다. 기관사 동료들끼리 본사에 대항하여 서로 몰래 돕는 상황에서 일어난 사고인 것이다.

JR니시니혼은 강제력을 계속 동원하여 '철저한 일처리'를 강요했다. 이에 반해 도요타는 현장에서 일하는 사람들이 스스로 문제를 자각하고 자부심을 가질 수 있도록 철저한 업무처리를 당연하게 느끼도록 유도했다. '철저하게' 하는 것에도 '시키는' 것과 '스스로 하고자 하는 것'

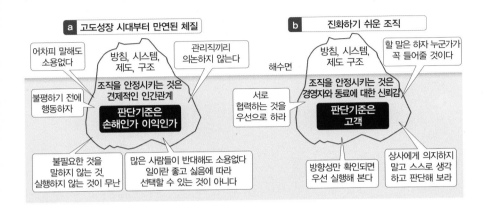

회사의 상황 판단을 위한 '빙산 모델'

a 고도성장 시대부터 만연된 체질

어차피 말해도 소용없다

방침, 시스템, 제도, 구조

관리직끼리 의논하지 않는다

불평하기 전에 행동하자

조직을 안정시키는 것은 견제적인 인간관계

판단기준은 손해인가 이익인가

불필요한 것을 말하지 않는 것, 실행하지 않는 것이 무난

많은 사람들이 반대해도 소용없다 일이란 좋고 싫음에 따라 선택할 수 있는 것이 아니다

b 진화하기 쉬운 조직

해수면

방침, 시스템, 제도 구조

할 말은 하자 누군가가 꼭 들어줄 것이다

서로 협력하는 것을 우선으로 하라

조직을 안정시키는 것은 경영자와 동료에 대한 신뢰감

판단기준은 고객

방향성만 확인되면 우선 실행해 본다

상사에게 의지하지 말고 스스로 생각 하고 판단해 보라

은 확실한 차이가 있다는 것이다. 그런 점을 무시하고 철저하게 일하는 상황만 흉내 내면 결국 정신력을 문제 삼을 수밖에 없다.

사람이란 내적인 동기유발이 가능한 환경만 제공하면 활기차게 일하기 시작한다. 그 원리는 매우 단순한 것이다. 다만 실제로 그러한 환경을 만드는 것이 간단한 문제가 아니다. 지금까지의 그 사람의 살아가는 방식 전체도 문제가 된다. 일상생활에서도 못하는 것을 일이라고 해서 그렇게 간단하게 할 수 있게 되는 것은 아니다. 이런 이유로 인해 조직이 더 세심하게 주의를 기울여도 '강제로 사람을 움직이게 만드는' 상황에 빠지기 쉬운 것이다. '강제력'을 자각하지 못하는 사이에 계속 사용하면 의사소통이 안 되는 직장풍토가 뿌리 깊게 자리를 잡고 만다. 의사소통이 안 되는 환경에 처해 있어도 언뜻 보면 그렇지 않은 것처럼 보이는 경우가 많은 것에 주의해야 한다. 조직적인 담합으로 세간의 집중적인 비난을 받고 있는 모 공사의 경우도 '자유롭게 대화할 수 있는 조직'이라는 평가를 내부 사람들에게 받았다고 한다. 이러한 조직에서 흔히 발견되는 것은, 말해도 좋다고 판단되는 것만을 '자유롭게' 이야기한다는 점이다. 언뜻 자유롭고 활달한 분위기처럼 보이지만 담합 등의 본질적인 문제는 의도적으로 언급을 회피한다는 면에서 진정 자유로운 의사소통은 아니다.

무의식 속에 사라지는 사내 커뮤니케이션

이전부터 일본기업은 '좋은 인간관계'와 '활발한 커뮤니케이션'으로 유명했다. 그러나 유감스럽게 최근 20년 동안 이러한 상황은 크게 달라졌다. 20년 전만 해도 애프터 파이브 교제가 활발했다. 여행이나 운동회 등도 자주 함께 했다. 업무를 마치고 회식을 하는 것도 매우 자연스러운 것이어서 친밀한 인간관계를 맺는데 도움이 되었다. 업무 중에는 보기 어려운 동료들의 인간적인 면을 통해 상호간의 의논하기 쉬운 관계가 형성되기 때문이었다. 하지만 시대 환경이 변하면서 애프터 파이브 문화가 갖고 있는 부정적인 측면이 드러나고 사람들이 다양한 여가생활에 개인시간을 투자하기를 원하는 사회분위기가 조성되었다. 시대의 흐름이므로 문제라고는 생각하지 않는다. 하지만 애프터 파이브 문화의 쇠퇴와 함께 중요한 것을 함께 잃어가고 있다는 것에 주의를 기울여야 한다.

최근 20년 동안 급속하게 애프터 파이브 문화가 사라져 가는 가운데 '구식이다'라는 소리를 들으면서까지 고수해 온 것이 도요타이다. 그것 뿐만이 아니다. 다른 회사에서는 벌써 예전에 뒷방으로 물러난 각종 사내모임이 도요타에는 아직도 뿌리 깊게 남아 있다.

정보의 단절과 사람들의 고립화

사내 인간관계의 친밀도가 도요타보다 높은 회사를 필자는 아직 본 적이 없다. 아마도 도요타만큼 사내 네트워크가 잘 구축되어 있는 회사도 없을 것이다. 그러한 것들이 가져오는 효과란 대체 무엇일까? 예를 들어 정보 중에도 모호한 정보, 그 의미를 아직 확실히 모르는 정보, 사람과 사람이 대화를 나누는 가운데 얻게 되는 살아 있는 정보 등의 역할은 실제로 대단히 크다. 지혜라는 것은 대부분 이러한 불분명한 정보 속에서 터져 나온다. 최근 20년 동안 일본기업에 나타난 또 하나의 변화는 합리화와 이메일 문화의 발달이다. 현재 50세 전후의 사람이 서른 살 무렵이었던 20년 전에는 업무가 반드시 메뉴얼화 된 것은 아니었다. 어떤 의미에서는 감각이나 경험으로 처리하는 부분도 많았다. 따라서 정해진 하나의 틀 안에서 정확하게 일처리를 하기 보다 다양한 일에 대한 폭넓은 경험의 기회가 지금보다 훨씬 많았다.

현재는 ISO(국제표준화 기구)의 영향 등으로 인해 업무가 이전보다 훨씬 메뉴얼화되어 전체적으로 합리적이고 정교한 업무처리를 하고 있다. 그러나 동시에 업무에 참여하는 인원수는 전체적으로 감소했다. 그리고 이러한 점은 다양한 경험을 할 수 있는 기회를 젊은 사원들에게서 빼앗았다. 자유롭게 업무를 처리할 수 있는 기회가 이전보다 줄어든 것이다. 또 하나의 큰 변화는 이메일 문화의 침투다. 최근에는 옆자리에 앉아 있는 사람에게도 이메일을 통해 의사를 전달하는 것이 당연한 회사까지 생겼다. 예전 같으면 직접 찾아가 전달했던 업무내용도 지금은 이메일로 편리하게 처리한다. 전화처럼 상대의 시간을 빼앗고 방해할 우려도 없다. 그러나 메일문화로 인해 잃어버린 것이 있다면 사람과 사람이 친밀한 관계를 맺을 직접적인 기회이다.

최근 20년 동안 일본회사에서 일상적으로 일어났던 일들이 젊은 사원들을 더욱 고립시켜 시야를 좁게 만들고 있다고 생각된다. 특정분야의 업무에는 매우 풍부한 지식과 능력을 갖추고 있지만 전체적인 시야가 좁아진 탓에 무조건 상부의 지시만 기다리는 경향이 나타난다.

이렇게 세대 간의 커뮤니케이션이 줄어들면 예전에는 효과가 있었던 OJT 등의 인재 만들기 방법들도 목적한 바를 이루기 어렵다. 젊은 사원들은 의논 상대를 판단할 수 있는 자료가 없다. 이전 세대의 사람들이 예전에 어떤 업무를 하고, 어떤 경험을 쌓아 왔는지를 알 수 없다. 이런 상황에서 '의논한다'는 행위가 이루어질 리 없다.

최근 20년 동안 일본기업의 환경은 크게 달라졌다. 최소한 방치해 둬도 자연스럽게 인재가 육성되는 환경은 아니다. 무엇보다도 애매하고 정리되지 않은 다양한 정보가 폭주하는 현상은 급격히 줄었다. 이러한 상황은 도요타에도 영향을 주고 있다. 그러나 도요타의 강한 면모는 이런 상황 속에서도 강력한 사내 네트워크를 유지하여 OJT가 제 기능을 할 수 있도록 만드는 데서도 확인된다.

조직 책임자의 약속은 필수

도요타자동차가 가진 특성 중에서 가장 뛰어난 것은 '항상 문제를 발견하여 그것을 계속 해결해 나가는 기능' 이 조직 내에 자리 잡혀 있다는 점이다. 이 때문에 지속적인 발전이 가능한 것이다.

비공식적인 문제해결의 원동력

주변 사람들이 공식적으로 아직 '문제' 로 인지하지 못한 것을 해결해야 하는 대상으로 보는 인식을, 사원들이 공유하는 것은 어떤 조직에서든 매우 힘든 일이다. 우선 거기에 문제가 있다는 것을 공식적으로 인지하는 것이 필수적이기 때문에 상당한 노력과 시간이 필요하다. 몇 년 전 도요타의 한 부장과의 식사자리에서 이런 이야기를 들었다.

"나는 처음 이 프로젝트에 반대했다. 그러나 부하직원 A는 프로젝트 진행을 주장하던 중에 '부장님 의견은 알겠습니다. 그래도 저는 이것이 반드시 필요하다고 생각합니다. 이 문제를 이사님께 보고해도 될까요?' 라는 것이었다. 나는 A에게 '그래 좋아. 한 번 가지고 가 보게!' 라고 대답했다. 그래서 A는 그 프로젝트를 이사에게 제안했고 그의 제안은 수용되었다."

누구나 실천하고 있다고까지는 할 수 없지만 도요타에서는 문제점에 대해 인지한 사람이 그것을 해결하기 위해 직속상관의 반대를 무릅쓰고 관철시키는 사례가 그리 드물지 않다. 매우 자연스럽게 그렇게 행동하는 사람들이 도요타에는 있다. 그들에게는 매우 당연한 행동인 것이다. 도요타다운 강한 면이 몸에 밴다고 하는 것은 '문제를 발견하여 그것을 계속 해결해 나가는 기능을 당연시하고 회사 안에 그러한 사고를 보편화시키는 것'이라고 필자는 생각한다.

조직 내에서 사람이 움직이는 것은 강제력이 작용하기 때문이다. 물론 그것만으로 사람이 움직이는 것은 아니다. 사람은 '내적 동기'에 의해서도 움직인다. 분명히 도요타에서도 강제력에 의해 사람이 움직이고 있기는 하다. 그러나 중요한 상황에서는 반드시 내적 동기를 중요시하면서 사람을 움직이려고 한다. 그래서 문제를 발견하고 계속 해결해 나간다는 가장 도요타다운 개선활동은 기본적으로 내적 동기에 의해 지탱되고 있다. 책임감이 강하고 성실한 사원일수록 의무감으로 자신의 역할을 다하려고 한다. 그러나 그것만으로는 언젠가 지쳐서 활기를 잃게 된다. 이에 비해 사원의 내적 동기를 환기시키면 아무리 힘든 업무라도 활기차고 적극적으로 몰두할 수 있다.

내적 동기를 뒷받침하는 '신뢰감'

어떻게 하면 사람은 내적 동기를 바탕으로 일할 수 있게 될까?

도요타에서 그것이 가능한 것은 조건이 제대로 갖춰져 있기 때문이다. 그것은 경영자나 상사에 대한 신뢰감이며 동료에 대한 신뢰감이다.

도요타생산방식이 뛰어난 기법이라는 것은 세계적으로 널리 알려진 사실이다. 그러나 도요타생산방식을 도입한 회사가 모두 잘 되는 것은 아니다. 컨설턴트에게 처음 지도를 받으면 재고가 줄거나 작업현장이 깨끗해지는 등의 시각적인 효과가 나타나기 쉽다. 그러나 시간이 지나

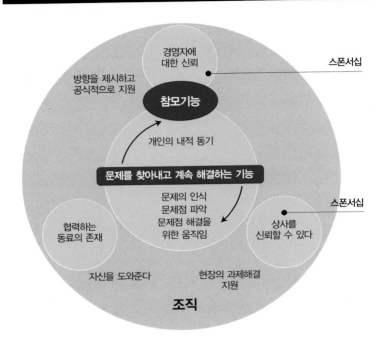

문제를 찾아내고 계속 해결하는 기능

참모기능

방향을 제시하고
공식적으로 지원

경영자에
대한 신뢰

스폰서십

개인의 내적 동기

문제를 찾아내고 계속 해결하는 기능

문제의 인식
문제점 파악
문제점 해결을
위한 움직임

스폰서십

협력하는
동료의 존재

상사를
신뢰할 수 있다

자신을 도와준다

현장의 과제해결
지원

조직

면 다시 원상태가 되거나 심지어 더욱 악화되는 경우마저 있다. 이런 일
들은 실제로 일을 할 현장 사람들의 내적 동기를 전혀 환기시키지 못한
채 그냥 하나의 작업으로써 도요타생산방식을 도입했기 때문이다. 경
영자나 상사에 대한 신뢰감 그리고 동료에 대한 신뢰감이 희박한 상황
에서 많은 사람들의 내적 동기를 환기시키는 것은 매우 어려운 문제다.

도요타에서는 보통 뼈대가 되는, 굵직한 방침을 내놓는 것이 경영자
의 역할이다. 그러나 방침을 발표한다고 하더라도 구체적인 실현방법
까지 지시하지는 않는다. 상호 간에 신뢰관계가 형성되어 있기 때문에
현장에 일을 맡길 수 있기 때문이다. 따라서 현장에 새로운 실행방법을

도입하기 쉽다. 도요타에 있어서 동료란 자신을 도와주는 존재이며 그 동료를 자신이 돕는 것 또한 당연한 일이다. 말은 간단하지만 실제로 경영진과 사원, 상사와 부하, 동료 간에 이 같은 관계를 형성하는 것은 의식적, 계획적으로 노력하더라도 간단한 것이 아니다.

도요타가 어떻게 이런 신뢰관계를 상호간에 형성할 수 있었는지에 대해서 아쉽게도 정확한 자료를 가지고 있지는 않다. 그것은 역사적 견지에서 다방면의 검증이 필요할 것이다. 그러나 '어떻게 그런 관계를 형성할 수 있을까?'에 대해서는 나름대로 방법을 제시할 수 있다. 그것은 필자가 지금까지 컨설팅 활동을 통해 탐구해 왔던 것이기 때문이다. 신뢰관계를 형성하기 위해서는 나름대로의 전제조건이 필요하다. 이는 전제조건만 성립되면 실현 가능하다는 말이기도 하다. 서로 간에 신뢰관계를 형성하는 데 필수적인 전제조건은 조직 책임자의 약속이다. 그 조직의 최고 책임자가 경영이나 상사, 동료에 대한 신뢰감이 조직에게 필수적인 요소인 점을 인식하고 진정으로 신뢰감을 키워 나가겠다는 약속 여부에 달려 있다.

최고경영자의 사원에 대한 가치관

애당초 조직의 경영자가 사원의 내적 동기를 불필요하게 생각하는 상태에서는 서로 신뢰관계의 형성이 불가능하다. 사람을 기본적으로 '한 번 쓰고 버리는' 경영 자원의 한 요소로 생각하는 경영자나 관리자가 아직도 존재하는 것은 틀림없는 사실이다. 퇴직율이 비정상적으로 높은 회사 등이 그러한 예다. 특히 신입사원이 입사한 지 1~2년만 지나면 절반으로 줄어드는 회사는, 경영자의 생각이 어떻든지 간에 회사 내에 그런 경향이 있다고 볼 수 있을 것이다. 아직 희망을 가질 수 있는 것은 대부분의 경영자나 상사가 '가능한 내적 동기를 통해 사원이 움직이는 것이 바람직하다'고 생각하고 있다는 점이다. 하지만 때때로 현실에서는 '그런 일은 무리일 것이다'라고 포기하기도 한다.

성공한 회사의 창업자들 중에는 사원의 내적 동기를 환기시키는 데 능숙한 사람이 많다. 단, 제대로 된 철학을 보유하는 것이 아니라 감각에 의존하는 경우가 많다. 때문에 내적 동기를 환기하는 부분이 있는 것처럼 보여도 결과적으로 보면 역시 '한 번 쓰고 버릴' 수밖에 없는 상황이 되버리는 경우도 많다. 이유를 불문하고 조직 내의 신뢰관계 구축에 경영자의 약속은 필수적인 요소이다. 경영자가 해야 하는 역할을 소홀히 하면서 도요타의 강점을 배우는 것은 불가능하다. 물론 경영자의 의지와 약속만으로 충분한 것은 아니다. 또한 조직경영자의 역할이 도요타적인 강인함을 키우는 필요조건은 되지만 충분조건은 아니다. 조직내에 신뢰감을 형성하는 것이 간단한 일은 아니기 때문이다. 경영자의 의지가 사원들에게 전달되었다고 해도 아마 순조롭지는 않을 것이다. 메시지만으로 그 마음을 알아주지는 않기 때문이다.

중소기업의 사장을 대상으로 주최하는 '경영자 아카데미' 참가자들도 이런 경향이 분명하게 나타났다. 40대에 경영권을 물려받은 사장의 경우를 예로 들어보자. 이 회사는 70년 가까운 역사를 가진 지방의 중견기업으로 오랜 세월동안 계속된 가족경영 속에서 사원에게는 자포자기 비슷한 종류의 우유부단함과 폐쇄적인 분위기가 가득했다. 그는 약 3년 전에 사장에 취임한 후, 오랫동안 경영진으로 있던 친척들을 전부 제외하고 개혁을 위한 노력을 계속해 왔다. 그러나 사장의 개혁에 대한 열정이 사원들에게 전달되지 않은 탓에 힘들어하고 있었다.

2004년 11월에 시작한 경영자 아카데미 운영 초기부터 이를 계기로 회사가 어떻게든 한마음으로 개혁을 추진할 수 있기를 원했던 사장은 모두의 힘으로 회사를 바꿔나가자는 메시지를 사원들을 향해 수차례 전달했다. 새해인사 때에도 정말 진심어린 개혁의 메시지를 사원들에게 보냈다. 이것은 스스로에 대한 반성을 하면서도 사원들의 경영참여를 진심으로 바란다는 마음을 담은 내용이었다고 생각한다. '실수 없이 완벽하게' 말하려고 했던 예년의 연설에 비해 "나를 도와줬으면 한다. 회사를 도와줬으면 한다. 우리 모두의 힘으로 활기찬 회사를 만들기 위해 나에게 충고를 아끼지 않기 바란다"는 진심을 담은 내용으로 바뀌었다.

그럼에도 불구하고 가장 신뢰하는 간부사원조차 사장의 말을 액면 그대로 받아들이지 않았다는 사실을 나중에 알게 되었다. 전국에서 참모 후보들이 모이는 이틀간의 세미나에서 이 일을 의논해서 얻은 결론은 사장의 개혁에 대한 진심을 사원들은 자신들의 눈으로 확인하고 싶어 한다는 것이었다. 사장의 입장에서 보면 이렇게까지 진심어린 메시지를 보냈는데도 알아주지 않는 점을 아쉽게 생각할 것이다. 그러나 현실은 이처럼 엄격한 것이다.

입에 발린 말(사원들이 그렇게 받아들일 거라는 의미에서)을 약간 했다고 해서 직원이 그 말대로 반응을 보여 주는 것은 아니다. 어쩌면 감동하는 사원이 전혀 없다고 해도 이상할 것이 없다. 이처럼 한 번 잃어버린 신뢰감을 회복하는 것은 어려운 일이다.

생각 있는 경영자와 이를 주위에 전달하는 참모

그러면 도요타식 강점을 키우려면 구체적으로 어떻게 하면 되는지 생각해 보자. 가장 먼저 참여하는 '책임자'로서의 면모를 나타내는 것으로 시작한다. 여기서 '조직 책임자'라고 표현한 것은 반드시 경영자이어야 할 필요는 없기 때문이다. 어느 정도 조직으로서의 독립성을 지킬 수 있다면, 부서나 공장, 지점 등의 단위라도 상관없다. 회사 등의 단위가 아닌 경우에는 전체 조직에서 그 단위조직의 독립성이 유지되고 조직 전체 책임자의 승인을 얻을 수 있으며 본사로부터도 나름대로 지원이 가능하면 된다. 하여간 비교적 작은 단위의 조직 책임자라 해도, 도요타적인 강한 체질을 만드는 일에 대해 참여할 사람을 표면화하는 것이 가장 첫 번째 조건이다.

또 한 가지 조건은 참모 역할을 만드는 것이다. 앞에서도 서술한 바와 같이 책임자 혼자서 조직을 바꾸는 것은 거의 불가능한 일이다. 필요한 것은 책임자의 '생각'을 제대로 받아들이고 그것을 주변에 잘 전달해주는 역할을 할 수 있는 사람의 존재이다. 조직 책임자가 직접 자신의 생각을 전달하면, 상부로부터의 강제력이 작용되기 쉽다.

대화를 하려는 의도라 할지라도 직원들 입장에서는 강요하는 것으로 보일 수 있다. 책임자의 생각을 전달해 주는 존재는 무엇과도 바꿀 수 없을 만큼 소중하다. 이런 존재를 주변에 두고 있는 책임자는 행복한 사람이다. 그러나 그런 사람과 우연히 만날 가능성을 기대하기보다는 의도적으로 만들려는 노력이 필요하다. 이때 이런 존재가 갖춰야 할 조건에는 세 가지가 있다.

첫 번째는 주변 사람들에게 신뢰받는 존재여야 한다. 아첨꾼이 아니어야 한다는 의미이다.

두 번째로는 나름대로 문제의식을 갖고 있어야 한다. 문제를 문제라고 느끼는 안테나가 제대로 그 기능을 해야 된다는 뜻이다. 다시 말해 때로는 불만을 말할 줄도 아는 사람이어야 한다. 문제점을 문제로 느끼는 것은 '문제에 관심이 있다'는 반증이기도 하다. 관심이 있어야 문제가 보인다. 하지만 해결될 가능성이 느껴지지 않아 불만을 갖게 되고 그것을 표현하는 것이다.

세 번째는 책임자와 대화를 거듭하여 서로에 대해 충분히 이해하는 인물이어야 한다. 자신의 의사를 잘 전달하기를 원하면, 먼저 서로를 이해하고 있어야 한다. 책임자의 생각을 잘 이해하며 그것을 모든 사람들에게 잘 전달할 수 있는 것도 상호간의 이해 없이는 불가능하다.

책임자의 참여가 확인되고 이와 같은 생각을 전달할 존재가 있다면 그 다음으로는 개혁의 기술을 포함한 이론적인 뒷받침이 필요하다. 도요타와 같은 강인함은 어디에서 오는 것인가? 그 안에 있는 가치관이란 어떤 것인가? 내적 동기를 유발시키는 방법론 등에 대한 대략적인 내용은 이미 설명한 바가 있다. 하지만 그것뿐만 아니라 다양한 정보를 정리하여 그려낸 시나리오에 따라 필요한 응용문제를 풀 수 있어야 한다. 발생하는 문제를 제대로 바라보고 계속 학습하는 자세가 필요하다. 이러한 조건이 갖춰졌을 때만이 도요타방식의 강인함을 배울 수 있다.

지금까지 필자는 당신의 회사가 도요타자동차 같은 강인함을 가진 조직으로 탈바꿈하려면 나름의 전제조건이 필수적이라고 설명했다. 그 전제조건이란 경영책임자의 '달라질 것'에 대한 약속이며 그 책임자를 도와주는 '참모기능'의 존재다.

상사의 역할은 '부하를 억지로 끌어당기지 않는 것'

윗자리에 있는 사람의 확실한 의지 없이 조직의 변화는 있을 수 없는 일이다. 그러나 책임자의 강력한 리더십으로 모든 것을 움직일 수 있는 조직을 상상한다면 그것은 '도요타의 강인함'과는 전혀 다른 것이다. 도요타다운 강인함이란, 항상 책임자가 선도하는 강인함이 아니라 사원 각자가 매일 개선에 대한 노력과 지속적인 실천을 통해서 만들어지는 것이다. 도요타적인 강인함을 지향하는 경영자의 개혁을 위한 약속이란 단순히 윗사람이 앞장선다고 해서 효과가 반드시 나타나는 것은 아니다. 필자는 도요타적인 강인함을 가진 조직을 만들어 가는 책임자의 모습을 '스폰서십'이라고 표현한다. 리더십이 아닌 스폰서십이라는 단어를 선택한 것에는 나름대로의 의도가 숨어 있다.

리더십이라는 단어에는 아무래도 '사원들을 억지로 끌고 간다'는 이미지가 느껴진다. 그러나 도요타적인 강인함을 위한 경영자의 역할은 사원들을 '주역으로 만들어 가는 것'이다. '책임자'란 조직의 '장(대표〉을 의미하지만 일반 사원들의 입장에서는 경영자부터 상사까지 대부분을 포함한 것이다. 따라서 스폰서십을 이야기할 때 조직 내 책임자들은 말할 것도 없고 간부의 역할도 똑같이 중요하다.

도요타적인 강점을 가진 조직으로 개혁할 때 가장 중요한 것이 이 스폰서십의 수준향상이다. 현실적으로 생각해서 맨 처음부터 완벽하게 제 기능을 하는 스폰서십은 있을 수 없다. 그렇기 때문에 그 질을 향상시키려는 노력이야말로 도요타적인 강인함을 가진 조직으로 탈바꿈하려는 노력과 함께 해야 한다. 이제 추구해야 할 스폰서십의 내용에 대해 간단하게 정리해 본다.

스폰서십에 요구되는 역할과 능력

스폰서십의 내용은 크게 네 가지로 구분된다. '당사자로서의 자세', '안전망의 구축', '비전을 세움' 그리고 마지막으로 '대화능력'이다. 이제 각각의 내용을 자세하게 살펴보기로 하자.

① 당사자로서의 자세

가장 처음에 필요한 것은 윗사람으로서의 '당사자로서의 자세'다. 스폰서십의 발휘는 사원들을 주역으로 연출하는 것이기 때문에 앞장서서 지휘자 역할을 하기보다는 주변에 위임하는 경우가 많다. 다만 스폰서 스스로의 실천 없이는 전혀 효과를 기대하기 어렵다는 것이 '당사자로서의 자세'다. 사원의 내적동기를 좌우하는 것은 첫째, 경영자나 상사에 대한 신뢰감의 유무이다. 상사에 대한 신뢰감이 없는 상태에서 사원에게 내적동기를 높이고 업무를 잘하라고 질타하는 것은 상당히 기만적인 태도다. 신뢰감의 바탕이 되는 것은 윗사람이 '하는 말' 즉, 나무라는 내용과 실제로 윗사람이 '실천' 한 것이 일치하는 모습을 보이는 것이다. 사원은 자발적인 의사를 바탕으로 업무에 몰두하여 매일 업무개선에 노력하는데, 책임자는 이러한 자세를 보여주지 않는다면 신뢰를 얻을 수 없다. 윗사람이 당사자로서의 자세를 갖추느냐 그렇지 못하느냐는 개혁을 위한 전제조건이다.

회사개혁을 도모할 때 경영자의 역할이 크다는 것은 누구나 다 알고 있을 것이다. 그러나 경영자가 당사자로서의 자세를 갖추지 못하면 아무것도 시작되지 않음을 알아야 한다. 어느 정도 독립성을 지닌 하나의 부서를 개혁할 때는 그 부서의 장은 물론 경영자도 당사자로서의 자세가 꼭 필요하다고 말하지는 않기 때문이다. 물론 경영자가 개혁 당사자로서의 자세를 갖추고 있다면 그보다 좋은 일은 없겠지만, 이것은 필수불가결한 조건은 아니다. 사장 입장에서는 일단 그 부서에서 하려는 노력을 적극적으로 승인하는 것으로 충분하다. 그리고 이 전제조건이 성립되면 곧바로 회사 전체의 개혁에 성공하지는 못하더라도 부서개혁은 가능해진다. 이 '승인한다' 는 역할과 '당사자로서 개혁에 참여한다' 는 것 중 어떤 것을 필요조건으로 삼는가에 따라 개혁의 가능성은 크게 달라진다.

여기서 말하는 '당사자' 란 무엇일까? 내용을 좀 더 확실히 하기 위해 어느 회사의 공장장의 예를 통해 생각해 보자. 공장장이 자신의 공장을 개혁하려고 할 때, 당연히 간부들인 부서장들에게 개혁에 참여할 것을 호소한다. 부장들의 내적 동기를 유발하여 성과를 얻음과 동시에 부장들이 '공장 전체를 시야에 넣고 매사를 생각하고 실행해 갈 것' 과 부장들간의 대화를 유도한다. 부장들에게 한 단계 높은 관점에서 매사를 바라보도록 요구한다.

그러나 만약 공장장 자신이 실제로는 자기 공장 일만을 시야에 넣고 개혁을 추진하는 것처럼 행동한다면, 그가 사원에게 '이렇게 해야 하는 것 아닌가' 라고 주장한 것을 자기 자신은 실천하고 있지 않다는 것이 된다. 공장의 문제는 공장차원에서 해결할 수도 있지만, 그렇지 않은 문제도 많이 있다. 즉 공장장은 공장만의 문제를 시야에 넣고 개혁을 꾀할 것이 아니라, 적어도 제조부서 전체, 혹은 영업부서나 개발부서 등의 관련성을 시야에 넣고 개혁에 착수할 필요가 있다. 물론 한 사람의 공장장이 이런 행동을 주도하는 데에는 한계가 있다. 그렇다 해도 자신이 한 말을 실행에 옮기려는 노력을 부하에게 보여주는 것이야말로, 당사자로서의 자세를 보여주는 것이라고 할 수 있다.

부하들에게 영향을 주는 가장 큰 요소는 바로 이 당사자로서의 자세다. 스스로 1인칭으로서 개혁에 대한 이야기를 하고 직접 실행하면서 새로운 가치관과 판단기준을 몸소 보여주는 것이 경영자나 상사에 대한 신뢰감을 형성하게 만드는 가장 효과적인 방법이다.

② 안전망의 구축

스폰서십의 주요기능은 안전망을 만드는 것에 있다. 내적 동기를 잠재적으로 갖고 있는 사원도 주체적으로 그것을 발휘하는 것은 아니다. 한발 나서는 것이 본인의 손해로 이어지는 상황이라면 결국 나선 사람이 어이없는 일을 당할 뿐이다. 이러한 상황을 개선하여 한발 나선 사람을 주변에서 반드시 도와주도록 만드는 것은 스폰서십뿐이다. 사원이 안심하고 자신의 의사로 개혁을 위한 한 걸음을 내딛을 수 있는 상황을 '안전망이 설치된 상황' 이라고 부른다. 안전망을 설치할 의사(意.思)를 가진 스폰서는 우선 사원을 주역으로 만들어야 한다. 그러기 위해서는 가능한 업무를 부하에게 위임할 필요가 있다. 이때 위임할 업무의 위험 정도를 예측하는 능력이 필수적이다. 실패했을 경우의 위험 정도를 파악함으로써 업무를 맡길 수 있고, 때로는 실패하게도 만든다. 사원이 능숙하게 '실패' 할 수 있게 하면 인재는 성장할 기회를 갖는 것이다. 스폰서가 업무를 맡기고 주역으로 만들 수 있다면, 사람의 가능성을 더욱 발휘할 수 있게 만드는 것이 가능하다.

③ 비전을 세움

다만 목표하는 바가 명확하지 않은 상태에서 업무를 위임하면, 그것은 단순한 방임일 뿐이다. 사람은 목표가 명확할 때 의욕적인 자세가 되며, 잠재적인 능력도 발휘할 수 있다. 조직에서는 대부분 '목표수치' 를 제시하지만 그것을 진정한 목표로 삼아야 하는 경우는 그리 많지 않다. 목표를 직원에게 전달하는 상사 자신이 목표수치가 가지는 의미나 배경을 제대로 이해하지 못하면 상사 자신은 물론 사원에게도 애초에 어떤 의미를 지닌 목표수치인지를 제대로 전달하지 못하기 때문이다. 그렇지만 맨 처음부터 목표하는 바를 제대로 파악하고 자신의 언어로 표현할 수 있는 상사는 많지 않다. 이런 경우 처음부터 목표를 확실히 정할 필요는 없다. 처음부터 확실한 목표를 위에서 제시하면, 직원이 상사에게 정신적으로 의존하려는 상황이 연출되기 쉽다. 이처럼 목표를 명확하게 나타내는 과정을 부하와 함께 만들어가는 것도 스폰서십의 또 다른 주요기능이다.

④ 대화능력

스폰서십의 또 한 가지 기능은 사원과 깊은 대화를 나누는 것이다.

관리자의 자세로써 가장 요구되는 것이 '해답을 함께 만들어 가는 것' 이다. 이것은 깊이 있는 대화 없이는 불가능하다. 답을 강요하는 것은 이전 매니지먼트의 전형적인 모습이다. 그리고 대화능력을 키우는 것 이야말로 이전의 매니지먼트에서 탈피하기 위한 필수 불가결한 요소가 된다. 계속 답을 강요당하면 사원들은 단순히 작업만을 반복하게 되어 '생각하는' 가능이 떨어지게 된다.

반대로 날마다 꾸준한 개선이 조직의 이곳저곳에서 이루어지는 도요 타식 강인함을 지닌 조직에는 '생각하는 힘'이 가득 넘친다. 이처럼 답 을 강요하는 것으로는 생각하는 힘이 길러지지 않으며, 도요타적인 조 직도 될 수 없다. 중요한 것은 대화를 통해 사원이 생각하는 힘을 회복 시키고 해답을 함께 만드는 프로세스를 키워 나가는 것이다. 이런 의미 에서도 스폰서십의 대화능력은 중요하다.

스폰서십의 수준 올리기

스폰서십의 개념을 아는 것만으로는 달라지는 것이 없다. 대화능력 의 필요성을 이해한다고 해서, 대화능력이 곧바로 향상되는 것은 아니 기 때문이다. 머리로 이해하는 것도 중요하지만 스폰서와의 상호관계 를 바탕으로 한 실전 경험이 더욱 필요하다. 당사자로서의 자세에 관한 것은 더욱 어려운 문제다. 본인은 당사자로서의 바른 자세를 위해 노력 하지만 주변에서는 그렇게 보지 않는 경우가 많다. 그런 맥락에서 보면 본인 혼자서 배우는 것에는 한계가 있다고 할 수 있다. 그렇다면 어떻게 하면 좋을까? 좋은 방법은 '스폰서십 연구회'를 정기적으로 개최하는 것이다. 이전에 말한 공장의 사례를 통해 설명해 보기로 하자. 맨 처음에는 부장들이 모이는 1박2일 일정의 오프사이트 미팅을 통해 문제를 철저하게 의논한다. 그 후에는 월 1~2회 정도, 단 몇 시간만이라도 마음을 터놓고 정직하게 핵심문제를 의논한다. 그런 가운데 당사자로서의 자세에 대해서 서로 지적하고, 터놓고 의논하는 과정을 통해서 대화하는 능력도 키울 수 있다.

답변을 사전에 준비한 의논은 아무래도 형식적인 것이 되기 쉽다. 결론에 초점을 두기 때문에 사전에 예정된 것처럼 형식적인 부분은 잘 정돈되어도 내용이 부실한 대답이 나오기 쉽다. 이에 비해 스폰서십 연구회는 정직함을 기본으로 한 활발한 의논을 하기 때문에 서로 협력할 수 있게 된다. 물론 스폰서십 연구회의 성공 여부는 상당부분 코디네이터의 역할에 달려 있으므로 경험과 기술을 지닌 코디네이터 확보가 필수적이다.

수준 높은 팀워크를 위한
세 가지 기본원칙

도요타적인 강인함이란 '수준 높은 팀워크' 라고 바꿔 말할 수 있다. 뛰어난 리더십도 중요하지만 수준 높은 팀워크가 제 기능을 발휘하기 때문에 도요타가 강해질 수 있는 것이다. 그리고 '스폰서십' 이란 '나를 따르라' 며 사람을 끌고나가는 리더십이 아닌 팀이 팀으로서 제 기능을 발휘하게 만드는 리더십이라고 할 수 있다. 그래서 높은 수준의 프로페셔널한 팀워크가 제 기능을 할 수 있게 하려면 ①당사자가 된다 ②서로를 엄격하게 마주 본다(협력한다) ③목표(가치관을 포함)를 공유한다라는

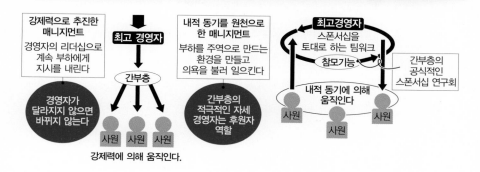

사원의 내적 동기를 환기시키는 구조

강제력으로 추진한
매니지먼트
경영자의 리더십으로
계속 부하에게
지시를 내린다

최고 경영자

간부층

경영자가
달라지지 않으면
바뀌지 않는다

사원 사원 사원

강제력에 의해 움직인다.

내적 동기를 원천으로
한 매니지먼트
부하를 주역으로 만드는
환경을 만들고
의욕을 불러 일으킨다

간부층의
적극적인 자세
경영자는 후원자
역할

최고경영자
스폰서십을
토대로 하는 팀워크

참모기능

간부층의
공식적인
스폰서십 연구회

내적 동기에 의해
움직인다

사원 사원 사원

세 가지 요소가 필수적이다. 자세한 내용을 살펴보자.

① 당사자가 된다

앞서 당사자라는 개념은 스폰서십이 전제가 된다고 설명한 바 있다. 무슨 일이든 일단 '스스로 나아가는' 것 이라는 리더의 인식이 수준 높은 팀워크에 필수적인 것이다. 나를 따르라고 말하는 것처럼 '나는 항상 올바르다' 는 것을 전제로 솔선수범하는 사람은 여기서 말하는 당사자가 아니다. 자기 자신도 재점검 대상으로 간주하고 변화해 나가는 자세를 가진 사람이 당사자인 것이다. 당사자와 평론가를 구분하는 것은 매사를 대하는 자세인 것이다. 어떻게든 개혁을 실행하고자 하는 의지를 갖는 것이 당사자이기 때문에, 필연적으로 개혁에 필요한 여러 조건을 최대한 이용하기 위해 지혜를 짜내는 것이다. 다시 말해 개혁의 당사자라는 것은 가능한 매사를 플러스 방향으로 바라보려는 자세를 가진 사람이다. 문제점이나 부족한 점을 가려내는 '마이너스적 발상' 이 아닌, 어떤 부분을 토대로 더욱 발전 시켜나갈 것인가 하는 '플러스적인 발상'으로 매사를 바라보는 사람을 개혁의 당사자라고 할 수 있을 것이다.

② 서로를 엄격하게 마주 본다

도요타 사람들은 자주 '사이좋은 싸움'을 한다. 단순히 사이가 좋아 보인다는 것은 서로한테 맞춰주고 있을 뿐인 경우가 많다. 그러나 지혜란 것은 깊이 있는 대화를 자주 함으로써 그 안에서 생겨나는 것이다. 따라서 단순히 사이가 좋아 보이는 상태에서는 지혜를 만들어 낼 수는 없다. 그래서 솔직함을 바탕으로 서로 충돌하는 것, 즉 생산적인 싸움이 필요하다. 생산적인 싸움은 서로 간에 신뢰관계가 성립된 상태에서만 가능하다. 서로를 엄격하게 마주보는 생산적인 싸움을 하기 위해서는 그 전제가 되는 신뢰관계와 서로 협력하는 자세가 필수적인 것이다. 여기서 말하는 서로 협력한다는 것은 단순히 도와준다는 의미는 아니다. 수준 높은 협력이란 앞에서 설명한 '참모기능'이다.

직접 전달하기는 어려운 '생각'이나 '배경' 같은 정보를 제삼자의 입장을 이용해서 능숙하게 전달하는 역할이 참모기능이다. 단, 이 역할을 제대로 하기 위해서는 전달하는 생각이나 배경을 알 수 있을 만큼 사전에 솔직한 대화를 거듭해야 하고, 전달하는 상대와의 신뢰관계도 형성되어 있어야 한다. 조직 내에서 참모의 기능은 스폰서십과 상호 보완관계에 달려 있다. 어느 한쪽이 결여되도 조직의 개혁은 도모하기 어렵다. 스폰서가 무리하게 끌고 가지 않는 리더십을 발휘하는 만큼 참모의 도움은 필수 불가결하다. 예를 들어 스폰서가 약점을 드러내는 것도 부하가 상사에 대한 신뢰감을 형성하는 데는 효과적이다. 결국 능숙하게 약점을 보여줄 수 있는 상사야말로 본질적으로 강한 사람인 것이다. 이런 내용을 주변에 효과적으로 전달하는 등 참모의 뒷받침이 없으면 그 효과도 반감된다. 스폰서에게 반드시 필요한 따끔한 지적을 아끼지 않음으로써, 스폰서를 벌거벗은 임금님으로 만들지 않는 것 또한 참모의 역할인 것이다.

스폰서십이나 참모기능의 개념을 이렇게 확실하게 해 두는 것에는 나름대로 이유가 있다. 결국 '목표로 하는 바'를 분명히 밝힘으로써, 간부층이나 그것을 도와주는 사람들이 그 모습에 더 다가갈 수 있도록 하기 위해서다.

③ 목표(가치관 포함)를 공유한다

팀이 팀으로써 제 기능을 하려면 서로 무엇을 위해 노력할 것인가를 공유할 필요가 있다. 이를 위해서 사전에 목표를 정하고 그것을 구성원들이 공유한다. 다만 목표로 하는 바가 본인에게는 어떤 의미를 가지는지 각자 납득하고 있는 상태에서 실행해야 한다. 그러나 이런 스타일에서는 노력해야 하는 목표가 수동적으로 정해진 것이기 때문에, 목표에 대해 제대로 납득하지 못한 경우가 많다. 만약 수준 높은 프로페셔널 팀워크를 지향한다면, 시간이 걸리더라도 목표를 스스로의 힘으로 정하는 이른바 '프로세스 수립'을 위한 인내심과 시간을 확보해야 한다. 결국 목표를 공유한다는 것은 '무엇이 중요한가?'라는 가치관을 공유한다는 의미이기도 하다. 가치관을 공유하기 위해 일정 시간이 필요하다는 것은 누가 생각해도 알 수 있는 일일 것이다. 가치관도 여러 가지겠지만, 특히 사람과 조직에 관한 가치관을 명확히 해 두면 강한 조직을 만드는 데 도움이 된다.

내적 동기유발에 명령하는 분위기는 안 된다

대부분의 사원이 매일 높은 개선의욕을 갖고 일한다는 도요타식 기업개혁을 실현하는 데 강제적인 힘을 행사하는 것은 바람직하지 않다. 명령을 통해 내적 동기를 환기시키는 것은 가능하지만, 진정한 내적 동기를 유발할 수 있는 것은 아니다. 이것은 나의 경험에서 얻은 컨설팅의 기본자세이기도 하다. 내적 동기를 환기시켜 개혁의 원동력으로 삼는 방법이 효과적이라는 것은 오늘날 대다수의 사람들이 이미 알고 있다. 문제는 내적 동기를 환기시키는 어려움과 그것을 이끌어 내는 데 필요한 시간이다. 말할 것도 없이 비즈니스는 스피드가 생명이다. 아무리 좋은 원리를 알고 있다고 해도 방법론이 불확실하고 구체적이지 않거나, 많은 시간이 필요하다면 그것은 비즈니스 세계에서 통용되기 어렵다. 물론 우리 회사에도 이전에 그런 경향이 있었다. '명령을 하나의 장치로 활용하면서 내적 동기를 환기 시킨다'는 새로운 방법론은 '목표'와 '토론의 장'을 갖춤으로써 시나리오의 진행 스피드를 일정수준 확보하는 데 주된 의미가 있다. 그 내용은 어디까지나 '명령'을 배제하고, 특히 간부층의 행동에 있어 일정한 틀을 마련해 개혁을 추진하려는 시도이다.

모든 것은 자연스럽게 진행한다

개혁을 추진하는 데 가장 큰 저항세력은 고위 간부층이다. 간부층은 고의는 아니더라도 자칫하면 자각심 없는 저항세력이 되기 쉽다. 반대로 강제력을 행사하여 개혁을 추진하는 것은 일반 사원들 입장에서 꺼려지는 일이다. 그러나 간부층의 입장에서 반드시 그렇게 느낄 필요는 없다. 최소한 정기적으로 개혁의 장을 조성하고 참여하도록 촉구하는 정도의 강제력 행사는 문제될 것이 없다. 간부층은 기본적으로 형식상의 책임감이 강하기 때문에 참여 요청을 하면 다소 소극적이더라도 참여하게 마련이다. 참여하기만 한다면 코디네이터의 능력에 따라 나름대로 적극적인 자세로 바꿀 수가 있다. 개혁의 당사자인 일반사원에 대해서는 내적 동기가 확실하지 않은 상태에서 적극적인 행동을 기대하기는 어렵다. 하지만 간부층의 경우 모두가 내적 동기를 갖고 있을 필요는 없다. 사람에 따라 정신적으로 약간 적극성을 띠는 것만으로도 충분하다. 이런 상황에서 '스폰서십 연구회'라는 토론의 장을 한 달에 1~2회 정도 정기적으로 준비한다. 반복적으로 자주 대화함으로써, 솔직하게 의논할 수 있는 환경을 만들기 위해 노력한다.

중요한 것은 정기적으로 개최해야 한다는 점과, 내용면에서 조금씩 발전하는 시나리오를 그리는 일이다. 그러기 위해서는 반복적이고 지속적인 의논을 하는 것과 토론시간을 절대적으로 확보하는 조건이 필요하다. 이렇게 하려면 서로의 인간적인 면에 대해서 잘 아는 것은 물론 특히 약점을 서로 보여줄 수 있는 관계를 만드는 것부터 시작해야 한다. 업무상의 문제 등에 대해서도 공통된 인식과 공통언어를 만들어 나가야 한다. 그 중에서도 중요한 것이 스폰서십의 개념을 공유하는 것이다. 이러한 의논은 곧바로 결실을 맺을 수 있는 것은 아니다. 그러나 솔직한 의논의 효과를 참여자가 실감할 수 있고 지금까지 생각하지 못했던 것을 의논함으로써 시야를 넓힐 수 있게 된다. 일반사원들의 늘어나는 지혜에 대해서도 반감이 사라진다. 이러한 의논은 개혁의 당사자가 되는 데는 충분하지 않을지 몰라도 서서히 그 효과가 나타나게 된다.

사원을 움직이게 하는 간부의 솔선수범

사원 중에는 강한 문제의식을 갖고 있는 사람이 반드시 있다. 그러나 대부분의 경우 상사가 걸림돌이 되어 자유롭게 행동하지 못한다. 그런 점에서 스폰서십 연구회 등의 모임이 개혁의 초기단계에 만들어져 기능을 발휘하면, 그것이 자극제 역할을 하게 되어 사원들 사이에서 여러 가지 지혜나 아이디어가 터져 나오게 된다.

중요한 것은 일정한 강제력을 간부층이 행사하여 상하의 상호작용을 만들어 내는 것이다. 간부들의 자세가 변하여, 관리방식이 조금씩이라도 바뀌기 시작하면 사원들의 자발적인 동기부여는 가속화된다. 개혁을 위한 지혜는 간부들이 아닌 사원 측에서부터 나오는 경우가 많다. 다만 그러한 상황도 간부들의 자세나 관리방식의 변화가 뒷받침되어야 가능한 것이다.

누차 말하지만, 간부들의 경우 가능한 전원이 스폰서십 연구회에 참가하는 것이 바람직하지만 전원이 내적 동기를 갖고 있을 필요는 없다. 내적 동기는 없더라도 이전보다 조금씩 적극적인 자세를 취하는 정도로도 효과는 기대할 수 있기 때문이다. 오히려 일반사원들에게는 끝까지 내적 동기를 환기시킴으로써 참여를 촉구해야 함을 잊지 말아야 한다. 부드러운 강제력을 행사하는 것은 어디까지나 간부들만으로도 충분하다.

'강압'과 '유도'

'도요타의 강인함'이란 과연 무엇일까? 개혁에 힘쓰고 있는 일본기업에게 매우 중요한 힌트가 숨겨져 있다. 기업개혁에 관해 구미의 선진기업을 모방한 앵글로색슨적인 정보가 넘쳐나고 있는 가운데 그것과는 어딘가 다른 '일본의 독자적인 면'을 지키면서 승리하고 있다는 점에서 현재의 도요타자동차가 갖는 의미를 찾아볼 수 있다.

미국식 방법과 일본식 방법

지금까지는 도요타적인 강인함이란 무엇인가, 그것을 내 것으로 만들기 위해서는 어떻게 하면 되는가에 대해 설명했었다. 그러나 일반적으로 강한 도요타를 이야기하는 것만으로는 본질적인 부분에 접근했다고 할 수 없다. 특히 최근 4~5년간 도요타의 강인함이 특히 강렬한 인상을 주고 있다고는 해도 그 본질을 이해하지 못하면 그 이유는 수수께끼로 남을 뿐이다. 일본 최대 기업인 도요타가 지금도 수익증대를 거듭하고 있다는 사실이 언론 등에 상당히 부각되고 있는 것이 강력한 인상을 준 요인 중 하나라는 점은 확실하다. 그러나 결코 그것이 전부는 아니다.

필자는 2001년 6월에 가네다와 함께 『도요타식 최강 경영』(닛케이 신문사)이라는 책을 완성했다. 취재활동은 1999년부터 시작했는데 그 당시부터 우리 두 사람이 쓰고 싶었던 것은 단순한 도요타의 성공담은 아니었다. 개혁, 즉 '변화해 간다'는 것은 인간의 본성이라는 측면에서 생각하더라도 원래 상당히 강한 반감을 갖게 되는 과제다. 당연한 일이지만, 인간의 집단적인 행동에 강한 영향력을 주는 조직풍토가 개혁에도 똑같이 강한 영향을 주는 것은 쉽게 상상할 수 있다.

다시 말해 똑같이 개혁이라는 단어를 사용하더라도 애초부터 조직풍토가 다른 앵글로색슨적인 것과, 일본식인 것은 그 의미가 완전히 다른 게 아닐까라는 가설을 가지고 있었다. 그런 의미에서 일본식 조직 풍토를 철저히 유지하는 도요타에는 '일본적 개혁의 특성'이 있다고 할 수 있을 것이다. 그것은 과연 무엇인가? 도요타를 통해서 그 점을 살펴보고자 했던 것이다.

다시 말해 90년대 후반 당시 일본에서 압도적인 존재감을 갖고 있던 '앵글로색슨적인 구미기업의 개혁 추진방식'은 모든 것이 전혀 다른 일본 고유 풍토의 새로운 시도였던 것이다. 90년대 초반 버블경제 붕괴 이후 오랫동안 침체됐던 일본경제를 목격한 대부분의 경영자들은 자신감을 잃어버렸다. 그런 가운데 당시 성공기업의 상징이었던 앵글로색슨적인 기법을 '무비판적으로' 모방하려는 경향이 뚜렷해진 것은 어쩌면 당연한 현상이었다. 하지만 합리적이라고는 해도 사람을 마치 회사의 부속품 정도로 취급하는 앵글로색슨적인 개혁방식에 어딘지 모르게 위화감을 느끼고 있던 경영자들이 많았다.

일본인들에게는 일본인에 맞는 개혁 추진방식이 있어도 좋지 않을까? 이런 강한 문제의식을 가지고 성공적으로 발전을 계속한 예외적인 일본기업 도요타가 추진해온 개혁방식을 설명한 것이 2001년에 집필한 책이었다.

현장의 지혜를 유도하는 효율적인 방식

　도요타와 앵글로색슨, 이 두 가지 개혁방식에는 확실히 차이가 있다. 설계도(대답)를 확실히 그린 상태에서 개혁에 착수하는 앵글로색슨적인 방식에 비해, 도요타방식은 목표로 하는 바를 명확하게 만들어 가는 과정이나 목표가 정해지고 실현해 가는 과정에서도, 시행착오를 반복하면서 모든 사원들의 지혜를 끌어 모아 실행한다. 목표를 달성하고 나면 자신도 모르는 사이에 끝난 것 같은 성격을 띤다고 할 수 있다. 두 가지 방식이 '어떤 면이 다른지'를 한마디로 말한다면, 앵글로색슨적인 방식은 MBA 학위 보유자처럼 분석능력이 뛰어난 사람이 시나리오를 그려내고 그 상황에서 명확해진 과제를 강제력을 바탕으로 현장에서 실행하는 것이라고 할 수 있다. 물론 여기서 말하는 강제력 행사는 옛날만큼 원시적이고 강압적인 것은 아니다. 능숙하게 완곡한 표현을 통해 예의바르게 말한다. 그러나 그럼에도 불구하고 기본적인 것은 역시 현장에 대해 강제력을 사용하는 것이다.

　이에 비해 도요타적인 방법은 업무에 관계된 사람들이 가지고 있는 지혜를 최대한 유도한다. 머리 좋은 사람이 가진 지혜뿐만 아니라, 현장에서 일하는 사람의 능력을 꽃피우게 만들려는 자세를 기본으로 한다. 상부에서 강제력을 사용하지 않는다는 의미는 아니다. 중요한 것은 결정적인 상황에서는 반드시라고 말해도 좋을 만큼, 인간의 내적 동기를 유발시키는 아이디어를 실천하고 있다는 것이다. 이 방법은 도요타가 지닌 친밀한 인간관계와 경험, 상사에 대한 신뢰감 안에서 가능한 것이다. 나아가 세대를 초월한 사람들의 편안한 대화를 통해, 현장에서 자주 '모호한 정보'를 주고받는 것을 토대로 한다.

친밀한 인간관계를 바탕으로 한 기업문화

도요타방식은 기본적으로 친밀한 인간관계 속에서 이루어진다. 이것은 사실 일본기업이라면 어떤 기업에서든 당연시되는 특성 중 하나다. 친밀한 인간관계가 가져다 주는 것을 언어화할 수 없는 경우도 많다. 이때 모호한 대량의 정보를 공유하고 서로 의논하기 쉬운 관계를 형성할 수 있는 게 기본조건이다. 도요타의 강인함은 여기에 경영이나 상사에 대한 신뢰감을 통한 것이다. '경영이나 상사에 대한 기본적인 신뢰감'이 있다는 것은 모든 사람들이 하나가 되어 같은 방향으로 나아갈 수 있는 힘을 키워준다는 것이다. 경영에 대한 신뢰감은 경영이 확고한 태도를 유지하고, 경영자가 '말하는 것'과 '실행하는 것'에 큰 모순이 없는 데서 생겨난다. 그런 의미에서 도요타가(家)와 그들을 지탱해 왔던 간부들의 큰 역할에서 새삼 도요타의 강인함을 느끼는 것은 비단 필자뿐만은 아닐 것이다. 결국 도요타의 강인함이라는 것은 근대화된 선진기업의 그것과 똑같지는 않다는 것을 알아두어야 한다.

물론 도요타에 근대적, 선진적인 부분이 전혀 없다고 말하는 것은 아니다. 적어도 대서특필할 만큼 부각되는 특징은 아니라는 것이다. 지금까지 도요타는 최첨단을 자랑하는 제도나 시스템을 솔선수범해서 도입한 적이 거의 없었다. 예를 들어, 근대적 기업의 목표 중 하나이기도 한 여사원의 적극적인 간부등용이라는 것에도 도요타는 선진적이라고 말하기는 어려운 상황이다.

도요타의 강인함이란 것은 애초에 일본기업이 지닌 특유의 세련되지 않은 강인함인 것이다. 한 사람 한 사람의 사원이 하루하루 게으름을 피우지 않고 노력하고 서로 지혜를 짜내는 회사, 다시 말해 수준 높은 팀워크로 운영되는 회사라는 점이 일본적인 강인함을 상징하는 도요타의 장점이다. 도요타생산방식을 낳은 장본인으로 알려진 오노 다이이치는 서양적인 것과 일본적인 것을 '위에서 누르는 문화' 와 '밖으로 당기는 문화' 로 나눠 표현했다. 공구 중에서 톱에 표시된 안내문구를 보아도 서양 것은 '눌러서 자르시오' 인 것에 비해, 일본적인 강인함이 나타나는 일본제품에는 '당기면서 자르시오' 이다. 사실 문화의 특성과 두 문화를 이 정도로 명확하게 구분할 수 있을지 여부는 확실치 않다. 그러나 '답을 억지로 하게 만드는 방법' 과 '사람이 가진 잠재능력을 이끌어내는 방법' 의 차이는 명확하다. 도요타의 상징이 된 일본방식이란 대답을 유도해 내는 것이다. 도요타생산방식 자체가 그런 발상에서 나온 시스템이고, 사람에 대한 자세도 강압적이기보다는 유도해 내는 능력을 중요하게 생각한다고 할 수 있다. 이에 반해 '틀(해답)' 을 명확히 하고 거기에 끼워 맞추는 방법은 앵글로색슨적인 방식이다. 방침이나 과제를 명확히 하고, 그것을 실행하도록 하는 것은 근대적인 공업사회의 기본이기도 했다. 그래서 버블붕괴에서 현재까지의 수십 년 동안 어느 사이 무의식 중에 '외국의 성공 형태' 를 파악하고 그것을 모방함으로써 앵글로색슨적인 방식을 실천해 온 것 같다. 성과주의적인 인사제도가 그렇고, 품질관리 기법(식스시그마)이나 경영품질상(賞) 또한 그러하다.

모방이나 강요로는 혼이 들어가지 않는다

이런 것들 자체가 모두 틀렸다고 주장하는 것은 아니다. 노력한 사람을 나름대로 높이 평가해야 한다는 성과주의의 기본적인 사고방식에는 누구나 이견이 없을 것이다. 그러나 현실에서는 성과주의적인 인사제도로 인해 후지쯔가 맹렬한 비난을 받은 것처럼, 아무리 훌륭하고 치밀한 시스템을 만들어도 그것이 제대로 운용되는 것은 전혀 별개의 문제라는 인식이 생겨나고 있다. 그러나 아쉽게도 성과주의를 비판하는 많은 경우는 단순히 성과주의 자체를 비판하는 것으로 보인다. 문제는 올바른 시스템 여부가 아니라 시스템이 가지는 본질적인 의미를 잘 이해하고 그것을 지속적으로 개선해 가는 힘이 시스템 이용자 전체에게 갖춰져 있는지 여부이다. 이런 힘이 갖춰진 상태에서 시스템을 만들었을 때 처음으로 시스템은 본래의 의미대로 제 기능을 하는 것이다.

경영 품질상(賞)에 담겨진 사고방식 또한 마찬가지이다. 손님 본위라는 사고방식을 출발점으로 경영전체를 바라보려고 하는 사고방식은 훌륭하다. 다만, 아무리 훌륭한 사고방식이라 할지라도 충분히 이해하지 못하고, 납득되지 않은 상태에서 강제로 '시키는' 일을 한다면 표면상의 '형식적인 정비'는 할 수 있겠지만, 그와 관련된 사람들이 활기차게 일할 수는 없다. 곧바로 문제가 터져 나오고 빈틈이 드러날 것이다. 머릿속으로는 이해가 되어도 진심으로 납득할 수 없다면 결코 자기 것으로 만들 수 없다. 문제점이 보여도 그것을 개선해 가고자 하는 힘이 솟구치지 않는 것이다. 경영품질상(賞)에 담긴 사고방식 속에 혼이 들어가지 않은 상태라면 그것은 그림의 떡에 지나지 않는 것이다.

내적 동기를 이끌어내는 자세가 필요하다

'틀(목표로 삼는 모습)'은 나무랄 데가 없다. 문제는 어떻게 하면 거기에 도달할 수 있는가 하는 것이다. 도요타생산방식조차 같은 문제를 안고 있다. 도요타생산방식이 효과적이라는 것은 누구나 알고 있다. 그러나 그것을 '해답'으로 현장에 억지로 강요하는 경우, 현장은 일단 잘 돌아가는 것처럼 보일 것이다. 공장은 깨끗해지고, 리드타임은 짧아질 것이다. 그러나 그것은 일시적인 성과에 그치며 얼마 지나지 않아서 결점들이 나타나기 시작할 것이다. 아무리 훌륭한 틀이라 해도, 현실에 적용하면 적용을 시작한 시점부터 진부해지기 시작하는 것이다. 개선을 계속하는 힘이 자리 잡지 못한 틀은 곧바로 무너지고 마는 것이다. 그럼에도 불구하고 이상적인 틀임에는 분명하고 그것을 위해 열심히 노력하면 반드시 성과가 나온다는 믿음은 변함없이 지속된다. 불상의 모양은 만들 수 있게 되었지만 혼을 불어 넣지 못하는 상태가 되는 것이다.

도요타라는 회사는 본래부터, 사회적으로 '사람을 소중히 생각하는 회사'라는 이미지를 기조로 하는 곳은 아니었다. 합리화나 효율화 면에서는 훌륭한 것도 있지만, 그런 이유로 사람들을 힘들게 만든다는 오해를 받았다. 그러나 실제로는 도요타만큼 인간의 본성을 잘 파악하고 인간의 내적 동기를 소중히 하면서 일하는 회사는 없다. 이런 점이 널리 알려지게 된 것은 매우 최근의 일이다. 이런 자세를 갖고 있기 때문에 더욱 한 사람 한 사람이 노력을 게을리 하지 않고 개선을 지속해 나가는 것이 가능한 것이다.

도요타는 일본기업 중에서도 매우 강한 일본적 사상, 즉 친밀한 인간관계나 그로부터 생겨나는 정보공유 풍조가 유지되어 온 회사이다. 그래서 그것을 밑거름 삼아 현장개선의 힘을 키워 온 회사로 부각되기도 한다. 여기서 주의할 것은, '도요타의 강인함'을 배우는 것은 현실 속에서 도요타라는 회사를 무비판적으로 배우기만 하면 되는 것이 아니다. 도요타 내부에도 앞으로 극복해 나가야 할 과제가 많이 있으며 낡은 체질도 극복해야 한다. 좋은 면만 있는 것은 아니라는 뜻이다. 이러한 문제들을 바르게 인식하고 해결해 갈 수 있다면 도요타는 한층 더 강해질 것이다. 그러나 적어도 지금은 도요타 자신이 자신들의 강인함이 정말 어디에 있었는지 스스로 인식하고 공유하고 있지 않다고 보는 것은 나 뿐일까?

원심력과 구심력의 적절한 조화
비공식적인 네트워크의 적극적 활용

도요타자동차가 경영모델로서 배워야 할 대상이 될 수 있었던 것은 이 회사가 '문제가 없는 기업'이기 때문은 아니다. 안고 있는 문제의 '질'이 보통 기업과는 확연한 차이를 보인다고 해도 문제를 안고 매일 고군분투하고 있다는 점에서는 도요타도 다른 회사들과 같다. 도요타가 배우고 싶은 모범적 기업이 될 수 있었던 것은 스스로 자신들의 문제를 표면화시키는 뛰어난 능력과 표면화된 문제를 해결하는 힘이 조직의 DNA로 확실히 갖춰져 있었기 때문이다. 도요타에는 조직이 진화하고 발전하기 위해 필요로 하는 기능이 DNA 안에 형성되어 있다. 바꿔 말하면 바로 '학습하는 조직'이 DNA 안에 들어 있다고 할 수 있다. 그렇다면 도요타처럼 학습하는 DNA란 무엇일까? 나는 그것을 조직이 공유해 온 가치관, 즉 조직의 진화와 발전을 가능케 만드는 가치관을 조직이 공유하는 것이라고 생각한다. 조직을 진화, 발전시켜 나가기 위해 필수적인 가치관이 무엇인지, 그것을 배우는 방법에 대해 알아본다.

안정을 유지하려면 '긁어 부스럼을 만들지 마라'

조직이란 튼튼한 조직일수록 '구심력(조직을 안정시키려는 방향으로 작용하는 힘)'이 작용하는 법이다. 반대로 조직에 대해 반대방향으로 작용하는 힘인 '원심력'이 작용하면 조직은 붕괴위기에 노출된다. 때문에 조직이 구심력을 추구하는 것은 매우 자연스러운 흐름이다. 기업의 인사부나 총무부 같은 본사직원들의 역할도 역사적으로 보면 조직을 안정시키고 구심력을 강화시키기 위한 것이라고 말할 수 있다. 예를 들어 회사의 규정이나 절차를 사원들이 지키게 하는 인사부나 총무부의 역할은 조직을 안정시키는 것이다. 조직이 만든 규율대로 움직이도록 하는 것이 이들 부서의 중요한 역할이다. 따라서 인사부 등의 관리담당 부서를 지배해 온 가치관이 '조직의 안정을 무엇보다 중요'하다고 생각하는 것은 당연한 일이다. 그러므로 사원에 대해서도 '쓸데없는 생각은 하지 말고 정확하게 작업할 것' 등의 발언이 나오게 된다. 쓸데없는 것을 생각한다는 것은 다시 말해, '안정을 저해하는' 것으로 이어진다고 생각하기 때문이다.

심하지는 않아도 아직까지도 낡은 체질을 지닌 회사에서는 조직의 안정을 제일로 여기고 괜히 '긁어 부스럼을 만들지 말라'는 가치관이 만연된 곳이 많다. 이런 가치관이 남아 있는 기업에서는 어떤 일에 도전하는 것을 단순히 혼란을 야기하는 요소라고 파악하기 쉽다. 아무리 경영자가 매번 도전정신의 중요성을 설명해도, 회사 전체에 이런 가치관이 지배하고 있다면 경영자의 말에 아무도 진심으로 귀 기울이지 않는 것은 당연한 일일 것이다. 도요타도 회사인 이상 다른 회사처럼 인사부나 총무부가 조직의 안정화를 추구하는 측면을 갖고 있다. 다만 본질적으로 다른 것은 단순히 규정이나 규칙으로 묶어두는 것만으로 구심력을 키우려고 하지는 않는다는 점이다. 도요타는 인간에 대해 잘 알고 있다. 때문에 이런 식으로 조직에 구심력을 만들 경우에도 '내적 동기'를 소중히 여기면서 구심력을 이끌어 내기 위한 노력을 아끼지 않는다.

조직을 안정적으로 존속시키는 것 자체가 목적이 되버린 낡은 조직에서는, 규칙이나 규정을 통해 철저히 억압하는 관리방법을 통해서 구심력을 회복시키고자 노력한다. 그러나 그런 방법의 실행은 오히려 구심력을 잃는 악순환에 빠지기 쉽다. 한마디로 구심력이라고는 했지만 내적 동기를 환기시키는 그것과, 엄격한 관리로 억압하는 것은 전혀 다르다는 점에 주의해야 할 것이다.

조직을 흔드는 비공식적 네트워크

조직이라는 것은 그것이 진화, 발전하면서, 필연적으로 '동요'가 일어난다. 동요란 어떤 종류의 혼란 프로세스를 거치면서 진화하고 발전해가는 과정을 말한다. 진화, 발전한다는 말은 처음부터 점차 좋아지는 상황을 연상하게 되지만 실제로 그런 일은 거의 없다. 진정으로 좋은 상태가 되기 전까지는 반드시 혼란이 있게 마련이다. 한번 나빠지고 난 후, 그것을 극복하는 과정을 통해서 다음 단계에 도달할 수 있는 것이다. 동요가 일어난 조직은 에너지가 충만한 상태이다. 그래서 그 에너지는 조직의 진화와 발전의 원동력이 된다. 조직에게 있어 원심력은 그런 동요를 유발하는 역할의 힘을 말하는 것이다. 다시 말해 조직을 안정시키는 힘만으로는 조직이 진화, 발전하지 않는다. 조직에 동요를 일으키는 힘이 동시에 갖춰진 후에야 비로소 진화하고 발전하는 완전한 조직이라 할 수 있다.

바꿔 말하면 구심력과 적당한 원심력, 이 두 가지가 잘 어우러져 있는 상태, 동요 등의 어떤 의미의 혼란을 허용할 수 있는 가치관을 공유해야만 비로소 조직은 완전히 진화해가는 것이다. 도요타야말로 그것을 제대로 실천하고 있는 회사이다. 이것도 이미 앞에도 설명했던 내용이지만 도요타에는 튼튼한 정규조직 외에도 비공식적이긴 하지만 사내의 중요한 인물들 사이에 강력한 네트워크가 존재한다. 그 네트워크가 현장의 개선활동이나 조직의 진화, 발전에 있어서 중요한 역할을 해내고 있다. 비공식적이라는 것은 문자 그대로 정규적인 조직은 아니라는 의미이다. 조직의 정규적인 절차와는 다른 영역에 존재한다는 것이다. 정규적인 조직은 각각 사람들의 위치나 입장이 문제가 되기 쉽다. 한편 비공식적인 장소나 사람들의 네트워크는 그 사람의 지위로 인해 제한될 수밖에 없는 행동에서도 비교적 자유로울 수 있는 장점을 갖는다.

사람들이 각각의 문제에 대해 관심을 갖는 정도는 당연히 다르다. 문제에 대한 생각도 다르다. 관심이 많은 사람과 적은 사람이 하나가 되면, 에너지가 중화될 수도 있다. 그러나 에너지가 많은 사람들끼리만 교류하면 서로의 생각이 충돌되어 새로운 발견이나 지혜도 이루어지기 어렵다. 그 반면에 비공식적인 활동은 자유로운 행동이 가능한 만큼 보다 본질적인 부분까지 의논할 수 있게 된다. 물론, 이 때문에 상황에 따라서는 불만의 내용이 결국 '회사비판'으로 이어지기 쉬운 측면을 함께 갖고 있다.

비공식적인 네트워크란 필연적으로 에너지가 과잉되기 쉽지만 그로 인해 조직에는, 본질적으로 '원심력'으로 작용하는 측면이 있다는 것을 알아 둘 필요가 있다. 언뜻 위험해 보이는 비공식적 네트워크의 원심력과 안정을 유지하려는 구심력을 통합하여 조직을 진화, 발전시켜 가는 힘을 기르는 것이 도요타자동차라 할 수 있을 것이다. 도요타는 경영과 상사에 대한 신뢰감이 다른 회사에 비해 상당히 높으며, 동료에 대한 신뢰감도 두텁다. 게다가 중요한 것은 내적 동기를 소중하게 여기는 기업을 운영하고 있다는 점이다. 이러한 여러 가지 조건들을 갖춤으로써 비공식적인 네트워크인 원심력을 매우 능숙하게 구심력으로 끌어올리는 것을 가능하게 한다.

조직의 활력을 위협하는 안정제일주의

도요타에서 차장이 어떤 프로젝트의 필요성을 확신하고 상사인 부장에게 문제제기를 했으나 결국 동의를 구하지 못한 적이 있다. 그래서 그 차장은 부장에게 승낙을 받고, 부장의 상사인 이사에게 그 문제를 갖고 가기로 했다. 결과적으로 이사에게 그 프로젝트를 추진하라는 허락이 떨어졌다. 낡은 체질을 가진 회사에서는 통상적으로 상사인 부장이 반대했는데도 불구하고 그 안건을 그 상관인 이사에게 다시 갖고 가는 행동은 불가능한 일에 가깝다. 이런 행동은 조직체계를 어지럽히는 반란에 가까운 행위라고 받아들여진다. 낡은 체질을 가진 조직은 그 조직 안의 어떤 문제의식과 관련된 사항에 대해 '절차'를 상당히 중시한다. 절차가 제대로 확립되어 있을수록 안정성이 커지기 때문이다. 이런 절차도 만들어졌을 당시에는 그 나름대로 조직을 안정시킬 목적으로 세워진 규정이었을 것이다. 그러나 어느새 그 목적은 어디론가 사라져버리고 형식만이 무조건 지켜야만 하는 '계율'로 남는 경우가 많다. 본질을 다시 확인하기보다 형식만 우선시되는 상황이 되고 만 것이다.

이런 회사에서는 기업운영 방식이 형식적으로 치우치기 쉽다. 내용보다는 형식을 우선하는 것이 모든 사람들 사이에 당연한 일로 받아 들여지면 아무도 그것을 이상하다고 생각하지 않게 된다. 사람이라는 것은 실제로 불가사의한 동물이다. 조직을 안정시키는 것이 무엇보다도 중요하다는 가치관을 가진 조직에서 자주 나타나는 것이 '명분상의 의논'이다. 그리고 이런 심각성은 말하는 본인조차도 잘 모르는 상태가 되는 것이다. 조직으로서의 판단, 즉 조직을 안정시키겠다는 가치관을 토대로 절차만을 중시하는 태도가 밑바탕에 있기 때문에, 본심과는 다른 말을 해도 그것이 이상하다고 생각하지 않게 된다. 자신의 의견이 조직과 동화되고, 명분과 본심의 경계가 무너지는 상태에 자주 처하게 된다. 이런 원동력이 사라진 조직 내에서 생활하다보면 일상적인 대화에서도 좀 심각한 내용을 파고들고 말하는 내용과 실제 마음속의 생각과 차이가 생기는 것은 물론이거니와 이상을 느끼지 못하게 되어 버리고 만다. 고의는 아니므로 상당히 조심해서 보지 않으면 명분을 말하는지, 본심을 말하는지 구분하기조차 어렵다. 이러한 행동에 있어 공통적인 것이 '조직의 안정을 제일'로 여기는 가치관이다.

강압적인 구심력은 사람을 불행하게 한다

이에 비해 진화, 발전해 가는 조직에서 공유하는 가치관에는 활력이 있다. 안정도 중요하지만 안정적이지 못한 과정 또한 필요로 한다는 가치관이다. 내적 동기를 토대로 하지 않는 구심력을 '강압적'으로 추구하는 것보다 적당한 원심력을 활용함으로써 생겨나는 내적 동기와 거기서 오는 구심력이야말로 진정한 구심력이라는 가치관이다. 조직에 활력을 가져오는 가치관은 조직을 진화, 발전시킬 뿐 아니라 사람의 살아가는 방법에까지도 영향을 미친다. 사람으로서 살아가는 데 있어서 낡은 체질의 조직 내에서 일하는 것은 확실히 불리한 일이다. 이런 조직 안에서 나답게 있으려고 하면 회사에 있는 시간은 '나 자신'이 아니므로, 회사 밖에서 나답게 살아갈 수밖에 없다. 실제로 공무원 중에는 이러한 한계를 받아들이고 인생을 보내는 사람도 더러 있다. 이런 낡은 체질의 조직은 사람을 행복하게 하지 않지만 고도성장시기처럼 조직의 안정기에는 그 나름대로 존재가치가 있었다. 진화와 발전을 추구하지 않는 조직이라도, 일단 힘만 있다면 살아남을 수 있던 시대였기 때문이다.

결국 진화와 발전을 하지 않는 조직이란 본질적으로 그곳에서 일하는 사람들에게 있어 행복을 가져다 주는 조직이라고 말하기 어렵다. 본래 조직의 구심력이란 조직의 목적, 이상, 목표를 향해 노력하는 내적 동기를 토대로 하는 것이기 때문이다. 그럼에도 불구하고 이런 종류의 조직이 지닌 구심력은 대부분 목표와 목표를 향해 가는 자세가 구심력을 이루기보다도, 조직을 무리하게 안정시키는 정형화된 규정이나 절차가 계율처럼 존재하게 될 뿐이다. 내적 동기를 근거로 하지 않는 구심력만 계속 추구해온 조직의 무참한 모습을 최근의 일본 항공이나 JR니시니혼 등의 사례에서 찾아볼 수 있다. 그렇게 많은 우수인재를 모아놓고도 진화하고 발전해 가는 가치관을 전혀 이해하지 못하는 경영자가 오랫동안 경영활동을 하면 사회적으로 아무리 큰 영향력을 가진 회사라도 곧 황폐해져 버린다. 내적 동기를 무시한 강압적인 구심력은 반드시 회사를 수렁에 빠뜨린다. 여전히 '사원이 해이해져 있으니까 문제가 발생하는 것이다'라고밖에 생각하지 못하는 경영자 밑에서 일하는 사원은 정말 안타깝다.

문제를 표면화하기 위한 열린 만남

    지금까지는 조직 내에서 공유하는 가치관 '업무상, 뭔가 중요한 일을 판단할 때 기준이 되는 가치관'이 하는 역할에 대해 말했다. 도요타자동차가 강할 수 있는 것은 조직을 항상 진화, 발전시켜 나가는 데 필수적인 가치관을 대부분의 사원이 널리 공유하고 있었기 때문이다.

열린 만남을 위해 극복해야 할 것들

    조직을 안정시키려는 힘인 '구심력'을 예로 설명해 보자. 결정된 사항이나 구속력을 지닌 틀에 끼워 맞춰 '안정시키는' 구심력과 가치관이라는 '축'을 공유함으로써 생기는 구심력은 그 의미가 전혀 다르다. 가치관을 공유함으로써 생기는 구심력이 구속력이 약하고 매우 자유로워서 조직에 역동감과 활력을 불어 넣는다.

    구체적으로 살펴보자. 회사에 활력을 불어넣고 싶을 때 '경영자와 사원과 대화하는' 이른바 간담회를 하는 것은 어느 회사에서나 자주 볼 수 있는 풍경이다. 확실히 평상시에 별로 만날 기회가 없는 경영자와 직접 이야기 할 수 있는 일은 문제의식을 갖고 있는 사원에게는 자극적인 사건이다. 그러나 경영자와 사원이 직접 대화를 함으로써 기대되는 '경영자와 사원과의 새로운 관계'가 실제로 형성되거나 혹은 계기가 되었다는 이야기는 거의 들어 본 적이 없다. 경영자가 바쁜 와중에 무리해서 개최한 사원과의 간담회도 그에 걸맞을 만큼의 효과는 좀처럼 얻을 수 없다. 그 이유는 이러한 간담회를 준비하는 관계자의 가치관이 원인이다. 앞에서도 말했던 것처럼 '조직의 안정을 무엇보다도 소중히' 하는 안정지향지상주의 가치관이 문제다. 문제를 일으키지 않고 혼란을 피하는 것을 가장 우선시하는 사고에 무의식중에 물들어 있는 것이 낡은 체질이 조직의 전형적인 특징이다. 물론 아무도 이런 안전지향적인 가치관이 나쁘다고 말하지는 않는다. 그래서 항상 어떤 경우든 이렇게 안전지향적인 판단을 하면서 아무것도 변하지 않게 한다. 경영자와 사원의 간담회도 지금까지 해왔던 대로 낡은 가치관을 갖고 개최한다면 조직에 새로운 활력을 불어 넣는 것은 불가능하다.

대부분의 경영자들은 평소에 대화할 기회가 적은 일반사원들과 숨김없이 이야기할 기회를 진심으로 갖고 싶어한다. 그러나 실제로 간담회를 해 보면 거의 대부분의 경우 경영자의 원했던 것처럼 대화가 이뤄지지 않는다. 경영자가 일방적으로 이야기하는 형태가 돼 버리고 말거나, 우등생의 대답처럼 느껴지는 사원의 발언이 반복되는 경우가 대부분이다. 사장의 생각과는 다른 낡은 가치관을 가진 사람들에 의해 모든 일이 추진되기 때문이다. 극단적인 예로는 간담회를 준비하는 사무국이나 상사가 사전에 참가자들에게 어떠한 발언을 할 것인가를 규제하기도 한다. "이런 화제는 언급하지 않는 게 좋겠어"라든지, "이런 말을 하도록 해"라는 식으로 미리 못박아 두는 것이다. 문제를 표면화시키지 않고 혼란을 방지한다는 의미에서는 이해할 수 있는 방식이다. 우선 불필요한 내용이 경영자의 귀에 들어가지 않고 나중에 말썽이 일어나지 않도록 하려면 이런 방식이 가장 효과적인 것만은 틀림없는 사실이다.

형식적인 간담회가 되는 이유

이처럼 문제를 노골적으로 감추는 방식은 최근에는 매우 드물다. 그러나 지금까지 의도한 것은 아니더라도 안정지향 지상주의로 치우친 가치관 때문에 결과적으로 간담회가 단순히 형식적인 것으로 그치는 경우가 지금도 많다. 그리고 이런 식의 간담회는 거의 대부분 회사의 주도로 열린다. 다시 말해 사원 측에서는 아직 경영자와 대화하려는 뚜렷한 생각이 없는 상황에서 인사부서 등에서 간담회 계획을 세우고 그것을 현장에 하달하여 실행하는 방식이 일반적이다. 이런 경우 아무래도 말썽 없이 무난하게 끝내려고 생각하기 쉽다. 지시를 받고 준비하는 입장에서 보면 당연한 일이다. 이러한 경우 문제가 되는 것은 사원이 주체적인 의사를 갖고 자기들 스스로 생각하고 행동하려는 사람이 될 수 없다는 점이다. 사원측은 처음부터 수동적인 입장이 된다. 같은 간담회라도 청취자가 주체적으로 생각하는 에너지를 갖고 있는지 여부에 따라 간담회의 내용은 크게 영향을 받는다. 준비할 때 '무엇을 위한 간담회인가', '어떤 의미를 갖는가' 등을 확실히 파악하고 있는 사람이 없으면 누구나 어떻게든 그 자리만 잘 돌아가면 된다는 식의 생각을 갖기 쉽다. 이런 자세는 누구를 간담회의 참가자로 선택할 것인가 하는 부분에서도 여실히 드러난다. 사원 측의 주체적인 의사가 없는 경우 간담회 참가자는 사무국이나 의뢰를 받은 상사가 선택하게 된다. 그런 경우 선택 기준이라는 것은 틀림없이 '선발해서 안심할 수 있는 사람'이 된다.

안심하고 선택할 수 있는 사람이란 거의 대부분의 경우 업무를 잘해서 사내평가가 좋은 사원이다. 물론 이런 사원도 회사에 불평불만을 갖고 있다. 그러나 그들은 기본적으로 현재 방식대로 일을 해 나가면 조직 안에서 어느 정도 장래가 보장된다. 여하튼 사원대표 자격으로 간담회에 선택받을 수 있는 정도의 사람이기 때문이다. 이런 사람들은 위험을 감수하고서라도 자신이 정말 중요하다고 생각하는 자신의 의견을 말하는 사람들일까? 대부분의 경우 결코 그렇지 않다. 회사 입장에서는 매우 중요한, 표면화되지 않은 문제를 사장과의 간담회에서 발언하려고 하지 않을 것이다. 결국 '중요한 문제이긴 하지만 급한 일은 아니다' 는 식으로 마무리된다. 이렇게 해서 무난하지만 활기가 없는 대화의 장이 만들어지는 것이다.

우수인력이 악의 없는 저항세력이 된다

주체적인 의사가 없는 상태에서 참석한 경영자와의 사장과의 간담회에서 참가자들이 '어떤 자세로 이야기해야 하는가' 혹은 '간담회에서 어떤 결과를 도출해 낼 것인가' 하는 것을 의논하기는 쉽지 않다. 바쁜 스케줄 속에서 일부러 시간을 낸 경영자의 시간과 열의를 헛된 수고로 만들지 않기 위해서라도 대화의 질을 높이기 위한 사전준비 작업을 하는 것은 빼놓을 수 없는 일이다. 다만 사전준비를 확실히 하는 것과 미리 참가자를 사무국에 모아 주의사항을 전달하는 것을 똑같은 일이라고 생각하면 안 된다. 이 사전준비 작업도 안전지향주의라는 가치관을 당연한 것으로 생각하는 상태에서 이루어진다면 아무래도 '어떻게 회의를 무난하게 끝마칠까' 라는 목적에서 벗어날 수 없다.

이런 경우 가령 사전에 모였다고(모이게 했다고)해도, 사무국이나 상사로부터의 일방적인 지시를 흘려 듣고 마는 경우가 많아진다. 게다가 회사 전체에서 참가자가 모인 경우에는 서로에 대해 아무것도 모른 상태로 간담회에 임하는 경우도 흔하다. 이런 참가자들이 단시간 내에 터놓고 의논하는 것은 지극히 어려운 일이다. 무난한 진행을 제일로 여기는 간담회에서는 경영자가 여러 참가자들 한 사람 한 사람의 의견을 순서대로 들어보는 것으로 회의가 끝나버리는 경우가 대부분이다. 그래서 참가자들 간에는 거의 대화가 이루어지지 않는다. 때문에 참가자 전체가 협력해서 경영자에게 의견을 개진하는 일 등은 있을 수도 없다.

이에 비해 사원이 주체적으로 자신의 의사를 표현하는 간담회는 전혀 다른 양상을 나타낸다. 우선 이런 간담회는 회사 주도로 열리지 않는다. '경영자와 이야기하고 싶다', '경영자에게 회사가 지향하는 바에 대해 직접 묻고 싶다', '경영자의 의사를 진심으로 수용하겠다'는 강한 의지를 가진 사원들이 중심이 된다. 사원 중에서도 특히 회사에 대해 열의를 품고 있는 사람이 '경영자와 이야기하고 싶다'고 강한 의지를 나타내는 경우에는 사원이 경영에 대해 부정적인 감정을 갖고 있는 경우도 많다. 이것은 현재 경영자의 문제가 아니라 예전부터 지속된 경영의 결과로 그런 상황이 벌어졌다고 생각하는 것이 좋다. 이처럼 사원들의 회사에 대한 '열의'도 안정지향지상주의가 만연된 조직에서는 '튀고 싶어하는 부류'로 폄하되는 경우가 많다. 그렇게 눈에 띄는 행동을 하지 않아도 다른 여러 방법이 있을 것이라고 생각한다. 그러나 이것도 하나의 방법이다. 그러므로 할 수 있는 것을 모두 시도하는 결코 잘못된 것이 아니다.

실제로는 우수하고 사내에서 높은 평가를 받으며 현재 자신의 위치에 무의식중에 만족하는 사람들 중에 이런 평론가적인 발언을 할 수 있는 사람이 많다. 현재 상황을 보다 낮게 만들겠다고 생각할 만큼 절박한 상태는 아니기 때문이다. 지켜야 할 지위나 현재 직위가 있는 그들은 자신도 모르는 사이에 악의 없는 저항 세력이 되고 만다. 그렇기는 해도 회사에 대한 강한 열의를 가진 사람은 경영자를 도와주는 입장에서 보면 '불안정한 요인'으로 간주된다. 어느 정도 이런 사람의 정보를 갖고 있다고는 해도, 이런 사람들이 가진 '열의'를 전부 알 수 있는 것은 아니다. 더구나 스스로 손을 내미는 것은 어딘가 균형이 무너진 것이라고 말할 수도 있다.

사전에 간담회의 의미를 공유

불만이 있거나 현재 회사 상황에 비판적인 의견을 말하는 것을 회사에 대한 '반역'으로 여기는 사람이 있는 것이 사실이다. 안전지향 지상주의를 가진 사람 중에 이런 경향을 가진 사람이 많다. 확실히 비판적인 의견을 말하려면 나름대로의 에너지가 필요하다. 술자리에서 동료들끼리 하는 불평 수준이 아닌 공적인 장소에서 비판을 하기 위해서는 나름대로의 각오가 필요하다. 이런 에너지를 가진 사람은 안전지향 지상주의가 만연된 조직에서 거의 배제된다. 현 시점에서는 조직의 불안정 요인이기 때문이다. 조직입장에서는 '원심력'으로 작용하지만 가치관의 축까지 공유되는 것은 오히려 이 원심력이 구심력을 강화시켜준다. '동요'를 허용할 수 있는 가치관을 공유하는 조직에서는 그들의 강한 에너지가 회사 내에서 긍정적으로 활용된다.

경영자와의 간담회 이야기를 다시 하자면, 회사가 안정적인 참가자를 선택하는 것과 열의를 가진 사람을 참가자로 불러 모으는 것에는 결정적인 차이가 있다. 물론 이런 강한 의지를 가진 참가자는 자칫 잘못하면 그 의지대로 행동하기 때문에, 간담회 자체의 방향이 어떻게 될지 예측하기 어려운 부담이 있다. 당연히 사무국 입장에서는 반가운 일이 아니다. 하지만 그들이 강한 에너지를 가진 것은 분명하기 때문에 사전준비 작업의 필요성은 더욱 커진다. 이런 경우의 사전준비는 사무국 주도의 '사전에 참가자들에게 규제를 가한다'는 식의 안정지향 지상주의로 흘러서는 안 된다. 참가자 간에 간담회의 '의의'를 공유하도록 노력하는 것이 최대목적이다. 참가자들은 간담회에서 자유롭고 활발하게 발언할 수 있도록 하고, 나아가 노동조합과 경영자간의 협상처럼 '이렇게 해 주십시오'라고 요구하는 방식이 아니라 경영자와 참가자가 함께 적극적으로 협력해 나갈 수 있는 준비가 필요하다.

참가자들은 우선 이런 간담회가 열리는 경위에 대한 정보를 공유하여 각각의 참가자가 이 간담회에서 어떤 것을 기대하고 있는지 서로 사전에 의논한다. 또한 당일 과제와 어느 정도 수준까지 깊이 있게 의논할 수 있는지 시뮬레이션을 해 본다. 물론 그대로 일이 진행될 가능성은 낮지만 그래도 괜찮다. 이런 사전교류를 통해 실전에서 경영자에게 더욱 사실적인 현장의 실태를 전달할 수 있게 된다. 나아가 경영자에게 경영자가 아니면 불가능한 지원요청이 아닌 지나치게 세세한 것까지 시시콜콜하게 '이렇게 해 주십시오'라고 말하는 것은 삼가 해야 한다. 같은 간담회라도 무난하게 끝마치는 것 자체가 목적인 회의와 불안정 요인은 있지만 강한 에너지가 있는 회의는 다르다. '가치관을 축으로 삼고, 원심력이 제 기능을 하는 매우 자유로운 업무방식을 추진한다'는 것은 바로 이런 것이다. 표면상으로는 똑같은 것을 하고 있는 것처럼 보여도 갖고 있는 가치관이 다르면 내용은 전혀 달라진다. 같은 간담회라도 원심력이 제 기능을 하는 회의는 효과가 큰 것이다. 사원 측이 자발적으로 발언하고 경영진과 사원 간의 높은 불신의 벽도 이런 작업을 꾸준히 실천함으로써 해소된다.

동요를 불러오는 조직 내의 충돌

　　대부분의 도요타자동차 사원들이 공유하는 중요한 가치관의 하나로 '사이좋은 싸움을 한다'는 것이 있다. 보통 '사이가 좋다'라는 표현은 팀워크가 좋다(팀이 잘 뭉친다)는 말의 동의어로 사용되는 경우가 많다. 서로 돕고 협력함으로써 팀워크가 형성되기 때문에, 사이가 좋다는 것은 좋은 팀워크의 전제조건으로써 필수적이다. 그러나 진정한 의미로 사이가 좋다는 것이 무엇인지를 의외로 많은 사람들이 간과하고 있다. 일반적으로 우리들은 사이좋은 관계가 되기 위해 어떻게든 '친한 사이'를 연출한다. 마음 어딘가에 팀 동료에 대한 불신의 감정이 있더라도 일단 그것은 자기 마음속에 감춰 두고, 상대에게 맞춘다. 그렇게 하면 쉽고 빨리 친한 사이가 된다. 그리고 실제로도 서로 '계속 맞춰' 줌으로써 형성된 친한 사이를 우리들은 쉽게 보게 된다. 사이가 좋다는 대부분의 관계는 진정한 의미에서 그런 상태를 말하는 것일지도 모른다. 물론 이웃사촌 정도의 관계라면 그것만으로 문제될 것은 전혀 없다. 서로 자기주장만 하지 않고 적당히 자제하면서 잘 지낼 수 있다.

　　그러나 뭔가 공통의 목적을 달성하기 위해 필요한 팀워크라면 이야기가 전혀 달라진다. 높은 퍼포먼스를 요구하고 수준 높은 팀워크를 만들어내기 위해서는 단순히 친한 사이만으로는 어렵다. 거기에는 전혀 다른 차원의 좋은 사이가 요구된다. 현역 은퇴를 발표한 전 일본대표 축구선수 나카다 히데토시는 대표팀 내에서 '서로에게 좀 더 엄격하게'라는 주장을 항상 해 왔다고 알려져 있다. 이 주장은 그의 경험에 근거한 신념 같은 것이겠지만, '프로페셔널한 팀워크를 만든다' 는 점에서 확실히 이치에 맞은 이야기이다. 필요한 주장을 서로 철저하게 의논하고 납득할 수 있는 결론을 이끌어 내는 것이 가능하다면 거기서 생겨나는 팀워크를 능가할 결속력은 없다. 게다가 서로를 정면으로 마주대함으로써 만들어지는 엄격한 시선을 함께 나눌 수 있다면 프로로서 경쟁하는 자세도 공유할 수 있을 것이다.

일본 축구대표팀의 대화 전문 코치

나는 한 명의 축구팬에 불과하기 때문에 내부사정까지 알지는 못하지만, 조직을 만드는 전문가로서 2006년 독일 월드컵에 출전한 일본 대표팀의 전술과 수준 높은 팀워크가 어느 정도 형성됐는가 라는 관점에서 바라보았다. 선수를 신뢰하고 자유롭게 경기하게 만드는 자세로 일관했던 점 등 지코 감독이 가진 방향성에는 상당히 기대되는 부분이 있기 때문이다. 언론을 통해 알아 낸 바로는 나카다 선수와 후쿠니시 선수가 언쟁하는 모습이나 주장인 미야모토 선수와 나카다 선수가 이야기를 나누는 장면 등, 프로페셔널한 팀워크가 제 기능을 발휘하게 만들기 위한, 선수 간의 충돌이 이전보다는 상당히 개선되었다고 생각했다. 하지만 월드컵에서의 시합장면을 보면 높은 수준의 팀워크라고 하기에는 아직 부족한 면이 많아 보인다. 사이좋은 싸움이 가능한 수준까지는 도달하지 못한 것 같다.

나카다 선수로 상징되는 유럽파와 아시아대회에서 싸워 온 미야모토 선수를 중심으로 한 일본 국내파의 '싸우는 방법에 대한 이미지 공유'가 만일 사이좋은 싸움이 가능할 정도로 돈독한 관계였다면 더욱 프로

다운 모습을 보여줄 수 있었을지 모른다. 그러나 실제로는 이미지 공유가 불충분한 상태로 월드컵에 임했던 것으로 보인다. 그 결과 미야모토 선수 등 일본 국내파가 주장한 것으로 보이는 쓰리백 전법으로 첫 상대인 호주와 시합했던 것 같다. 신문이나 잡지에서 보도된 정보로 추론한 나의 한정적 가설이긴 하지만, 만일 일본 대표팀의 뒤편에 선수나 감독, 코치들 간의 대화의 질을 향상시킬 수 있는 전문가가 있었다면 선수간의 관계도 상당히 달라지지 않았을까? 그랬다면 보다 높은 수준의 팀워크와 퍼포먼스가 힘을 발휘할 수 있었을 것이라고 필자는 생각했다.

지코 감독은 전임 감독인 트레시에 감독에 비해 훨씬 뛰어난 방향성을 가지고 있다고 생각한다. 그러나 그렇다고 해서 한 명의 지도자에게 모든 부분에서 뛰어난 선진기술까지 요구하는 것은 지나친 일일 것이다. 몸매보정 전문가로 트레이너가 필요해진 것처럼, 근대 스포츠에도 '대화 전문가'가 필요한 시대가 된 것 같다. 다만 이런 인식이 당연시되기 위해서는 좀 더 시간이 필요할지도 모르겠다.

무사안일주의로는 불가능한 싸움

단순히 사이가 좋은 것이 아니라 생산적인 싸움을 하는 것을 중요시하면서 일하는 사고방식은 프로페셔널한 팀워크의 기반이 된다. 진정 수준 높은 팀워크를 만들려면 솔직함을 토대로 한 구성원 한 사람 한 사람의 인간성을 걸고 충돌을 하는 것, 그것이야말로 사이좋은 싸움에 필수적이다. 간단한 것처럼 보여도 사이좋은 싸움이 실제로 가능한 팀을 만드는 것은 명확한 가치관과 전문적인 기술 없이는 매우 어려운 일이다. 특히 안정지향 지상주의가 만연한 조직에서는 좀처럼 불가능한 일이다. 즉 매사에 말썽이 일어나지 않는 것을 우선시할 것인가 아니면 구태여 '동요'를 일으켜 새로운 가치창출을 기대할 것인지는 경영책임자가 어떤 가치관을 우선시할 것인가를 정하지 않으면, 성공확률이 매우 저조할 것이다.

일을 복잡하게 만들고 싶어하지 않는 조직에서는 내용보다도 형식을 우선하는 경향이 있다. 다시 말해 내용은 어찌되었든 간에 형식상 절차가 제대로 이뤄졌는지 여부만 중시하는 경우가 그렇다. 때문에 매사에 본질적인 문제는 뒤로 미뤄 놓는다. 그 결과 진지한 의논은 꺼리게 되고 본질적인 문제에 접근하고자 하는 의욕은 무시당하고 마는 것이다. 무엇보다 표면적인 평온을 제일로 여기고 말썽이 일어나는 것을 본능적으로 회피하면 의견 차가 예상되는 문제를 처음부터 가능한한 관여하지 않으려는 의식이 작용한다. 확실한 '무사안일주의'라고 할 수 있지만 대부분의 경우는 그렇게까지 흐지부지하지는 않다. 그 사람의 과거 경험을 감안했을 때 의논을 해도 아무 성과가 없다'라고 사전에 짐작하기 때문에, 처음부터 의논하려 하지 않는 것뿐이다. 어차피 해봤자 소용없는 일이라면 처음부터 피하고 지나가겠다는 것이다.

우수한 사원이더라도 이런 유형의 사람이 내부에서 일하면 문제가 표면화되지 않은 채 마치 업무가 순조롭게 진행되는 것처럼 보인다. 잘못해서 충돌이 일어나지 않도록 정확히 예측하고 시나리오에 따라 업무가 진행된다. 이로 인해 서로 부딪치는 일이 줄어드는 것은 당연하다. 이런 경우 진정한 의미에서 문제가 해결된 것은 아니기 때문에 문제가 표면화되지 않았다고 해서 조직이 진화되었다고 할 수는 없다. 오히려 서서히 조직이 부패되고 있으므로 실제로는 퇴화되었다고 하는 편이 정확할 것이다. 이런 경우 주변 사람들이나 부하들은 해결되지 않은 많은 모순으로 계속 고민한다. 문제가 되는 것은 우수한 사원이 훌륭한 솜씨를 발휘하여 일단 문제는 표면화시키지 않는 점이다. 그리고 그의 이러한 업무태도를 단기적인 시각에서 '잘 진행되고 있다'라고 사내에서는 높게 평가하기 십상이다. 안정지향 지상주의적인 조직이란 애당초 사이좋은 싸움이 발생하기가 대단히 어려운 조직이며 내용 없이 표면적으로만 평온한 상태를 가져오기 쉬운 조직이다.

의욕 없는 임원을 설득하는 것은 성공의 열쇠

경영자가 진심으로 경영개혁을 추진하려 할 때 자주 문제가 되는 것은, 개혁의욕이 느껴지지 않는 기존 임원들의 존재이다. 연령이 높고, 지금까지의 언행으로 보더라도 개혁의 선두에 설 것 같지는 않다. 그 중에는 경영자보다 나이도 많고 근무경력이 긴 사람도 있다. 이렇게 되면 경영자 중에는 개혁의욕이 없는 그들의 의식을 바꾸라고 하는 것은 매우 어렵기 때문에, 좀 더 의미 있는 일에 주력하는 편이 낫다고 생각하는 사람도 있다. 이런 임원을 건너뛰고 그 아래 있는 부장이나, 그 아래 과장급에게 의욕을 고취시킴으로써 개혁을 추진하려는 경영자의 심정도 모르는 바는 아니다.

하지만 이 임원들이 실질적인 역할을 짊어지고 있고 여러 조직의 책임 등을 맡고 있는 경우, 임원을 건너 뛴 경영자의 시도는 거의 대부분의 경우 실패한다. 가장 곤란한 문제를 회피하고 지나간다고 해서 결코 개혁이 진행되는 것은 아니다. 오랜 시간을 들여서 천천히 개혁하는 방식, 그것이야말로 10년 단위로 모든 것을 생각하는 젊은 2세대 경영자라면 가능한 방식일지 모른다. 그러나 단기간에 성과를 낼 필요가 있는 전문경영인의 경우에는 우선 임원에게 개혁 당사자가 될 것을 촉구해야 한다. 임원과 서로 충돌하는 것을 안일하게 피해서는 안 된다. 서로 충돌하면 나름대로 혼란이 발생한다. 그러나 이 혼란을 극복함으로써 비로소 새로운 미래를 기대할 수 있게 된다. 일단 혼란을 피하려고만 하는 자세는 안정지향 지상주의에 중독된 상태라고 할 수 있다. 같은 임원이라도 생산라인에 대한 책임을 지지 않고 법적인 의미에서만 일하는 사람은 대상이 아니다. 임원은 아니지만 실질적인 실행집단인 간부가 임원의 역할을 맡으면 되기 때문이다.

부서를 초월한 싸움은 안 된다

젊은 시절부터 필요한 싸움을 당연한 것으로 여기는 조직에서 보낸 사람이라면 필요에 따라 서로 부딪치는 것을 당연히 여기게 된다. 예를 들어 한 부서의 과장끼리, 또는 사내 부장끼리 등, 조직의 테두리를 넘은 충돌은 어느 정도 의식하지 않으면 좀처럼 서로를 엄격한 시각으로 바라보기 어렵다. 물론 업무상 직접 연관이 있는 경우는 별개이다. 필요에 의해 이야기도 하고 생산적인 싸움도 할 수 있다. 오히려 문제가 있는 것은 업무상 깊숙한 이야기를 하지 않은 채 적당히 지내는 관계이다.

부장이든 과장이든 독립된 영역을 관장하는 위치가 되면, 부하에게 말을 하는 것은 간단하다. 일상적인 업무는 그것으로 충분하다. 하지만 옆 부서의 부장이나 과장에게 무엇인가 말해야 할 경우에는 나름대로의 요령이 필요하다. 같은 말을 자신의 부하에게 하는 것은 비교적 단순하다. 사람은 아무래도 단순한 방향으로 가기 때문에, 더욱 힘껏 노력하지 않으면 옆 부서의 과장과 '잘 생각해 보니까 정말 중요한 일이긴 하지만,

그대로 두면 무난히 마무리될 것 같은 안건'은 결국 그 상태로 방치되는 경우가 많다. 예를 들어 A부서의 과장이 B부서에 자료작성의 재료가 되는 데이터 수집을 요청했다고 하자. 사실은 같은 자료제출을 거의 같은 시기에 C부서도 B부서에 요청했다. 동시에 요청을 받은 B부서의 입장에서 보면 어째서 똑같은 자료를 각각 A부서와 C부서에서도 동시에 요구하는지에 대해 애로사항을 느낄 것이다.

과장끼리 일상적으로 잠깐이라도 회의를 한다면 각자 중복되는 데이터 요청은 피할 수 있었을 것이다. 좀 더 깊이 있는 이야기를 한다면 데이터 자체가 필요하지 않을 수도 있다. 이런 본사 과장 간의 커뮤니케이션은 피해를 입은 업무현장 입장에서 보면 대단히 중요하지만 당사자인 과장들 간에 있어서는 해도 되고 안 해도 되는 것이다. 평소부터 과장끼리 다툼이 생겨 할 말은 하면서 빈번하게 정보교환을 하는 기업과 그런 것과는 거리가 멀고, 오직 평온하고 무사하게 시간이 가기만을 바라는 기업과는 경쟁력 면에서 차이가 생기기 마련일 것이다. 안정지향 지상주의를 당연한 것으로 굳게 믿고 있는 기업은 이러한 언쟁 조직풍토가 바람직하지도 않다. 그러나 어떻게든 거기서 탈피하기를 원하는 기업에서는 '사이좋은 싸움을 할 수 있는 조직풍토를 지향하자'는 것은 오히려 명쾌하기 때문에, 모든 사람이 공유할 수 있는 목표가 될 수 있다. 곧바로 실천해 보는 것은 어떨까?

의사 전달 방식으로 '관료화' 수준 확인

이번 이야기의 요지는 무턱대고 도요타자동차를 흉내 내면 된다는 뜻은 결코 아니다. 진정 말하고 싶은 것은, 도요타가 완벽하게 활용하고 있는 '일본 기업의 특성'을 언어화하여 스스로 인식하라는 것이다. 일본 기업이 글로벌 경쟁에서 승리할 수 있는 열쇠가 여기에 있다고 필자는 생각한다.

기업 이미지를 결정하는 홍보 마인드

항상 하는 말이지만, 도요타는 매우 일본적인 회사다. 일본인이 지닌 끈기와 근면성이 제품을 생산하는 과정속에 확실히 숨 쉬고 있다. 서로 '사이좋은 싸움'을 하면서 협력하는, 일본인에게 적합한 업무방식이 뼈 속 깊이 자리 잡혀 있다. 그러나 지극히 일본적이라는 것은 동시에 전근대적인 '기성세대 문화'가 회사 전체에 짙게 깔려 있다는 말이기도 하다. 규율이 확실한 회사이므로 지시 사항은 당연히 지켜진다. 하지만 원래 지나치다 싶을 정도로 일하는 것이 당연한 회사기 때문에 조금 방심하면 무보수 잔업이 생기기도 한다.

필자는 도요타에 관한 글도 많이 썼고 도요타와 관계된 지인들을 많이 알고 있기 때문에 도요타에 관한 다양한 평판을 들을 기회가 일반 사람에 비해 훨씬 많다. '도요타는 함께 일하게 되면 엄격하다'라는 식의 비판은 가끔 들어도 그 평판의 대부분이 적극적이고 긍정적인 것은 사실이다. 그러나 한 가지 예외가 있다. 지금까지 몇 번인가 들어본 내용이지만, 도요타에 대한 부정적인 평판은 바로 홍보에 관한 것이다. 취재 때문에 필자를 찾아온 몇 명의 기자에게 도요타의 홍보대응이 불친절하다는 이야기를 들은 적이 있다. 도요타가(家)와 도요타 최고경영진의 겸손함은 그들을 한번이라도 가까이서 만난 적이 있는 사람이라면 누구나 알고 있는 사실이다. 그러나 회사라는 조직으로 확대되면 이야기가 달라진다. 그 겸손함이 오히려 도요타라는 회사를 알리려는 마음이 없는 것으로 이어져 홍보활동에 소극적인 자세로 임했던 것이 아닐까 생각되기 때문이다. 결과적으로 불친절한 대응이라는 인상을 받았기 때문일 것이다.

오래 전에 도요타의 전 품질보증 부장 등 세 명이 리콜문제와 관련해 검찰에 송치되는 사건이 있었다. 이때 역시 부적절했던 것은 그 사건이 언론에 보도되고 나서도 곧바로 기자회견이 열리지 않아 더욱 비난을 받게 되었다. 이 사건에 대한 자세한 정보가 없기 때문에, 필자는 진짜 속사정을 모른다. 하지만 이 보도를 신문에서 보았을 때 도요타 홍보방식이미 온적이었다면 그럴 수 있었을 것이라고 생각했다.

정보를 다루는 자세는 '관료화'의 척도

도요타가 정말 폐쇄주의적인 조직인가라고 묻는다면 적어도 업무 면에서는 그렇지 않다고 말할 수 있다. 오히려 업무처리에 있어 도요타만큼 정보의 진정한 의미를 알고 있는 기업은 없을 것이다. 폐쇄주의에서는 정보공유는 불가능하고, 발전된 사내 네트워크를 통해 저토록 밀접하게 정보공유를 하는 조직은 많지 않기 때문이다. 사내 정보공유는 일류 수준이라도 대외적인 정보공개나 발언은 아직도 불충분한 것이 진짜 도요타의 모습일 것이다. 하지만 정보를 다룬다는 것은 그 조직의 사고방식이나 가치관이 선명하게 나타나는 일이다. 대부분의 경우, 조직에 속하는 사람은 자신이 속한 조직이 튼튼한 조직이라면 더욱 더 정보취급에 신경을 쓰는 것이 일반적이다. 물론 정보취급에 신경을 쓰는 것 자체는 중요한 일이지만 신경을 쓴 나머지 지나치게 방어적인 자세가 되면, 모든 정보를 다 숨기는 폐쇄주의적인 태도가 되기 쉽다. 정보에 대한 자세는 특히 그 조직의 '관료화 수준'을 측정하는 척도역할을 한다. 폐쇄주의가 만연한 조직이 경직되고 황폐해지는 데는 그리 많은 시간이 필요하지 않다. 아무리 도요타라고 해도 방심하면 조직은 퇴화하고 말 것이다. 제대로 된 정보관리와 정보유출 사고에 주의를 기울이는 것은 중요한 일이다. 동시에 필요한 정보를 팀에서 공유하는 것도 중요한 조건이다.

공유할 정보까지 차단하는 정보결핍의 문제점

팀워크의 질이 경쟁우위를 위해 필수적인 요건임을 부정하는 사람은 없을 것이다. 정보공유는 팀워크의 중요한 조건이다. 지나치게 정보를 관리한다는 것은, 다시 말해 우리 팀의 정보가 제대로 전달되지 못하고 팀으로서의 기능을 제대로 하지 못하는 상황이라고 할 수 있다. 조직이 안정지향지상주의적인 경향을 가지고 있다는 것은, 조직에서 판단기준을 항상 '안정 우선'에 두고 있다는 것이다. 이러한 환경 안에서는 일단 무슨 일이든 기밀로 해 두면 안심이라고 판단하는 경우가 많기 때문에 문제가 된다.

지시받은 업무를 자신의 지위나 그 입장을 따져보고 실행하는 사람의 대부분은, 그 정보를 확실히 자신의 관리 하에 두고 문제가 될 소지가 있는 말은 결코 입 밖에 내지 않는다. 입이 무겁다는 말이다. 관료적이라고 평가받는 사람들은 대체적으로 말을 함부로 하는 사람들이 아니다. 문제가 되는 것은 이 사람들이 공개하려고 하지 않고 가려진 정보 중에는 모든 사람들이 모두 공유해야 할 정보가 있을 가능성도 높다. 이 사람들은 조직원으로서는 확실히 안정적인 면을 지니고 있지만, 그 주변 사람들은 반대로 '정보결핍' 상태가 된다. 정보결핍상태로는 주변사람들이 결코 활기차게 일할 수 없다. 이에 반해, 주변사람들이 정말 대단한 능력을 갖고 있다고 평가하는 사람은 매우 대담하게 그런 이야기까지 해도 되는지 걱정될 정도로 정보를 공개하는 경우가 많다. 물론 이런 사람도 모두 다 떠들고 다니는 것은 아니다. 정말 공개하지 말아야 할 내용은 결코 입 밖에 내지 않는다. 후자에 속하는 사람들은 말해도 괜찮은 내용과 결코 입 밖에 내서는 안 되는 정보구분을 제대로 하는 것이다. 반대로 말하면 자신의 판단능력에 자신이 없는 사람일수록 '일단 숨기고 보는' 안전우선주의 행동을 하게 된다.

'의미'를 전달하는 살아 있는 정보

사내 정보 가운데서도, 특히 인사에 관련된 정보는 조직에 속해 있는 사람에게 매우 민감한 내용이다. 이러한 이유로 사원들이 항상 흥미를 갖고 있는 것은 인사정보다. 모두 흥미를 갖는 정보이기 때문에 소문이 소문을 불러온다. 회사가 일부러 전달하지 않아도 눈 깜짝할 사이에 퍼지는 것이 인사정보의 특징이다. 당사자도 알기 전에 주변에 인사정보가 새어 나가서 본인이 주변사람들보다 늦게 알게 되는 등의 인사정보 관리상의 어려움을 경험한 기업은 이런 경험을 통해 인사정보에 관해 특히 엄격하게 관리하게 된다. 그렇기 때문에 인사정보를 입 밖에 내는 것이 일종의 금기사항인 기업도 있을 것이다.

정보라는 것은 인사정보만큼은 아니더라도 사람이 가진 에너지(관심이나 생각)에 의해 전달된다. 이러한 의미에서 매우 인간적인 요소가 강한 것이 정보다. 그 증거로 보고받은 정보를 언어화해서 기록하고, 그대로 제 3자에게 정확하게 전달되어도 그 정보가 가진 의미 그대로 전달되는지는 알 수 없다. 필자가 예전에 어떤 기업을 지원한 지 얼마 안 되었을 때 부장들을 대상으로 하는 세미나 자리에 함께 한 적이 있었다. 이때 가장 놀란 것은 그 자리에 있던 약 50명의 부장들이 한번도 얼굴을 들지 않고 경영자의 연설내용을 메모하는 모습이었다. 회사에서 메모를 하면서 이야기를 듣는 습관이 있었던 것 같다. 그렇다고는 해도 경영자의 눈을 똑바로 보면서 듣는 사람이 한 사람도 없었던 것에는 놀랐다. 아마 부장들은 이 메모를 보면서 부하에게 경영자의 연설내용을 전달했을 것이다.

그러나 이 회사에서는 예상대로 사원들에게 경영자의 의도가 전혀 전달되지 않았다. 아마 경영자의 '말'만이 형식적으로 현장에 전달되고 전달하는 사람도 자신의 역할을 다했다고 생각했기 때문일 것이다. 말은 문자도 물론이거니와 그것이 가지는 의미나 배경, 생각이 동시에 전달되지 않으면 정보로써 충분한 기능을 하지 못한다. 정보를 얻은 사람이 관심을 가지고 '자신의 말'에 생각을 담아 전달하는 것이 문자 그대로 전달되는 것보다 그 '의미'가 잘 전달될 가능성이 높다. 정보란 이런 성격을 가지고 있다.

인사정보 보안의 필요성 검토

정보를 받아들이고 전달하는 사람의 자세 즉, '그 정보에 관심을 갖고 있는가', '본인의 언어로 이야기 하는가?'에 따라 정보의 '전달력'은 크게 달라진다. 정보자체가 얼마나 큰 영향력을 갖는가는, 얼마나 '전달력' 있게 전달하느냐에 크게 좌우되는 것을 뜻한다. 지난번에 말한 인사정보는 특히 정보의 영향력이 크다. 이 때문에 인사정보에 부수적으로 경영진이 사원에게 정말 전하고 싶은 정보를 흘릴 수 있다면, 조직의 말단사원에까지 신속하게 필요한 정보를 전달할 수 있을 것이라고 생각된다. 인사정보를 숨겨야 하는 대상으로만 보는 기업과 조직의 말단사원까지 전하고 싶은 정보를 알리는 계기로 보는 기업은 그 행동 면에서 큰 차이가 있다. 확실히 인사정보에는 상당히 민감한 부분이 있다. 그러나 그것과 인사정보를 최대한 관리하고 지켜야 할 대상으로 밖에 보지 않는 것은 경영상에 전혀 다른 의미를 가져오게 된다.

실제로 기업현장에 가서 어떻게 조직의 구석구석에까지 정보를 전달할 수 있을까? 어떻게 하면 경쟁자가 되기 쉬운 간부 사이를 서로 돕고 협력하는 관계로 만들 것인가를 매일 밤낮으로 고민하는 우리들 같은 입장에서 보면, 인사정보라고 해서 단순히 지나치게 관리하지 않는 편이 낫다는 것을 실감하게 된다. 인사정보도 사용방법에 따라서는 경쟁 관계를 협력관계로 만드는 가장 최적의 방법이 될 수 있기 때문이다. 최근에는 인사담당자로 인사부 출신이 아닌 영업부 등에서 의욕적으로 일하는 사람을 발탁하는 경우도 있다. 인사부서는 회사 전체의 안정을 담당하는 부서이기 때문에 아무래도 보수적이고 관료적인 경우가 많다. 이런 부서를 개혁하기 위해 투입한 사람이기 때문에 아무런 두려움

없이 자신의 신념대로 밀어붙이는 리더십을 가지게 된다. 또한 그런 강력한 힘을 기대하고 인사부서에 배치한 것이기도 하다.

활기찬 사람의 숨겨진 보수성

그러나 주의할 것은 이런 사람이 조직의 진화를 반드시 실현한다고 볼 수는 없다는 점이다. 대담하고 돌파력을 가진 사람인 것은 확실하지만 자기 힘에만 의존해서 성공한 경험밖에 없다면 문제가 있다. 사람에 관한 공부를 제대로 하지 않은 경우 '인사(人事)란 이런 것이다' 라는 개인적인 생각이나 고정관념을 갖고 있는 경우가 있어 결과적으로 인사정보에 관해 보수적인 안정지향지상주의에 빠지는 경우를 종종 보게된다.

그 사람의 평소 언행이 대담하고 공격적인 경우, 주변사람들과 상사도 그 사람이 갖고 있는 의외의 '관료성' 을 깨닫기는 어렵다. 인사라고 하는 것에 이런 경향이 뒤얽히면 회사의 체질이 관료적인 공포정치로 직결될 가능성이 있다. 현재는 정보의 관리와 정보의 개방이라는 상반된 두 가지 명제를 동시에 만족시키는 관리자가 요구되는 시대다. 이런 의미에서 정보공유에 선진적인 도요타라고 해도 더욱 조심하지 않으면 다른 기업과 마찬가지로 정보누출과 정보공유 사이에서 자칫 보수적이고 관료적인 폐쇄주의에 빠질 가능성이 있다. 정말 기밀로 해야 되는 내용이 무엇인가에 대한 의논을 평소에 철저하게 해 둘 필요가 있다.

과거 경험만으로도 극복할 수 없는 것들

조직을 진화, 발전시켜 나가는 도요타적인 가치관 중에서도 가장 기본은 '안정지향지상주의에 빠지지 말고 오히려 혼란을 즐겨라'이다. 그리고 한 가지 더 중요한 가치관이 있다. 그것은 '일이란 살아 있는 것'이라는 것이다. '이것밖에 없어'라는 절대적인 정답은 존재하지 않는다는 것이, 사실과 실제 상황에 입각해 매사를 생각하는 도요타적인 사고를 가진 사람의 현실적인 발상이다. 조직이 오래되면 조직에 축적된 경험들도 차츰 도요타화가 되어간다. 그리고 통상적으로 조직의 상위층일수록 많은 경험을 바탕으로 사원들은 리드해 나간다. 그러나 물건이 부족해서 만들기만 하면 팔리는 시대는 끝났다.

소비자에게 지속적으로 선택받지 않으면 살아남을 수 없는 시대, 곧 과거에 축적해온 경험만으로는 통용되는 시대가 아니다. 항상 계속해서 선택받기 위한 아이디어가 필요하며, 모든 방면에서 지혜가 필요해졌다.

다시 말해, 엄청난 환경변화로 회사 곳곳에서 과거에 경험해보지 못한 문제가 계속 생기고 있다.

따라서 과거의 경험이 반드시 정답일 수는 없게 된다. 경험이 많은 관리직이 가진 해결책은 한 가지 답이 될 수는 있지만, 절대적으로 정답이라고는 단정할 수는 없다.

시대가 변해도 사람의 습성은 변하지 않는다

시대가 변해도, 사람의 습성은 쉽게 변하지 않는다. 일을 잘하는 관리직일수록 자기 나름대로 확실한 정보를 모아서 방침(정답)을 정하고, 그것을 부하에게 철저하게 실행하도록 하는 것이 자신의 역할이라고 생각한다. 상황의 다양성은 그 상황에 보다 적합한 답을 요구하는데도 불구하고 이런 상사를 둔 사원들은 항상 지시된 답 이외의 '정답'을 생각할 수 없게 된다. 확실히 정답을 준비하고 사원에게 그것을 철저하게 실행을 지시하는 방식은 적어도 지금까지는 자신이 책임을 지는 범위에서 충분한 성과를 가져왔다.

오랜 경험이 뒷받침된 자부심이 상사들에게 있었고, 성과라는 면에서 따져보면 이런 방식도 흠잡을 수 없는 결과를 내는 경우가 많다. 위에서부터 내려오는 방침은 전혀 예상을 빗나가는 것도 아니기 때문에, 무리해서라도 부하에게 시키면 나름대로의 결과는 남는다. 따라서 아무도 그 방식으로 성과가 나오지 않을 것 같다는 불평은 하지 않는다. 그러나 가장 문제가 되는 것은, 업무성과와는 별개로 직원들에게서 활기찬 모습이 사라지고 그만큼 성장하지 않는다는 점이다. 그 이유는 분명하다. 이런 상사의 부하는 항상 주어진 대응책을 실행하는 것에만 주력해서 현장에서 어떤 문제가 발생했을 때 자기 나름대로 대응책에 대해 생각했던 경험이 전혀 없다.

다시 말해, 분명 우수한 부하 직원이 대부분이지만 문제가 닥쳤을 때의 대응력을 키우지 못한 현실에 직면한다. 문제에 대한 '대응책'마저 다른 사람이 내주면, 문제에 대한 '대응력'도 자연히 키울 수 있다는 믿음이 문제다.

대부분의 회사에서는 업계나 자기 회사 안에서 성공담을 발견하면 어떻게든 그것을 다시 전개하려고 한다. 그러나 왜 이런 성공담이 생겨나는지, 성공을 이뤄 낼 만한 대응책이 나왔는지를 되묻지 않고, 결과만을 형상화해서 흉내내려고 한다.

어째서 이런 안이한 방향으로 흘러가버리는가 하면, ①문제에 대한 대응력이란 당사자로서의 자세를 갖추는 것으로 간단하게 만들어지지 않는다. ②그렇게 하려면 서로 협력하는 것이 당연하며, 협력한 사람이 손해를 보지 않는 조직 풍토가 전제되지 않고는 불가능하다라는 문제가 가로막고 있기 때문이다.

처음부터 답이 결정된 연수의 문제점

이전까지 대부분의 연수들은 아쉽게도 형식에 치우쳐서 실행해 왔다. 연수라는 제한된 형태만으로는 일시적으로 의욕을 끌어내는 것은 성공해도, 협력하는 것이 당연한 조직풍토를 형성시키는 것은 불가능하다. 대부분의 연수는 준비된 답을 유일하고 절대적인 해답으로 연수생들에게 주입하는 것이 목적이다. 최근에는 서로 의논하는 시간을 많이 갖거나 무리하게 결론을 강요하지 않으려는 노력도 한다. 그러나 '답은 미리 정해져 있는 것' 이라는 습성에서 좀처럼 벗어나지 못한다.

몇 년 전, 어떤 A기업의 그룹사인 판매회사의 경영자들에 대한 세미나와 그 판매회사들의 풍토개혁을 도왔던 적이 있다. 기획책임자는 필자였지만, 큰 프로젝트였기 때문에 A사에서 소개받은 연수회사가 사무국 자격으로 참가했다. 결론부터 말하자면 준비를 위한 회의를 할 때 이 연수회사와 의견을 통일하는 데 이미 많은 정력을 소모했다.

첫 번째 문제는 연수회사의 사람들이 며칠 일정의 세미나를 개최할 때 반드시 '처음부터 어떤 식으로 이야기를 진행하겠다는 해답을 사전에 준비해 둬야 한다'는 강한 믿음을 갖고 있었다는 것이다. 참가자인 경영자들이 며칠씩이나 시간을 내 주었는데, 연수 과정의 결론을 전문가인 우리들이 준비해 두지도 않는 것은 태만하다고 생각하는 사고방식이다. 이런 경우에 우리 스콜라 컨설턴트가 효과적이라고 생각하는 것은, 사전에 준비된 대답이 없는 오프사이트미팅 같은 방식이다. 도달점이나 결론은 우리들끼리만 빈틈없이 미리 정해 놓고 관여하지 않는다. 물론 이야기가 어떤 식으로 전개될 거라는 예측은 한다. 또한 적어도 이러한 것은 반드시 의논해야 한다든지, 이런 점에는 주의해야 한다는 등 사전에 말해 둘 것은 몇 가지 있다. 연수회사 사람들과의 차이점은 결론을 정하면 '그 방향으로 진행해 갈 수 있는지 여부'가 성공과 실패의 경계선이라는 사고방식의 결여다.

분명 경험이 많은 연수회사의 전문가가 생각하는 도달점이기 때문에, 적어도 외관상으로는 더욱 그럴 듯한 결론이 나온다. 그러나 실제 당사자인 참가자들의 솔직함을 토대로 한, 깊이 있는 의논을 하게 된다면, 우리들의 예측을 넘은 새로운 깨달음을 얻게 될 가능성이 높다.

물론 필자가 기획책임자이기도 해서 최종적으로는 우리들의 주장대로 세미나를 진행했다. 우여곡절은 있었지만, 그 결과 역시 예측했던 대로, 세미나의 참가자는 무리하게 연수회사에서 제시한 방향으로 끌고 가지 않아도 자신들의 힘으로 깊은 깨달음과 회사개혁 당사자로서의 자세를 갖출 수 있게 됐다. 자세히 말하면, 한 사람 한 사람이 얻은 깨달음의 수준도, 결과적으로 당사자로서 갖는 자세의 질도 똑같지는 않았다. 그러나 각각의 참가자가 자신의 힘으로 얻어낸 답은, 타인이 무리하게 강요한, 잘 만들어진 정답보다도 그 사람에게 있어서 훨씬 큰 영향력을 갖는다.

본사 시책에 대한 현장의 불만

비슷한 경우로, 어떤 회사에서든 관리부서는 생산부서에 대해, 생각할 수 있는 모든 수단을 동원해서 여러 방안을 제시하고 지시한다. 관리부서의 여러 가지 대책의 양과 내용이 적절하다며 현장이 순순히 받아들이는 사례를 아쉽게도 필자는 지금까지 들어 본 적이 없다. 받아들이는 생산라인의 입장에서 보면, 본사 관리부서의 업무방식은, 본사부서가 실컷 직구와 변화구를 번갈아가며 마구 던져 넣고 있다는 인상을 받는다. 본사 관리부서에 대한 불만을 갖고 있는 현장 직원들이 의외로 많다. 이 불만의 대부분은 충분히 실태를 파악하지 못한 채, 책상 위에서 만들어진 방안을 강요하기 때문에 생기는 것이다. 방안 자체는 괜찮은 것이라도, 그 배경에 관한 충분한 설명 없이, 라인에서 일하는 현장 사람들의 납득도 얻어내지 못한 방침으로 전달되어, 결과적으로 인정사정없이 밀어붙인다. 아무리 올바른 대응책을 계속 내놓고, 방침으로 전달된다고 해도, 유감이지만 실제 그 방침이 활용될 현장은 그것을 받아들일 만큼 성숙하지 않다는 것이다.

즉, 평소에 철저한 의논 경험도 없고, 스스로 진심으로 고민해 본 경험이 없다는 것이다. 가령 서로 의논한다고 해도, 솔직하게 자기 마음이나 생각하는 바를 토로할 수 있는 인간관계가 주변에 충분히 이뤄져 있다고 하기는 매우 어려운 상황이다. 이런 상황에서는 아무리 훌륭한 방침을 전달해도, 작업할 때 제대로 지켜지는 것이 어렵다. 가령 큰 신경을 쓰지 않아도 세부 작업순서를 매뉴얼화함으로써 나름대로의 성과를 내는 올바른 답이었다고 해도, 의무감 때문에 실천하고 있는 현장의 잠재력은 분명 저하되고 있다. 현장의 진정한 힘 즉, 개개인이 가진 잠재력을 이끌어 내고 문제에 대한 대응력을 키우지 못하는 한 이러한 현상은 계속될 것이다.

작업은 살아 있는 것이므로 절대적인 정답이 존재하지 않는다는 사고방식(가치관)과 해결책에는 다양한 변화를 요구하고 예측하는 유연함을 필요로 한다. 이에 반해, 답은 하나뿐이라며 늘 정답을 한정시키려는 사고방식은, 내용보다도 형식을 중요시하는 위험을 내포한 경직된 사고방식이다. 조직이 커지거나 나름대로 역사가 있으면, 내적 정열 즉, 일하는 기쁨보다는 책임감이나 의무감으로 일하는 사람이 확실히 많아진다. 또한 그런 태도를 가진 사람의 존재를 당연한 것으로 여기는 회사에는 원칙이나 명분론만이 난무하여 '~하지 않으면 안 된다', '~해야 한다' 등의 의견이 지배적이다.

잘 생각해 보면 우리들은 가족이나 자기 자신의 행복을 위해서 일한다. 물론 정말 가족과 자신의 행복을 지키려고 하면 함께 일하는 동료와의 협력 또한 당연한 일이다. 자신만을 생각하는 이기주의로 일관한다면 결국 가족도 자신도 행복해 질 수 없을 것이다. 출발점은 결코 회사를 위해서가 아니다. 진심은 모두가 그렇다. 그러나 원칙론만이 난무하는 회사는 개인적인 일을 화제로 삼는 것조차 해서는 안 된다는 분위기가 숨어 있다.

아이치 현에 ISOWA라는 상자 제조기계를 만드는 중견기업이 있다. 최근 구인난으로 유명한 주쿄 지구로, 나고야대학의 공학부의 우수한 인재가 응모하는 색다른 회사다. 그 회사의 장점은 조직의 풍토에 있다. '세계에서 가장 사풍이 훌륭한 회사를 위해' 라며 이소와 히데유키 최고경영자 이하 사원 모두가 열심히 노력하고 있는 회사다. 4~5년 전에 이 회사에서 사풍개혁 작업을 시작했을 무렵 마침 나고야의 호텔에서 열린 필자의 강연회에 경영자과 함께 7~8명의 비교적 젊은 사원이 찾아 와서 강연 전에 이야기를 나눌 기회가 있었다.

그 때 인상적이었던 것은 한 젊은 사원의 "우리들이 회사를 좋게 만들기 위해 노력하는 것은 경영자를 위해서가 절대 아닙니다. 우리 자신을 위해서지요"라는 담담한 한마디였다. 만약 자기 자신이 정말 솔직한 마음으로 회사에서 지시한 방침이 자신에게 어떤 의미가 있는지를 자유롭게 동료와 의논할 수 있는 환경이 마련된다면 그것만큼 자연스러운 환경은 없다. 진지한 이야기를 마음 편히 할 수 있는 오프사이트미팅의 '원점으로 돌아가 철저하게 의논한다'는 것이 바로 이런 것이다. 이런 의논과 생각하는 과정을 거쳐 만들어진 네트워크는 강력하다. 자기 발로 제대로 선 사람들의 상호 신뢰감을 토대로 하고 있기 때문이다.

답이 한 가지만 있는 것이 아니라는 사고방식은 발상의 자유를 가져온다. 개인적인 능력이 뛰어난 사람이 관리자가 되면 자신의 힘에만 의존해서 자신의 영역에서만 성과를 내려고 하다 보니 전체를 못 보게 된다. 물론 나름대로의 성과를 낸다. 하지만 그들의 힘을 더욱 발전시키면 그들의 영역만이 아닌 전체가 발전할 수 있게 될 것이다. 답이 하나가 아니라고 생각할 수 있는 사람은 매사를 긍정적으로 파악하는 사람이기도 하다. 매사를 긍정적으로 생각하는 사람이 아니라면 회사를 개혁할 수 없다. 일을 잘하는 것도 중요하지만, 또 한 가지 중요한 것은 매사를 긍정적으로 생각하는 것이다.

조직을 진화, 발전시키는 '도요타적인 가치관'을 떠올릴 때, 항상 빠지지 않는 것이 인간관은 '사람을 어떻게 바라보는가?'일 것이다. 도요타자동차는 매우 현실적인 회사라고 항상 생각한다. '현실적'이라는 것은 바꿔 말하면 '정신적인 것을 중요시하지는 않는다'는 것이다. 그렇다고 해서 도요타에는 정신적인 것을 중요시하는 사람이 없다는 말을 하려는 것은 아니다. 외부에서 보면, 도요타에서는 모든 일을 정신력으로 해내려는 인상을 주는 것이 사실이고, 정신적인 것을 중요시하는 사람이 실제로 있다. 그 때문에 도요타에 대해 정신적인 것을 중시하지 않는다고 단정하는 것은 무리다. 도요타가 정신적인 면을 중시하지 않는 회사라는 표현은, 도요타를 잘 알고 있는 사람에게는 다소 당돌하다는 인상을 줄지도 모른다.

그러나 도요타에도 다양한 유형의 사람들이 있다고 알고 있는 상태에서, 도요타를 지금까지 성공으로 이끌어 온 본질적인 것이 '무엇인가'를 나름대로 유추해 본다면, 역시 도요타라는 회사는 '매우 현실적인 관점에서 사람을 바라봤기 때문에 성공한 회사다'라고 말하지 않을 수 없다. 무엇이 지금까지의 강한 도요타를 만들어냈는가? 그것은 정신적으로 '인내하는 정신'을 갖고 있었기 때문만은 아니다. 사실에 입각해 현실적으로 사람을 파악하는 인간관, 다시 말하면 '사람의 약점을 인정하기 때문에 내적 동기를 소중히 한다'는 것을 실천하면서, 사원의 힘을 이끌어 낸 것이다. 정신력을 중시하는 인내심으로 일시적인 성공을 거둔 일본기업은 많이 있다. 그러나 그 성공은 오래가지 않는다. 다른 일본기업을 능가하는 성공을 거두려면, 사원의 지혜와 동기를 유발할 수 있는 추가적인 '무엇인가'가 필요하다.

도요타생산방식을 확립한 오노 다이이치처럼 도요타를 대표하는 인물의 이야기를 알면 알수록, 냉정하게 사람의 성향에 대해 파악하고 있다는 것을 새삼 느끼게 된다. 도요타 초 후지오 회장이 어떤 책에서 쓴 내용을 인용해 보자. 아직 초가 젊었을 무렵, 현장의 개선활동을 지원하는데 좀처럼 현장 사람들에게 개선제안이 나오지 않자 초조해져서 '이렇게 하면 어때'라고 현장에 '답'을 가르쳐주고 말았다고 한다. 그랬다가 나중에 오노 다이이치에게 "그렇게 하면 일이 더 늘어난다"며 호되게 혼났다고 한다.

도요타방식은 냉정한 인간 관찰의 결과

사람은 자기 스스로 찾아낸 답을 실행할 때 비로소, 끝까지 책임감을 갖고 그 일을 완수하고자 노력한다. 타인에 의해 얻어진 것이거나, 강요된 답인 경우에는 그렇지 않다. 특히 '실행한다'는 점에서는 똑같아 보이는 일이라도 자기가 답을 찾아냈는가에 따라, 결정적으로 개인의 동기에 차이가 생긴다. 어떤 목표를 달성할 때 내적 동기의 유무가 사람에 따라 얼마만큼 동기부여의 차이를 만드는 것일까? 동기유발에 관한 본질적인 물음이 해답을 가로막고 있다. 분명히 강제력을 쓰면 사람은 틀림없이 움직인다. 특히 회사 같은 조직, 그 중에서도 공장처럼 단층적인 위치관계가 확연한 조직에서는 강제력이 작용하기 쉽다. 이런 조직에서 특정한 포지션을 지시받고, 강제적인 힘에 의해 일하는 것에 익숙해지면, 일하는 사람들의 미묘한 마음의 움직임에 둔감해진다. 그것이 사람의 순응력이다.

그러나 강제력에 의해 일하는 사람은 일반적으로 활기가 없다. 그것은 당연하다. 강제로 일하는데 활기가 넘친다는 것은 생각할 수도 없기 때문이다. 그렇기는 해도 회사라는 조직은 원래 강제로 일하게 만드는 것을 바탕으로 설계된다. 회사라는 조직의 성격이기도 하다. 그래도 노골적으로 강제력을 사용하면, 사람들의 동기 의식은 저하된다. 그렇다면 '강제력은 가능한 억제하고, 사람이 움직이는 데 필요한 내적 동기를 환기시킬 수 있는 요건을 어떻게 마련할 수 있을까' 가 중요해진다. 다시 말해 내적 동기로 움직이는 것이 강제적으로 움직이는 것보다 결과적으로 사람에게도 활력을 불어넣고 생산성도 향상되기 때문이다. 이런 사실이 점차 당연한 것으로써 인식되기 시작한 것은 21세기부터다. 필자가 '도요타는 대단한 회사다' 라고 생각하는 것은, 이러한 사람에 관한 본질적인 인식을 이미 수십 년 전부터 꾸준히 실천해 왔기 때문이다. 또한 이러한 인식이 공장 등의 활동현장 뿐만이 아니라 경영의 중심에도 확립되어 있다는 사실이다.

곤란한 상황에서의 진지한 고민

사실에 입각해 사람을 현실적으로 파악하는 경우라면, '사람은 본래 약한 존재이다' 라는 것에서부터 시작해야 한다. 목표나 목적을 확실히 하고, 더욱 자기 자신을 통제하지 않으면 편한 쪽으로 쉽게 흘러가고 마는 것이 사람이라는 존재인 것이다. 한편으로 사람이라는 것은 힘든 상황에 직면하면 상당히 큰 힘을 발휘할 수 있기도 한다. 편한 쪽으로 행동하는 사람이라도, 눈앞의 난처한 상황에 가로막히면 적어도 그 상황에 맞게 대응하려고 고민할 수밖에 없다. 그런 의미에서 사람은 힘든 상황에 처하지 않으면 진지해지지 않는다. 때문에 도요타생산방식은 '사람을 난처하게 만드는 구조'라고 평가되는 경우가 있다.

종전(세계 제2차 대전)후의 힘든 시절과 비교하면 지금은 비교할 수 없을 정도로 모든 것이 풍요로워졌다. 적어도 먹는 것 때문에 필사적으로 일하는 시대는 아니다. 이런 시대이기 때문에 젊은 사람들도 현실에 만족하고 '작은 행복' 속에 안주하는 경향이 있다. 이러한 사람은 '불만은 있어도 힘든 상황'은 아니기 때문에 대부분의 경우는 수비적이다. 이러한 상태를 나는 문제라고 생각하지만, 한편으로 타인이 말할 수 있는 문제는 아닌 것 같다. 그것은 개개인의 사는 방식에 관한 것이며 인생관의 차이이기 때문이다. 다만, 기업이 이러한 사람의 존재를 당연한 것으로 여기면, 조직이 활력을 잃어버리게 된다. 때문에 가능한 이런 사람이 많아지지 않도록 노력하는 것은 당연하다. 일반적으로 우량기업일수록, 이러한 수비적인 자세를 취하는 젊은 사람들이 많다. 물론 이런 사람이 일을 하지 않는 것은 아니다. 원래 머리가 좋은 사람들이고, 업무도 그 나름대로 잘 하기 때문에 해야 할 일은 틀림없이 잘 처리한다. 그런데 그게 다다. 의무감이나 책임감만으로 하는 일에는 박력이 없다.

그들도 현재생활에 만족하기는 하지만, 불만이 없는 것은 아니다. 불만은 있다. 그러나 난처한 상황은 아니라는 점이 문제인 것이다. 잘 생각해 보면 조직 안에는 산더미처럼 많은 문제가 있다. 다만 대부분의 사람은 이러한 문제에 정면으로 맞서고자 하는 의지가 없을 뿐이다. 그렇게 한다고 해도 승산이 없기 때문이다. 질 것이 분명한 싸움은 처음부터 하지 않는다. 머리가 좋은 사람일수록 자신의 능력을 알고 있기 때문에,

문제와 너무 진지하게 마주하면 자신이 상처를 입을 가능성이 크다는 것을 잘 알고 있다. 요즈음은 도요타처럼 '문제와 정면으로 맞서는 기업이 드물다. 대부분의 회사는, 특히 우량기업일수록 불만은 있어도 표출하지 않는 사원, 주인의식이 결여된 사원이 많다. 불만을 표현하면 손해라는 인식이 일반적이기 때문에 본질적으로 문제를 해결하지 않고 회피하는 젊은이가 점점 많아지고 있다.

5

키워드 _ 도요타식
기업개혁을 상징하는
핵심어

T·O·Y·O·T·A

현장 사원들이 스스로 생각하고 개선할 수 있는 힘

일하기 쉬운 업무환경을 만들기 위한 기본 요건으로 현장의 '정리, 정돈, 청결, 청소, 습관화' 다섯 가지 규칙이 있다. 이 규칙을 지키는 것이 도요타식 개선을 시작하는 첫걸음이다.

이토 요카도가 추진하는 도요타식 점포 개선에서 작업개선 프로젝트의 멤버가 최초로 도입한 것은 점포에 있는 창고(점포의 뒤쪽에 있는 상품 보관 장소)의 정리, 정돈이다. 장갑과 마스크를 하고 청소도구를 손에 쥔 채 첫 2~3주간은 오로지 창고에 쌓인 상품재고나 쓰레기 더미 그리고 매장을 만드는 데 필요한 집기나 비품만을 정리한다. 개선 전의 창고는 때때로 어디에 무엇이 있는지 알 수 없는 경우가 있었다. 작업 효율이 좋지 않은데도 오랫동안 그 상태로 방치됐던 것이다. 그래서 도요타식 개선은 우선 '정리, 정돈, 청결, 청소, 습관화' 이 다섯 가지를 가지고 작업장을 바꾸는 5S활동으로 시작된다. 공장은 물론 점포와 사무실에서도 도요타식은 항상 5S로부터 시작된다. 5S 중에서도 가장 중요한 것은 처음에 말한 두 가지 '정리·정돈'으로, 이 두 가지를 '2S'라고 부르며 5S를 시작하기 전에 2S로 활동을 시작하는 사례도 있었다. 또한 도요타자동차에서는 '4S'라는 용어도 자주 사용되는데 이것은 습관화를 제외한 네 가지 항목을 가리킨다.

효과 **불필요한 부담이 사라진다**

창고의 5S를 예로 들면, 가장 먼저 해야 할 것은 그 점포에 필요한 창고나 집기, 비품수량과 그것을 보관할 장소를 정하는 것이다. 어디에 어

떤 재고가 몇 개 놓여 있으면 점원이 편하게 작업할 수 있을까를 생각해야 하는 것이다. 의외로 하치장소가 정해져 있지 않거나 자주 사용하는 물품이 창고의 가장 안쪽에 놓여 있는 경우가 자주 있다. 하치장소를 정하면 다음은 현재 보관중인 재고나 비품의 수량을 리스트로 만들어 필요한 것과 불필요한 것으로 나눈다. 필요가 없는 것은 선반에서 꺼내어 처분한다. 불필요한 것을 버림으로써 그 장소가 말끔하게 정리되어 물건을 찾는 수고를 덜 수 있게 되며 원래 해야 할 일에 집중할 수 있게 된다. 자리를 비효율적으로 쓰는 일도 없어진다. 5S에는 '시각화'를 촉진하는 효과도 있다. 예를 들어 정해진 장소에 정해진 물건을 보관하는 규정을 철저하게 지키면, 이상유무를 쉽게 알 수 있다.

사례 **공간 생산성이 2.5배로 성장하다**

후지제록스 공장이 2004년 가을부터 도요타식을 도입하기 시작했을 때도 5S부터 시작되었다. 우선 생산현장에서 불필요한 물건이나 설비를 철거하고, 쓸모없는 공간을 줄였다. 이렇게 함으로써 라인이 짧아지고 작업원의 움직임이 편해져, 공간 생산성이 1년 반 만에 2.5배 향상될 수 있었다. 또한 라인 안에 있던 가공중인 재고는 절반으로 줄일 수 있었다.

도요타생산방식 (Toyota Production System)

업무의 '시각화'를 추진하여 낭비를 없애는 업무개선기법으로, 제조업뿐 아니라 폭넓게 다른 업종에도 도입하는 기업이 늘어나고 있다. 이 방식은 도요타자동차의 부사장이었던 오노 다이이치가 확립한 것으로, 검색엔진 사이트 구글(Google)에서 'Kanban'으로 검색하면 10만 개 이상의 사이트를 검색할 수 있다. 여기서 검색된 사이트의 대부분이 제조나 생산에 관계된 것들로서, Kanban의 어원이 된 것은 도요타자동차의 생산관리 기법이다. '도요타생산방식'은 수요에 따라 필요한 양만큼 생산하는 것을 지향한다. 구체적인 기법으로 두 가지 중요한 방법이 있는데, 불필요한 제품을 만들지 않는 'Just In Time(JIT)'과 현장의 업무를 일정하게 유지하는 '평준화'다.

효과 불필요한 재고를 없앤다

JIT는 필요할 때 필요한 양만큼 생산해서 재고를 줄이기 위한 기법이다. 이전처럼 각각의 공정이 가동률을 높이려고만 하면 불필요한 재고는 줄일 수 없다. 전 공정이 최종공정에서 필요한 부품 수량보다도 많이 생산하면 제조공정 중에 재공이 재고가 되기 때문이다. 그래서 JIT에서는 최종공정이 필요한 양을 정하고, 그것을 토대로 각 공정이 생산한다. 이러한 일련의 과정을 실현하기 위해 필요한 것이 '간판(Kanban)'과 '표준작업 설정'이다. 간판은 후 공정부터 전 공정에 필요한 부품량을 지시하기 위해서 활용한다. 조립라인에서 제조공정을 거슬러 원재료 조

달부서까지 간판을 돌림으로써, 필요한 양만큼만 생산할 수 있는 체제가 마련되는 것이다.

나아가 필요한 양이 어느 정도 시간 안에 생산할 수 있는지를 파악하는 것도 가능하다. 각 공정별로 개당 작업시간이나 일일 생산량, 또한 어떠한 순서로 부품을 조립하면 되는지를 명확하게 설정할 필요가 있는데 이를 '표준작업'이라 한다. 한 가지 더 중요한 '가시화'는 현장의 문제점이 항상 눈에 보일 수 있도록 하는 것으로서, 구체적으로는 작업 진척상황을 누구나 알아 불 수 있는 상태로 만들기 위해 게시판을 설치하는 일 등을 포함한다. 문제가 보이면 무엇을 개선하면 좋을지 찾기 쉬워진다는 장점이 있다.

사례 | **10억 엔의 비용절감**

이토햄은 2002년 3월부터 도요타생산방식을 기반으로 한 'IHPS(이토햄 생산방식)'을 도입했다. 도입 즉시 JIT 실천을 저해하는 낭비요소를 철저하게 제거했다. 우선 작업원 한 사람 한 사람의 표준작업을 정하고 레이아웃 변경 등에 의해 늘 일정한 속도로 생산할 수 있는 환경을 정비했다. 표준작업을 정함으로써 몇 개 만드는 데 몇 명이 필요하다는 것을 분명하게 알 수 있다. 2004년 3월에는 인건비 등 약 10억 엔의 비용절감 효과를 거두기도 했다.

저스트 인 타임 (Just in Time)

생산공정에서 사용하는 부품이나 재료를 필요할 때 필요한 양만큼 조달, 운반, 조립함으로써 재고를 줄이는 생산관리기법. 도요타생산방식에서는 '시각화'에 견줄 만한 주요기법이다. 각 공정의 가동률을 향상시켜도 불필요한 재고는 줄일 수 없다. 최종공정에서 필요한 부품 양보다도 많은 양을 전 공정에서 생산하면 공정 내에 재공이 남게 된다. 이처럼 필요할 때 필요한 양만큼 생산하고 재고를 가능한 줄이는 생산관리 기법을 '저스트 인 타임(JIT)'이라고 부른다.

효과 재고를 최대한 줄인다

JIT은 최종공정이 필요한 양을 정하고, 그것을 근거로 각 공정에서 생산을 관리한다. 전 공정에 필요한 수량을 알려주는 도구가 '간판'으로, 조립라인에서 간판이 제조공정과는 거꾸로 원재료 조달부서까지 보냄으로써 필요한 양만 생산하는 체제를 구축할 수 있다.

간판에는 번호나 수량 납입시간 등의 정보가 적혀 있다. 간판은 부품의 흐름과는 반대로 움직이며 부품업체 등 공장 외부로 보낼 때도 있다. JIT체제로 생산하는 공장에서는, 조립을 기다리는 부품이 쌓여 있는 일이 없다. 부품을 공급하는 업체에 하루 공급 횟수 등 간판에 입력된 수량을 지정된 시간에 부지런히 납품하게 하는 것이다. 이에 따라, 부품재고 수량을 최소한으로 보유하고 있기 때문에 보관 장소가 덜 필요하고 현금흐름 개선에도 효과가 있다.

단, 재고를 거의 갖고 있지 않기 때문에 공급체인 어딘가에서 지진이나 공장화재 등의 불가항력적인 원인으로 부품을 공급할 수 없는 사태가 발생하면 큰 타격을 받을 위험성이 있다.

사례 **부품창고를 30% 좁힌다**

혼다 공장계열의 부품업체에서 이륜차와 사륜차의 브레이크를 제조하는 닛신 공업은, 2004년 1월에 기간업무시스템(GPS-1)을 가동했다. 새로운 시스템 도입에 따라 시간단위 생산체제로 교체하고 완성품 재고를 제로화하여, 부품창고를 30% 좁혔다. 닛신 공업에서는 GPS-1에 제조나 판매 등 모든 정보를 통합했다. 후 공정에서 전 공정에 대해 부품발주를 할 때 GPS-1를 이용하고, 간판처럼 필요량에 대한 지시를 한다. 나아가 GPS-1을 통해 시간단위로 세운 생산계획을 근거로 부품업체에 대해 납품량 지시를 내린다. 이런 개선작업에 맞춰서 부품을 공급하는 업체는 세밀한 생산계획에 대응하기 위해 시간단위의 생산계획을 근거로 1일 여섯 번 납품하는 체제로 변경했다. 그 결과 창고공간을 절약할 수 있게 됐다.

린 식스시그마 (Lean SixSigma)

미국 모토로라가 개발하고 GE가 발전시켜서 유명해진 경영개혁 기법 '식스시그마' 와 도요타자동차의 '린 생산방식'을 결합시킨 기법이다. 미국에서는 대부분의 기업이 '식스시그마' 라는 기법을 사용해 사내 여러 부서에서 업무개혁 활동을 지속하고 있다. 그러나 식스시그마에는 한 가지 큰 과제가 있다. 이 기법은 우선 개선해야 하는 업무과정을 분석하고 관련 데이터를 회사 안과 밖에서 대량으로 수집하고, 그 데이터를 과학적으로 분석하고 해결책을 이끌어낸다. 문제는 이러한 순서를 통해 문제를 개선하기까지 시간이 많이 소요된다는 점이다. 이 과제를 개선하기 위해 주로 제조 기업이 채택하기 시작한 기법이 '린 식스시그마' 이다. 이것은 식스시그마와 '린 생산방식' 이라는 세계적으로 유명한 경영기법을 결합한 것으로, MIT의 교수가 1980년대에 도요타자동차의 생산방식을 연구하여 체계화시킨 기법이다. 식스시그마는 GE가 90년대 후반부터 도입하여 생산이나 영업 등 다양한 부문에서 큰 효과를 얻으면서 주목을 받은 바 있다.

효과 생산부문을 장 · 단기적으로 개선

현 시점에서 린 식스시그마 기법은 '한 가지 업무개선 프로젝트에서 즉시 개선할 부분에 린 생산방식을 적용하고 꼼꼼하고 집중적으로 각종 데이터를 수집, 분석한 후 식스시그마를 적용해서 개선한다' 라는 것이다. 린 생산방식은 원래 생산업무개선활동을 촉진하는 기법으로, 밑바탕에 있는 '쓸데없는 작업이나 움직임을 줄인다' 는 발상은 영업이나 관리부문의 업무개선에도 적용할 수 있지만, 실제로는 대부분 생산부문 개선작업에 적용되는 장점이 있다. 이 때문에 린 식스시그마는 현재 생산부서에서 채택하는 것이 일반적이다.

사례 **GE의 채택 사례**

미국기업 중에서는 GE가 린 식스시그마를 채택하고 있다고 공식적으로 외부에 표명했다. 2004년도 연차보고 중에 '새롭게 린 식스시그마라고 이름붙인 기법을 도입했다.(중략) 최근 2년 동안 트랜스 포테이션 부문은 재고회전율이 일곱 번에서 아홉 번으로 개선되고, 애드번스 매티리얼 부문도 판매대금의 회전율이 여섯 번으로 향상되었다'고 기술했을 정도이다.

한편 일본에서는 제조업의 대부분이 린 생산방식을 채택하고 있어, 린 식스시그마를 도입하기 쉬운 토대가 마련되어 있다. 컨설팅 회사인 제넥스 파트너스(도쿄 미나토)는 2005년부터 'JIT시그마'라고 부르는 새로운 기법을 이용한 컨설팅 서비스를 시작했다. 이것은 식스시그마에서 사용하는 업무개선과정에서 'DMAIC(정의, 측정, 분석, 개선, 제어)' 중의 린의 낭비제거 사상과 프로그램을 융합시킨 기법이다.

베스트 프랙티스 (Best Practice)

성공사례를 말한다. 단순한 사례를 가리키는 경우도 있지만 다른 조직이 도입할 수 있도록 업무과정을 모델화한 성공기법을 의미하기도 한다. '다른 기업의 방식을 배우고 좋은 면을 따라한다'는 쇼와시대 일본기업의 특징이다. 미국의 대규모 기업들도 1980년대부터 1990년대에 걸쳐 우수기업을 배우고 뛰어난 업무 프로세스나 경영기법을 도입하는 움직임이 왕성해졌다. 이러한 노력 가운데 배울 점이 있는 성공사례나 기법을 '베스트 프랙티스'라고 부른다.

효과 단기간에 개혁을 이룬다

베스트 프랙티스는 단기간에 기업개혁을 달성하고자 할 때 그 모범이나 지침이 되는 특징이 있다. 단, '어느 정도의 우수성이 확인되면 그렇게 부르는 것일까', '적용 가능성을 어디까지 조사하고 모범 사례로 선정할 것인가'를 정의하는 데는 주의가 필요하다. 예를 들어, 에도시대 후기의 도쿠가와 가문의 역대장군들에게 베스트 프랙티스는 제3대 장군인 도쿠가와 이에야스의 노력일지도 모른다. 그러나 메이지 유신을 담당한 정치가는 보다 근본적인 제도개혁을 위한 베스트 프랙티스를 구미에서 찾고, 이와구라 사절단을 파견했다. 이와 같은 것을 '업무 시스템'이라고 말한다. 어떤 기업은 생산관리의 베스트 프랙티스로 도요타자동차의 저스트 인 타임(JIT)방식을 선택할지도 모른다. 단, JIT는 생산, 물류의 현장작업원이 골고루 공기의식을 가지고 작업의 '시각화' 등을 철저히 하는 의식개혁을 달성하는 것이 성공의 전제조건이라고 할 수 있다.

단기고용 작업원을 많이 두는 기업에서는 TOC(제약조건 이론) 등을 활용하고 특정한 공정을 중점적으로 관리함으로써 성과를 거두는 사례를 베스트 프랙티스로 정의할지도 모른다. 수요를 매우 정밀하게 예측하는 시스템 사례를 도입할 수도 있을 것이다. ERP(통합기간업무)팩키지 선언에서도 '이 제품에 업무를 맞추면 베스트 프랙티스를 도입할 수 있다'라고 주장한 경우가 있다. 그러나 구체적으로 어떤 기업이 어떤 상황에서 실시했던 사례를 베스트 프랙티스로 정했는지 그 적용 조건을 잘 조사해 둘 필요가 있다.

| 사례 | 도요타식 도입

이토 요카도는 2001년도 결산에서 광우병 소동으로 적자 위기에게 빠지자 2002년부터 도요타생산방식을 모델로 한 생산개선에 착수했다. 도요타의 관리방법을 모방하고 작업표준화를 철저하게 실천함으로써 상품재고를 줄이거나, 쓸모없는 작업과 작업원을 줄여서 네 명이 한조를 이루던 작업을 세 명이 해결하는 등의 성과를 거둘 수 있었다.

이 책의
번역을 마치며

"변화를 꿈꾸는 기업경영자들의 필수 지침서를 만난다."

기업의 성공 여부를 결정하는 요소는 무엇일까? 뛰어난 상품개발, 효율적인 공정, 자금과 위험관리, 뛰어난 인재확보 등 여러 가지가 있다. 하지만 가장 중요한 것은 직원들의 업무 충실도와 심리적인 헌신이다. 도요타의 기업개혁은 이런 의식개혁을 기반으로 한 기업개혁이다. 그리고 이러한 특성은 GE의 린ss로 발전하면서 세계 어느 기업에도 적용 가능한 기업개혁 시스템으로 발전하고 있다.

그러나 도요타식 기업개혁이 모두 좋은 결과를 낳는 것은 아니다. 많은 기업의 경영자들이 의욕적으로 도요타식 기업개혁을 자사 혁신의 청사진으로서 선택하지만 만족할 수 없는 결과를 낳는 경우도 많다.

이 책은 도요타식 기업개혁의 이론을 다룬 것이 아니라 취재를 바탕으로 집필한 실천사례집이다. 아마 도요타 기업개혁에 조금이라도 관심이 있는 사람이라면 시각화, 셀 방식, 간판 시스템, 5S 등에 대해서는 이미 들어 본 바가 있을 것이다. 하지만 도요타식 기업개혁은 단지 도구와 기법만으로 설명될 수 있는 것이 아니다. 모든 사원의 의식과 유전인자를 개혁하는 것이 중요하다. 이 책에서는 어떤 학습과정을 통해 사원들의 유전인자가 바뀌어 가는지를 직접적으로 보여 주고 있다. 그리고 실패한 기업들의 문제점과 극복 사례도 담고 있다.

도요타식 기업개혁은 체계적으로 정리되고 표현된 이론적인 지식이 아니다. 오랜 시간을 통해 축적된 경험과 반성을 통해 내린 경험적인 지식이다. 그리고 이런 지식은 오랜 수련과 경험을 바탕으로 한 개혁리더의 노하우를 바탕으로 지속적으로 개선, 발전하는 특성을 지니고 있다.

이 책에서는 기업의 경영자, 개혁 리더들에게 실용적인 방법론을 제공한다. 결코 이론적인 근거를 말하지 않는다. 대형 제조업체는 물론 대리점이나 수퍼마켓에 이르기까지 다양한 적용 사례를 통해 그들이 고민해야 할 것과 리더십에 대해 구체적으로 실천할 방법론을 제시한다.

먼저 낭비 파악과 제거 방법을 제시하고, 그 활동이 정착되면 5S를 거쳐서 시스템을 만들고 안정화시키는 과정을 설명한다. 그리고 연결흐름 구축, 표준화 정착 그리고 평준화를 제시한다. 아울러 도요타식 기업개혁에 필수적인 Top의 의지와 철학, 그리고 이를 실현하는 데 필요한 인프라 및 문화적 요소도 설명하고 있다.

흔히 범하기 쉬운, 문제가 발생하면 외면하거나 책임을 미루는 현상을 극복하는 방안에 대해서도 다루고 있다. 발견된 문제를 표면에 노출시키고 구성원 모두 그 문제에 대해 생각할 기회를 주는 것이다. 그런 과정을 통해 해결된 문제는 이후에 동일한 문제가 반복되는 일이 없다. 그리고 이것은 GE의 린ss방식과 같이 자사의 독자적인 환경에 맞게 적용하고 진화시킬 때 진정한 가치가 있다.

도요타식 기업개혁은 가장 인간적이고 현장 중심이라는 특성을 바탕으로 운영되는 시스템이다. 단순히 이론만 적용해서는 좋은 성과를 거두기

어렵다. 이 책에서는 도요타 기업개혁을 실제로 실천한 사람들의 다양한 시각과 고민, 그리고 실천과정을 보여 줌으로써 경영자, 개혁리더들이 어떠한 방향으로 리더십을 발휘해야 하는지 알려 주고 있다. 그리고 실무를 담당하는 사원들이 자신의 업무적 유전인자를 어떻게 개혁해야 하는지 깨닫게 한다. 소규모 영업 현장에서부터 대규모 생산조직에 이르기까지, 가장 효율적인 혁신방법을 제시해 줄 것이다.

정광열

사례로 배우는 도요타식 기업개혁

지은이	닛케이 BP사 닛케이정보 스트리티지 편집부
옮긴이	정광열
발행인	신재석
발행처	(주)삼양미디어
주소	서울시 마포구 서교동 394-67
전화	02-335-3030
팩스	02-335-2070
등록 번호	제 10-2285호
발행일	2007년 9월 10일(1판 1쇄 발행)

(주)삼양미디어는 이 책에 대한 독점권을 가지고 있습니다.
따라서 삼양미디어와 서면 동의 없이는 누구도 이 책의 전체 또는 일부를
어떤 형태로도 사용할 수 없습니다.
이 책에 등장하는 제품명은 각 개발 회사의 상표 또는 등록상표입니다.

잘못 만들어진 책은 바꿔 드립니다.

ISBN 978-89-5897-087-3